SOUFFRANCES ET THÈSE DU PURGATOIRE

AVEC DES AVERTISSEMENTS PROPHÉTIQUES POUR NOTRE TEMPS

Révélé par la Bienheureuse Vierge Marie à
IVETA *CLÉOPHAS* FERNANDES

SOUFFRANCES ET THÈSE DU PURGATOIRE

Première publication de l'œuvre originale en anglais : 2021
Édition française avec révision des notes : 2022

 Une notice de catalogue pour ce livre est disponible à la Librairie Nationale d'Australie

ISBN: 978-0-6451071-2-8 (pbk)
ISBN: 978-0-6451071-3-5 (ebk)

Mise en page et conception par Publicious Book Publishing
Publié avec la collaboration de Publicious Book Publishing
www.publicious.com.au

Merci à ceux qui ont rendu possible cette édition française.

Copyright © 2021. Tous droits réservés. Ce livre ou toute partie de celui-ci ne peut être reproduit ou utilisé de quelque manière que ce soit sans l'autorisation écrite expresse de l'éditeur.

Conformément aux directives du Pape Urbain VIII, nous n'avons aucune intention d'anticiper le jugement du Saint-Siège apostolique et de l'Église sur les apparitions, que nous avons signalées mais qui n'ont pas encore été reconnues ; en effet, nous nous soumettons à sa décision finale et l'acceptons sans réserve.

En action de grâce à Notre Dame du Salut

et à l'Archange Saint Michel

Ce livre est dédié à Sa Sainteté le Pape François I,

et à Sa Sainteté le Pape émérite Benoît XVI

« Maintenant je trouve la joie dans les souffrances

que je supporte pour vous ;

ce qui reste à souffrir des épreuves du Christ

dans ma propre chair,

je l'accomplis pour son corps qui est l'Église. »

(Col 1,24)

« Voici comment s'exprime l'Apôtre Pierre dans sa première lettre : « Sachez que ce n'est par rien de corruptible, argent ou or, que vous avez été affranchis de la vaine conduite héritée de vos pères, mais par un *sang précieux*, comme d'un agneau sans défaut et sans tache, *celui du Christ.* »

Et l'Apôtre Paul, dans sa lettre aux Galates, dira : « Il S'est livré pour nos péchés afin de nous arracher à ce monde actuel et mauvais », et dans la première lettre aux Corinthiens : « Car le Seigneur vous a achetés très cher. Rendez gloire à Dieu dans votre corps ! »

C'est ainsi, ou par des « pressions semblables, que les témoins de la Nouvelle Alliance parlent de la grandeur de la Rédemption qui s'est accomplie par la souffrance du Christ. Le Rédempteur a souffert à la place de l'homme et pour l'homme. *Tout homme participe d'une manière ou d'une autre à la Rédemption.* Chacun est *appelé,* lui aussi, *à participer à la souffrance* par laquelle la Rédemption s'est accomplie. Il est appelé à participer à la souffrance par laquelle toute souffrance humaine a aussi été rachetée. En opérant la Rédemption par la souffrance, le Christ *a élevé* en même temps *la souffrance humaine jusqu'à lui donner valeur de Rédemption.* Tout homme peut donc, dans sa souffrance, participer à la souffrance rédemptrice du Christ. »

(Saint Jean Paul II, Pape, Salvifici Doloris, n.19)

PRÉFACE
Monseigneur Anthony Alwyn Barreto,

Évêque de Sindhudurg

Une fois notre voyage dans ce monde terminé, nous retournons à Dieu, car Dieu nous a créés pour que nous puissions vivre avec Lui. Le péché crée un vide dans notre relation avec Dieu et il a entraîné une perturbation dans le beau plan de Dieu pour nous. La punition du péché est la séparation d'avec Dieu (CEC 1035). Adam et Ève ont fait l'expérience de cette séparation lorsqu'ils ont commis le péché et qu'ils ont été jetés hors du jardin.

La mort n'est pas la fin de la vie mais le début d'une vie nouvelle avec notre Dieu. Le lieu où nous serons après notre mort est décidé pour nous par la façon dont nous vivons notre vie ici-bas sur Terre. Nous savons que nous ne pouvons pas nous secourir nous-mêmes après la mort. Une fois qu'une personne est jetée en Enfer, elle ne peut pas se racheter. Selon l'Église catholique, c'est un état d'auto-exclusion définitif de la communion d'avec Dieu (CEC 1033). En revanche, une personne qui atteint le Ciel est une personne qui atteint le but de Dieu dans sa vie. Elle meurt dans la grâce et l'amitié de Dieu, et est parfaitement purifiée pour vivre éternellement, car elle Le voit tel qu'Il est, face à face. (CEC 1023). Ces âmes intercèdent pour nous afin que nous puissions nous retrouver en leur compagnie pour louer notre Dieu tout-puissant.

L'Église réfléchit toujours sur ceux qui n'ont pas été parfaits aux yeux de Dieu ou sur ceux qui ont fait du bien mais qui ont besoin d'être purifiés. L'Église croit que la miséricorde et la compassion de Dieu leur donne une autre occasion de venir en sa présence après leur purification. Le lieu de purification est appelé le Purgatoire. (cf. CEC. 1030-1032)

Nous avons une responsabilité envers ces âmes. Dans nos familles, on nous apprend à prier pour les âmes du Purgatoire et on nous encourage à offrir des messes et à prier des chapelets pour elles. On nous apprend également à faire des sacrifices à leurs intentions. L'exemple de Job dans les Saintes Écritures nous dit que les fils de Job ont été purifiés par le sacrifice de leur père.

La vision personnelle d'Iveta Fernandes, compilée sous forme de *Thèse sur le purgatoire*, nous aidera à prier et à faire des sacrifices pour les âmes du Purgatoire. C'est une noble tâche. Nous devons prier pour les âmes du Purgatoire car elles ne peuvent pas prier pour elles-mêmes. Nos prières pour les âmes du Purgatoire sont fondées sur la miséricorde et la compassion de Dieu qui ne rejettera jamais nos prières. Nous leur montrons sa miséricorde à travers nos prières.

Puisse le travail sur le thème du Purgatoire aider les lecteurs à retourner vers notre Dieu miséricordieux qui attend impatiemment comme le père du fils prodigue. Puissions-nous marcher sans reproche devant Dieu pour le voir face à face.

† Mgr Alwyn Barreto

Évêque de Sindhudurg (Inde)

5 janvier 2021

INTRODUCTION

« Alors furent données à la Femme les deux ailes du Grand Aigle »
(Ap 12,14)

Ce livre est le fruit de la vie de prière et de souffrance d'Iveta Fernandes. Il sera un don précieux pour ceux à qui ce livre sera donné.

Félix Xavier et Iveta Fernandes, unis par le mariage, tous deux nés en Afrique et tous deux immigrants originaire de l'Inde, sont désormais citoyens canadiens. Iveta était auparavant coiffeuse quand elle était plus jeune. Après avoir vécu une profonde conversion, et suite au décret de reconnaissance de nullité de son premier mariage, elle a épousé Félix Xavier. Ils mènent ensemble une vie très simple et le plus souvent cachée, largement consacrée à la prière. Ils consacrent également beaucoup de leur temps à aider les plus pauvres par le biais de la Mission Saint-Joseph, à Foymount, au Canada.

Félix Xavier et Iveta sont tous deux catholiques et profondément attachés au Pape et à leur évêque. Ils ont un grand amour pour l'Eucharistie et nourrissent une profonde dévotion envers la Vierge Marie et envers Saint Michel Archange.

Depuis plusieurs années, Iveta, également appelée "Cléophas" dans ce livre, rapporte avoir reçu une véritable éducation spirituelle, donnée surnaturellement par la Vierge Marie à travers un enseignement patient – souvent répétitif – par des locutions et des visions intellectuelles, le plus souvent dans la plus grande discrétion de leur modeste maison au Canada. Iveta décrit également de manière extraordinaire des apparitions de la Vierge Marie et relaie ses messages, souvent prononcés à haute voix en présence d'autres personnes, principalement sur le Mont Batim, dans le diocèse de Goa, en Inde – leur terre d'origine.

En lisant les transcriptions des enregistrements effectués par Félix Xavier lors de ces locutions ou visions, on pense à Catherine de Sienne ou à Brigitte de Suède. La manière d'enseigner qu'Iveta partage manifeste d'un immense amour pour la Vierge Marie qui prend soin de ses enfants – et plus encore de nos jours d'une manière extraordinaire – qui est très similaire à ce que l'on lit dans le « Traité de la vraie dévotion à la Sainte Vierge » de Saint Louis Marie Grignon de Montfort.

Le récit qu'Iveta fait de sa participation à la Passion de Notre Seigneur, où elle vit des moments d'extrême souffrance physique, psychologique et spirituelle, est d'une importance capitale. Ces actes d'offrande spirituelle lui sont demandés à l'avance et font l'objet d'un acquiescement de sa part et de la part de son mari. Est toujours révélé à Iveta à l'avance pour qui elle vivrait des jours de souffrance. Les temps de souffrance les plus significatifs sont ceux de la Semaine Sainte de chaque année, où Iveta voit dans son âme des moments de la Passion du Christ et, alors qu'elle s'unit à Lui dans sa souffrance, Jésus, souvent, lui parle souvent. Elle voit aussi intérieurement la continuation de la Passion de Jésus dans la persécution actuelle et à venir de l'Église.

Ce livre se compose principalement des messages qu'Iveta a reçus pendant ces journées de souffrance durant les années 2010 à 2021, et ils sont la suite du livre précédent : *"The Mercy of God and the call to return to the Harbour of Truth."*

Ce livre souligne comment la culture de la mort dans notre monde moderne offense profondément Dieu, nous ouvrant ainsi les yeux sur les conséquences inévitables de nos choix.

Dans le prolongement des messages de Fatima, ce livre décrit comment la Vierge Marie, *Notre-Dame du Salut*, a reçu de la Très Sainte Trinité une mission particulière et essentielle pour notre temps. La Vierge Marie y apparaît comme « *Médiatrice de toute Grâce, Co-Rédemptrice* et *Avocate* ».

Le terme « Co-Rédemptrice », non encore accueilli par le Magistère de l'Église catholique, est ici sans ambiguïté : Notre Seigneur Jésus est *l'unique* Rédempteur, et Marie est Co-Rédemptrice auprès de Celui qui est aussi Son Rédempteur. Cette capacité de co-rédemption s'étend également à tous ceux et celles qui consentent à offrir leurs souffrances, comme *petits vases de co-rédemption* unis à notre Sainte Mère. Comme ce livre l'exprime, la demande de Notre Dame que ces titres soient proclamés comme un dogme par le Pape n'est certes pas pour son besoin, mais pour notre besoin. Le 'oui' de l'Église à un tel don permettra que soit libéré un torrent de Grâce dont nous avons grand besoin !

Ce livre « Souffrance et Thèse du Purgatoire » montre la splendeur de la miséricorde de Dieu, inséparable de la justice de Dieu, et annonce le désastre qui se produira si nous ne choisissons pas la conversion, et si nous continuons de 'jouer à Dieu'. Il décrit également le grand danger du schisme de l'Église catholique – qui trouve son origine dans le refus d'accepter le ministère du Pape François – ainsi que l'extension de la persécution de l'Église avec toutes ses horreurs !

Les messages contenus dans ce livre nous permettent également de comprendre les signes des temps, notamment la pandémie de la Covid-19, qui apparaît comme la *première douleur d'enfantement* de la *Grande Apostasie* qui vient.

Ces réflexions ont pour but non seulement de nous appeler à une conversion plus profonde et à la prière, mais aussi à offrir notre souffrance avec Marie, unie à la Passion de Notre Seigneur.

*

À plusieurs reprises, notamment en 2018, Iveta a reçu de précieuses lumières sur le mystère du Purgatoire.

Les intuitions qui nous sont offertes dans cette 'Thèse du Purgatoire' sont présentées comme profondément nécessaires pour notre époque – une époque où la foi en la réalité du Purgatoire est devenue si faible. Profondément nécessaires, parce que la perte de la foi dans notre monde moderne est aussi la conséquence d'un grand manque de prière pour les Âmes du Purgatoire ; car maintenant nous ne bénéficions pas de la prière d'Âmes qui, si nous avions prié pour elles, seraient déjà entrées au Ciel et intercéderaient pour nous.

Tout au long de cette partie du livre, il nous est également donné de contempler le beau projet de Dieu, le merveilleux échange d'amour, que le Catéchisme de l'Église catholique explique ainsi : « Dans la communion des saints « il existe donc entre les fidèles – ceux qui sont en possession de la Patrie céleste, ceux qui ont été admis à expier au Purgatoire ou ceux qui sont encore en pèlerinage sur la Terre – un constant lien d'amour et un abondant échange de tous biens » (ibid.). Dans cet échange admirable, la sainteté de l'un profite aux autres, bien au-delà du dommage que le péché de l'un a pu causer aux autres. Ainsi, le recours à la communion des saints permet au pécheur contrit d'être plus tôt et plus efficacement purifié des peines du péché. » (CÉC 1475)

Il souligne également avec force le ministère de co-rédemption de la Bienheureuse Vierge Marie ainsi que le ministère de l'Archange Saint Michel. Notre Livre décrit avec plus de détails ce que Sainte Catherine de Gênes avait décrit – grâce à sa propre expérience spirituelle. La présente édition propose en notes de bas de page plusieurs extraits du « Traité du Purgatoire » de Sainte Catherine.

Pour une compréhension fructueuse de tous ces aperçus, il faut savoir qu'ils ont été donnés les Samedis Saints, quelques heures avant les Vigiles pascales, rendant ainsi très impressionnante l'immense fécondité de la célébration Eucharistique !

*

Ce livre, ainsi que tous les écrits d'Iveta, sont le fruit de sa prière et de sa souffrance. Ces recueils d'écrits n'ont pas encore reçu l'approbation ecclésiale formelle ; ce serait trop tôt. Ils restent à usage privé.

Au fil des pages de ce livre, puissiez-vous vous émerveiller et rendre grâce devant la miséricorde et la justice de Dieu et accepter l'invitation à prier et à vous offrir pour la conversion des pécheurs et pour les Âmes du Purgatoire !

Fr. Antoine E.
25 décembre 2020

PRÉSENTATION DU LIVRE

Ce livre a vu le jour à la demande de Notre Sainte Mère, la Bienheureuse Vierge Marie, la Mère de Notre Dieu.

La Mère de Dieu révèle que nous entrons dans la Purification avant l'ère des mille ans de Paix.

Jésus a dit : « Je serai avec vous jusqu'à la fin des temps ». Nous marchons maintenant main dans la main avec la Mère de Dieu, dont l'Écriture révèle qu'Elle est « la Femme vêtue de soleil », qui nous fera traverser ces moments de profondes ténèbres de types spirituels divers.

Dans ces messages, la Mère de Dieu, Notre Sainte Mère révèle quoi faire et comment faire : « CONFIANCE TOTALE », l'unique voie, la voie de Dieu en ces temps.

La Mère de Dieu y révèle également son rôle suprême dans le Salut que Dieu Lui a confié, comme *Médiatrice de toute Grâce*, *Co-Rédemptrice* (avec Jésus *Le Rédempteur*) et *Avocate* devant Jésus son Divin Fils, le Divin Juge.

Tout pouvoir, toute grâce, tous les dons Lui sont donnés pour qu'Elle les accorde à ses enfants, les enfants de Dieu qui se consacrent à Elle et L'invoquent à chaque moment et décision de leur vie.

Iveta *Cléophas* Fernandes

LA BIENHEUREUSE VIERGE MARIE RÉVÈLE SON RÔLE POUR NOTRE ÉPOQUE

Iveta Cléophas Fernandes, une femme simple, mariée à Félix Xavier Fernandes, a été choisie par la Divine Providence pour être un 'instrument' par lequel Dieu, à travers le Cœur Immaculé de Marie, souhaite faire connaître son Plan de Salut pour notre monde en 'ces temps – cette période de l'histoire'. Ceci dans le contexte des temps prédits et du rôle stratégique du Cœur Immaculé pour obtenir la paix pour le monde par l'accomplissement du Message de Fatima et la proclamation du 5ᵉ Dogme Marial.

En tant qu'Âme victime, Iveta a été appelée à souffrir, à co-racheter avec Notre Bienheureuse Mère la Co-Rédemptrice, unie à Jésus le Rédempteur, pour ramener les Âmes à Dieu. Dans cette union et dans ce but, Iveta offre ses prières et ses souffrances pour l'Église domestique et universelle.

Ce livre détaille également la Souffrance de Notre Seigneur pour les péchés de notre monde contemporain, pour lesquels le Christ, notre Sauveur, est mort ! Car Il a tracé le chemin de la souffrance pour que nous comprenions que cela est l'exigence de la réconciliation avec Dieu le Père : Afin de payer la dette à la Divine Justice que le péché requiert. « *J'ai payé la plus grande partie de votre dette, mais vous devez faire réparation pour le reste de certaines des offenses. Cela est connu sous le nom de Divine Justice.* » *(Message du 7 avril 2017)*

Et dans ce Livre, alors que le Christ rachète, Il révèle le rôle de Co-Rédemptrice de Sa Bienheureuse Mère qui 'marche le chemin de Croix' avec son Fils Bien-aimé. « *Voyez comment Ma Bienheureuse Mère Co-rachète pour vous. Elle porte Ma croix en silence pour vous, pour votre monde d'aujourd'hui.* » *(Message du 18 avril 2014)*

Le livre *'Souffrance et la Thèse du Purgatoire'* met également en avant-plan la compréhension du Purgatoire et la nécessité de prier pour les saintes Âmes qui *'paient leurs dettes envers la Divine Justice'*. Grâce à nos prières et une fois purifiées, ces Âmes sont libérées pour *'louer, adorer et glorifier Dieu sans cesse pour nous et nous obtenir ainsi la grâce et la foi nécessaires par leur prière'*. *(31 mars 2018)*

Cependant, pleinement consciente de notre situation critique, Notre Sainte Mère offre une feuille de route pour ces moments critiques ; car Son rôle est de préparer Ses enfants pour les temps de la Grande Persécution contre l'Église avant la seconde venue du Christ. *(30 mars 2018)*

Elle vient nous demander de nous consacrer à son Cœur Immaculé et *'si nous L'invoquons et que nous nous consacrons, ainsi que nos enfants, chaque matin à son Cœur Immaculé et que nous enseignons à nos frères à faire de même, Elle ne nous abandonnera pas et nous conduira à travers ces moments de persécution qui surgissent rapidement.'* *(Message du 13 octobre 2015)* Cette Bataille Spirituelle contre les forces des ténèbres, Satan lui-même, Lui appartient, dit-Elle. Elle sera Celle qui l'écrasera à la fin. Notre place est de rester sous Son Manteau et Sa protection et de L'assister par des prières, des sacrifices et par la pratique de la dévotion du Premier Samedi du mois qu'Elle nous a donné par Notre Dame à Fatima, à savoir : La récitation du Rosaire, une bonne confession, l'adoration du Très Saint Sacrement, la Sainte Messe, la Consécration et la Communion de réparation au Cœur Immaculé de Marie. Ici, tout le but et la mission de notre Sainte Mère est d'amener les Âmes à être en union avec Son Divin Fils, Jésus. Ainsi, lorsque nous nous consacrons à Elle, cela signifie être pleinement 'à Jésus par Marie'. Il est important de noter que : « *La prière la plus efficace est le Saint Rosaire ; il démantèlera les ténèbres de l'esprit et du cœur en restaurant la conscience.* » *(Message du 13 avril 2017)*

Notre Sainte Mère nous a également donné les 'sacramentaux' du scapulaire et de la médaille de la *Médiatrice de toute Grâce* pour nous assurer de la préservation de toutes tentations, nous fournir des grâces de protection et de martyre, et une assurance pour défendre l'Église, le Saint-Père et d'être conduits dans l'ère de la Paix ! Car « *À la fin, mon Cœur Immaculé triomphera et l'ère de la Paix descendra sur votre monde et le règne du Cœur Immaculé et du Sacré-Cœur de Jésus s'épanouira pour mille ans de Paix.* » *(Message du 6 septembre 2018)*

Puissiez-vous comprendre ces moments, et que l'Esprit Saint ouvre votre cœur pour recevoir les messages qui sont contenus dans ce livre !

Christopher Dias[1], 28 décembre 2020

---

[1] Christopher Dias est l'éditeur de « *Mother of God, Mediatrix of All Grace Magazine* » publié en ligne sur www.mediatrixofallgrace.com, et ex-graphiste du « Messenger of the World Apostolate of Fatima », le magazine international de l'Apostolat Mondial de Fatima.

Table des Matières

PRÉFACE i

INTRODUCTION iii

PRÉSENTATION DU LIVRE viii

**LA BIENHEUREUSE VIERGE MARIE RÉVÈLE
SON RÔLE POUR NOTRE ÉPOQUE** ix

**2010 : PRENEZ COURAGE, SINON COMMENT
LES ÉCRITURES POURRONT-ELLES S'ACCOMPLIR ?
CE SONT LES ÉVÉNEMENTS QUI DOIVENT ARRIVER**

1. Père, si Tu le veux, éloigne de Moi cette coupe ; cependant que soit faite non pas ma volonté, mais la Tienne 1
2. Elle a une grâce suprême 2
3. Prenez courage, sinon comment donc l'Écriture doit-elle s'accomplir ? 4
4. Ce sera la force que toutes les mères puiseront en Elle 5
5. Chaque péché défile devant le Seigneur 6
6. Vous voyez l'horreur des nations qui ont légalisé l'avortement. C'est le culte de l'antichrist ! 6
7. Les faux refuges 7
8. Cela marque la chasteté du sacerdoce 8
9. Le déchirement du rideau du Temple, la division dans l'Église 9
10. L'heure vient où l'on portera des accusations injustes contre mon Pierre 11
11. C'est comme ceux qui accuseront faussement les prêtres pour des crimes d'impureté 12

12. Jésus lui accorde la plénitude de la grâce comme Co-Rédemptrice unie totalement à Lui 13

13. Notre Dame montre l'importance de la 'Médaille' de la Médiatrice de toute Grâce 14

2011 : EN CES TEMPS DE LA GRANDE PERSÉCUTION

14. Tout Pouvoir, toute Grâce, tout Don M'ont été confiés 16

2012 : MES ENFANTS NE SONT PAS PRÉPARÉS, CAR ILS NE SE SONT PAS CONSACRÉS À MON CŒUR IMMACULÉ !

15. À ceux qui porteront la Médaille 18

16. Enfants bien-aimés, bientôt la communication cessera 19

17. Je désire que tous Mes enfants gardent des cierges bénis 20

18. Ceux qui ont adhéré au paganisme et au culte du paganisme... 21

19. Quand ce moment vous arrive, vous devez vous tourner vers la prière... 24

2013 : ENFANTS BIEN-AIMÉS FAITES CONNAÎTRE LE SCAPULAIRE ET RÉPANDEZ LA DÉVOTION AU SAINT ROSAIRE

20. Les Âmes qui refusent de reconnaître Dieu comme leur Créateur… 28

21. Je vous guiderai dans les heures de la persécution connues sous le nom de désert... 28

22. Enfants bien-aimés faites connaître le scapulaire et répandez la dévotion au Saint Rosaire à beaucoup de mes enfants 29

23. Le miracle de l'Eucharistie... 30

2014 : NE CHERCHEZ PAS DE COMPROMIS FACILES AVEC LE MONDE, REVENEZ À DIEU !

24. Et tant d'Âmes tombent dans l'Enfer 34
25. Ils vous traîneront comme ils M'ont trainé..........................35
26. Ne recherchez pas de compromis faciles avec le Monde, revenez à Dieu ! 36
27. Je suis le Rédempteur et Tu es la Co-Rédemptrice 37
28. Allez dire à Ma Mère que J'ai besoin d'Elle. Moi, le Rédempteur, J'ai besoin d'Elle pour Co-Racheter avec Moi...38
29. Je Lui ai accordé ces grâces pour votre Monde, pour les temps de persécution. 40
30. C'est pour cette raison que Je désire que les Messages soient présentés 41
31. Vous êtes maintenant au seuil de la Grande Apostasie......... 42

2015 : LE DÉSIR DE MON SACRÉ CŒUR EST DE VOUS SOULAGER SI VOUS PROCLAMEZ MA MÈRE COMME MÉDIATRICE DE TOUTE GRÂCE, CO-RÉDEMPTRICE ET AVOCATE

32. Dans leur quête À chercher de jouer à Dieu, ils ont adhéré au Satanisme. 45
33. Priez, priez beaucoup de Rosaires pour votre Saint Père 46
34. Prépare Mes Brebis, Mes Agneaux pour cette terrible persécution……. 47
35. Ils vous traîneront comme Moi-même on Me traîne présentement………...48
36. Elle vous aidera dans les heures de votre persécution 49
37. Mère, porteras-Tu Mon Église comme Co-Rédemptrice ? 50

38.	Marchez en harmonie	51
39.	Le Monde vit de manière laborieuse, en désobéissance au commandement de Dieu	52
40.	Chaque fois que le Rosaire est récité, Je peux lier les esprits	53
41.	Vous êtes aux dernières heures des dures douleurs de l'enfantement de la persécution avant la Grande Apostasie.	54

2016 : IL PLAÎT À MON CŒUR IMMACULÉ DE VOIR LA DÉVOTION DU PREMIER SAMEDI QUE J'AI FAIT CONNAÎTRE À FATIMA

42.	Ce cours peut être changé par le pouvoir du Saint Rosaire !	57
43.	Prépare Mon Troupeau, Mes Brebis !	59
44.	Jésus de Nazareth souffrant à nouveau en ce jour de ce Premier Vendredi Saint	62
45.	Ne recherchez pas un compromis facile avec le Monde	64
46.	Renoncer à cette manière de vivre et embrasser Ma Miséricorde	66
47.	Le dernier Dogme	67
48.	Ceci est la onzième heure de la Miséricorde	68
49.	Sachez et comprenez : lorsque la Miséricorde Divine prendra fin, la fureur de la Divine Justice se manifestera	70
50.	La consécration à Mon Cœur Immaculé : c'est simple mes enfants, simple !	71
51.	Seule la prière peut effacer ce terrible désastre	72

52.	L'Esprit Saint : Vous ne le trouverez nulle part ailleurs que dans le silence	73
53.	Votre Saint Père sera toujours avec vous, même dans les moments souterrains	74

2017 : JE VIENS VOUS INVITER À LA CO-RÉDEMPTION AVEC MOI, MOI QUI SUIS LA CO-RÉDEMPTRICE, UNIE À "JÉSUS" LE RÉDEMPTEUR

54.	Le socialisme est devenu la façon de vivre	77
55.	Faire avorter un enfant constitue un terrible crime contre l'Auteur de la Vie	78
56.	L'onction de l'Ange sur le front des Élus	80
57.	Le coeur du Pape François I est enraciné dans le Divin Sauveur	80
58.	Mon adversaire est entré dans les couvents	81
59.	Co-Rédemptrice et Avocate	83
60.	Une telle puanteur d'impureté s'élève chaque jour !	84
61.	Ce sont les enfants que mon adversaire cherche à détruire, le futur de votre Monde	86
62.	Les cinq Premiers Samedis sur la Sainte montagne du Mont Batim	88
63.	Pour calmer la colère de Dieu qui s'enflamme contre votre Monde	89
64.	Revenez à Moi par votre consécration chaque matin à Mon Cœur Immaculé	90
65.	Tu révéleras une grande compréhension de la souffrance nécessaire pour racheter les Âmes perdues dans le péché	91
66.	Satan va faire et mener la guerre contre Moi, c'est-à-dire mes enfants	93

67. Seuls quelques Prêtres et Religieuses
    seront épargnés 95

68. Il y a de l'espoir même pour ceux-là 98

69. Il est nécessaire que tous mes enfants offrent leur
    souffrance chaque jour pour co-racheter 100

70. Veillez et faites réparation pour de telles offenses ! 102

71. Vois-tu combien a de valeur la souffrance ? 104

72. Le silence est nécessaire pour écouter à chaque
    instant Mon Époux l'Esprit Saint 106

73. Les trois-quart de la Terre disparaîtront 108

74. Faire réparation en jeûnant et en priant
    pour consoler le Sacré Cœur de Notre Seigneur 110

75. Ses enfants qui ont abandonné la foi 110

76. Quelle tristesse ce serait sans ces prières 111

77. Votre Monde est devenu un monde d'holocauste 115

2018 : ELLE SEULE COMME MÉDIATRICE ET MÈRE DE DIEU, LA FEMME QUI EST REVÊTUE DU SOLEIL, QUI ÉCRASERA LA TÊTE DE SATAN À LA FIN PEUT VOUS CACHER ET VOUS SAUVER

78. Beaucoup tombent dans les ténèbres parce qu'ils
    n'ont pas la compréhension de ces moments 119

79. Aujourd'hui, il y a une telle pauvreté de privation
    de père 121

80. La voie du Monde est devenue la doctrine
    et le précepte des familles d'aujourd'hui 124

81. Dans beaucoup d'Ordres se sont infiltré
    les enseignements de l'Unique Religion Mondiale 127

82. Beaucoup de séminaristes sont venus
    de Satan pour devenir ses prêtres ! 131

83.	La plus grande faute présentement est l'avortement qui se parade devant le Seigneur	134
84.	Que dois-Je te faire ?	136
85.	Quand tombe la ténèbre et la persécution se lève	140
86.	Je vous demande d'accueillir le Sacrement de la Réconciliation	141
87.	Vous êtes de petits vaissaux de Rédemption	141
88.	Beaucoup de Mes fidèles M'ont quitté pour une religion appelée 'L'Unique Religion Mondiale'.	142
89.	L'une des sept coupes de fléau sera le fléau dévastateur qui s'abattra sur vous !	145
90.	Beaucoup ne suivent pas la Règle de leurs Fondateurs et Fondatrices	148
91.	Mes Prêtres bien-aimés : si l'un d'entre vous tombe et ne se repent pas, beaucoup de Brebis tombent et abandonnent la foi !	149
92.	Seule la Femme vêtue de Soleil peut vous cacher et vous secourir !	151
93.	Mère… d'abord Tu prépareras Mes enfants dans ces temps de grande persécution	153
94.	Je suis Celle à qui Dieu a donné tout Pouvoir, toute Grâce	154
95.	Il n'y a pas beaucoup d'Âmes victimes	157

2019 : JE SUIS LE MÉDIATEUR ENTRE VOUS ET MON PÈRE, MAIS MA MÈRE EST LA MÉDIATRICE ENTRE VOUS ET MOI

96.	Saint Joseph est celui qu'il faut invoquer et prier au moment de la mort	162
97.	Ceci est la manière de penser humaine qui a embrassé d'être comme Dieu – la volonté démoniaque	163

98. Ceci est le Schisme, le Grand Schisme !............................166

99. Vous devez venir à Elle et puis à Moi, c'est la Volonté de Mon Père……...167

100. Ceci est à propos de ceux qui appellent pour la démission de Mon Pierre, pour le détrôner......................171

101. Toutes les irrévérences dans lesquelles Jésus est reçu....... 172

102. L'Église souterraine est préparée pour le Reste fidèle........174

103. Prenez courage, J'ai déjà parcouru ce chemin !................175

104. Que cette Sainte église soit reconstruite et Me soit consacrée sous le titre de « Marie, Mère de l'Église, Notre Dame du Mont Ganxim-Batim »..............................177

105. « Comprenez-vous l'Église dans Mon cœur Immaculé ? » 179

2020: LORSQU'ELLE SERA PROCLAMÉE, J'OUVRIRAI LES VANNES DU CIEL POUR QUE TOUS MES ENFANTS BIEN-AIMÉS PUISSENT SUBIR CETTE SOUFFRANCE DE LA PERSÉCUTION DE MON ÉGLISE

106. Un fléau plus dévastateur s'abattra sur Goa pour le purifier 183

107. Cette souffrance devait Le fortifier comme Pape régnant 184

108. Très bientôt le Saint Esprit vous sera enlevé et votre propre esprit apparaîtra comme s'il était le Saint Esprit ! 186

109. Ce sont les premières douleurs de l'enfantement de la Grande Apostasie...189

110. Vous devez prendre le remède qui a une double compréhension………..191

111. Confiez-Lui ce sirop que Je vous ai fait connaître 194

112. Ce virus est celui d'une guerre chimique 197

113. L'affliCtion de ce virus n'est pas pour apporter la mort, mais pour la gloire de Dieu à travers ce remède. 199

114. Ils ne comprennent pas ce qu'ils font 202

115. Ils désirent suivre Dieu, mais ils ont fait leur propre image de Dieu………... 204

116. Cette souffrance aujourd'hui est pour ce qui a été connu comme les racines Juives de Jésus 206

117. Vous prierez également pour ceux qui sont partis avant dans ce terrible fléau qu'est la pandémie 208

118. À travers cette pandémie, J'ai rançonné beaucoup de ceux qui ont imploré la pitié dans leurs derniers instants ! 209

119. Sachez et comprenez que ces Ordres qui sont infestés par ce mal ont un virus plus grand que le Corona virus 212

120. Quand Elle sera proclamée, J'ouvrirai les Vannes du Ciel 217

121. Lors de la Messe de Résurrection du Saint Père, ils se lèveront 219

122. La Justice de Dieu doit descendre 220

123. Devenez comme ce Petit Enfant Jésus dans Mes bras 225

124. La consécration de 'trente-trois jours' 226

125. Comment Satan complote maintenant pour amener comme ci s'était la Sainte Trinité 227

126. Vous passerez sous Sa Royauté et vous habiterez dans Son Sacré-Coeur. 229

127. Satan s'est fait le créateur 233

2021: SEULEMENT LA CONFIANCE EN DIEU À TRAVERS MOI !

128. Cela détruira votre vie et même votre santé 236

129. Souffrance pour la Hiérarchie qui rend des décisions non conformes à l'ordre de Dieu 237

130. Il sera donné à l'adversaire le pouvoir de tourmenter tous ceux qui se trouvent dans les villes. 239

131. Le clônage humain deviendra la tendance du nouvel homme, du nouveau monde 240

132. Les voies de Dieu ne peuvent être changées. La Vérité de Dieu est la Vérité ! 243

LA THÈSE DU PURGATOIRE 251

133. L'Histoire de la Peinture Mystique 255

134. La compréhension des trois étapes du Purgatoire 257

135. C'est la deuxième étape du Purgatoire tel qu'il est connu 258

136. Ceux qui commettent et donnent leur consentement au péché connu sous le nom d'euthanasie 259

137. La réparation qui doit être effectuée avant que l'Âme n'entre au Paradis 264

138. Jésus a payé le prix pour ces Âmes depuis le premier homme jusqu'au dernier homme qui sera créé 268

139. Les Âmes au Purgatoire reçoivent le don des Langues des Anges 271

140. La confession doit être comprise comme un exorcisme contre le péché mortel 271

141. Priez mes enfants bien-aimés de nombreux Rosaires pour les Âmes de vos Ancêtres qui ont soif de votre prière, ils vous aideront 273

142. Il est très fructueux et efficace de réciter le Rosaire avec sa méditation de cette manière 274

143. Il y a trois étapes au Purgatoire, et dans chacune des étapes, il y a trois niveaux 275

144. Ces Âmes viendront comme des Anges Gardiens pour vous aider, vous avertir, vous protéger ! 279

145. Ce qui se passe lors de la Résurrection de Notre Seigneur 280

146. La façon dont vous devez prier 283

147. Tant d'Âmes dans l'Église quittent l'Église et ne croient plus au Purgatoire ! 286

148. Souffrir pour les Âmes des religieux qui sont au Purgatoire 290

149. Comment Je protégerai à la fois ceux qui sont sur Terre et soulagerai les Âmes du Purgatoire 294

150. Ils seront comptés parmi les Saints et entreront au Paradis lors de la Veillée Pascale 295

Annexe 1 : ADDENDA À LA THÈSE DU PURGATOIRE 300

151. Cette façon de tuer par pitié 300

152. Les Âmes vivant dans le péché souillant le Temple de Dieu 301

Annexe 2 : LE CHAPELET DE SAINT MICHEL ARCHANGE 302

Annexe 3 : LE ROSAIRE POUR LES SAINTES ÂMES QUI SONT AU PURGATOIRE 306

Annexe 4 : UN REMÈDE SPIRITUEL ET NATUREL POUR LA PANDÉMIE ACTUELLE 308

2010 : PRENEZ COURAGE, SINON COMMENT LES ÉCRITURES POURRONT-ELLES S'ACCOMPLIR ? CE SONT LES ÉVÉNEMENTS QUI DOIVENT ARRIVER

1. PÈRE, SI TU LE VEUX, ÉLOIGNE DE MOI CETTE COUPE ; CEPENDANT QUE SOIT FAITE NON PAS MA VOLONTÉ, MAIS LA TIENNE.

Une vision :

Ils marchent de plus en plus près. Toutes les portes des églises sont fermées. Ils ont barré les portes de l'église, et pourtant ils marchent. Ils ont un mandat. Ils ont une sorte de document qui leur permet d'entrer. Toutes les villes du monde sont en émoi. Les militaires ouvrent les portes d'un coup de pied et ils trouvent tant de Prêtres. Ils ne leur parlent même pas, ils les attrapent et ils... Oh mon Dieu, mon Dieu, leur demandant de renier Jésus de Nazareth comme le vrai Dieu en présence de la Sainte Eucharistie.

Une belle vision :

Chacun de ces saints Prêtres regarde vers le ciel, ils voient le beau visage de notre Sainte Mère dans l'Eucharistie, tenant l'ostensoir près de son cœur et ils regardent en arrière vers les gardes militaires, ils ne disent pas un mot. Ils ne renient pas Jésus... Ceux qui ne veulent pas ouvrir les portes et dans les pays du tiers monde, leurs églises sont incendiées ! Je vois des statues sacrées et des articles religieux apportés à l'extérieur et battus et cassés comme pour mettre la peur dans les fidèles. Vous voyez des réjouissances chez ceux qui suivent l'antipape, l'antichrist. Ils crient que les 'Dieux sont descendus sur Terre et que la paix et la prospérité sont à nous'.

Je vois Jésus qui titube et s'accroche aux arbres. Pierre est en position assise, dans un profond sommeil contre un arbre. Le Seigneur arrive et ne trouve aucune consolation auprès des Apôtres. Pierre entend ses pas mais ne peut ni ouvrir les yeux ni se lever. Jésus revient et tombe contre le rocher. Angoisse, angoisse de notre Dieu ! Je vois un Ange descendre avec une coupe, et comme s'il essayait de consoler Jésus. L'Ange est l'Ange de Notre Sainte Mère. Le Ciel se ferme complètement, silence complet ! Tout le Ciel pleure... Jésus est appuyé contre l'Ange et tient le calice. Il est prêt à boire la

*Coupe. Il se lève et est prêt à aller vers les Apôtres. C'est le moment...
où Je vois le Saint-Père. Jésus prie pour notre Saint-Père. Alors
qu'Il s'approche, les yeux de Pierre s'ouvrent. Pierre dit :* « C'est toi,
Seigneur ? » *Jésus dit :* « Vous dormez encore ? » *Il leur dit de se
lever,* « l'heure est proche où le Fils de l'Homme sera livré aux
mains des pécheurs. »

*C'est la même trahison que nous sommes sur le point de vivre
maintenant. Même les membres de la famille se trahiront les uns les
autres. Frère contre frère, père contre fils, belle-mère contre belle-fille,
c'est l'heure de la tristesse... de la tristesse !*

Pierre essaie de se lever : « Qu'est-ce qu'il y a Jésus, Tu Te sens
bien, pourquoi il y a du sang partout sur Toi, est-ce que quelque chose
est arrivé ? » *Jésus dit :* « Pierre, réveille Jean et Jacques, celui qui
va Me trahir est à la porte. » *Il fait sombre, la lune brille, et ils ont
des torches, mais il fait très sombre d'où ils viennent, comme si c'était
l'obscurité du péché. La nuit elle-même est lumineuse. Des ombres,
des ombres... l'odeur de la mort... de l'Innocent est dans l'air... Ils
s'essuient les yeux et demandent :* « qu'est-ce qui se passe ? ». *Le
Seigneur dit :* « C'est l'heure. » *Jacques demande :* « Le temps
pour quoi, Jésus ? » *Jésus dans toute son angoisse :* « Vous n'avez
aucune idée de ce qui va se passer. » *(1-2 avril 2010)*

2. ELLE A UNE GRÂCE SUPRÊME

Jésus est emmené pour être crucifié ; ils déchirent Ses vêtements...

Je vois Notre Sainte Mère. Elle va dans cet endroit et Elle voit
Son Sang. Elle l'essuie de ses propres mains. Ils ne Lui permettent
pas de S'approcher, mais Elle est dans le prétoire, c'est un endroit
assez rude ! C'est comme le jardin d'un homme riche, avec des
rochers et un simple sentier... Jésus est battu. Ils Lui donnent un
roseau dans les mains, et ils Lui mettent ce vêtement violet. Ils Le
giflent et Le frappent au visage.

Il a un gros hématome sur la joue gauche qui saigne, la joue que Judas a embrassée... en pleurant... Jésus ne proteste pas ! Ils ne permettent pas à la Vierge de S'approcher. Elle voit tout le Sang. Une femme regarde la Vierge, c'est la femme de Pilate. Elle vient avec des serviettes dans les mains, beaucoup de petites serviettes, et Lui dit : « Sa Mère ? » Notre Sainte Mère la regarde avec des larmes dans les yeux et fait un signe de tête. La femme a également les larmes aux yeux et donne les serviettes à Notre Dame. La Sainte Vierge lui fait signe qu'Elle veut aller là où se trouve Jésus en ce moment et y prendre le Sang, mais Elle ne peut pas. La femme dit : « Je vais Vous y conduire ». Elle enlève le voile de sa tête et le met sur la Vierge. C'est royal !

Jésus est conduit dehors et la croix L'attend. C'est comme une rampe qu'ils Lui font franchir. Et vous voyez Satan dans la foule qui se moque de Lui. Notre Dame s'en vient et commence à essuyer le Sang rapidement car elle veut suivre Jésus. Jean et Marie de Magdala attendent dehors. La Sainte Vierge essuie rapidement les pavés, recueillant tout le sang. Elle a une grâce suprême, tout le Sang semble venir, les pierres restent. Elle S'incline et remercie la femme de Pilate et sort à la rencontre de la foule. Elle remet les serviettes à Marie-Madeleine, qui les passe à une autre Marie qui les met dans son manteau et les garde. Marie-Madeleine a pourtant deux voiles. Dans l'un d'eux, elle porte des herbes et des épices qui seront placées sur le Corps de Jésus. Elle les a préparés avec Notre Sainte Mère. Ceci est conforme à la loi – ou tradition – juive. Ces épices sont destinées à parfumer le corps et à le décomposer rapidement.

Je vois le Vatican – du sang, du sang, du sang et des cris ! Les Cardinaux se préparent à voter. Il y a une majorité de la fumée noire de Satan !

Jésus est arrivé au bas de cette longue rampe sinueuse. Ils Le traînent et se moquent de Lui. Notre Dame est loin, mais Elle arrive rapidement. Les braves gens qui sont avec Jésus Lui laissent la place. Ils vont devant et sont battus par certains d'entre eux. Ils sont poussés vers le bas. Ils disent aux fidèles – qui disent « Non ! Non ! qu'a-t-il fait ? » – « N'avez-vous pas entendu, n'avez-vous pas vu ce dont Il a témoigné ? Il Se nomme le Fils de Dieu, Il n'est qu'un mortel. N'est-Il pas le fils d'un charpentier ? Et c'est Sa Mère, misérable... » (1-2 avril 2010)

3. PRENEZ COURAGE, SINON COMMENT DONC L'ÉCRITURE DOIT-ELLE S'ACCOMPLIR ?

Notre Dame parle :

« Mes enfants bien-aimés, voyez-vous combien est grande la souffrance de votre Sauveur ? Il a prié pour cette heure qui va vous arriver quand on vous traînera et qu'on vous remettra aux autorités. Vous serez battus et fouettés, et beaucoup seront mis à mort. Prenez courage, comment donc l'Écriture doit-elle s'accomplir ? Ce sont les choses qui doivent arriver. »

Ils marchent à nouveau. Notre Sainte Mère semble marcher devant Jésus. Ils ne la laissent pas marcher derrière Lui, alors Jean et Marie de Magdala La prennent, La poussant à travers la foule devant Lui (Je suis fatigué...) Jésus n'a plus de pieds, ils sont meurtris, ils saignent et des morceaux de chair tombent déjà d'eux, de notre Maître. Le petit Ange qui Le consolait ramasse ces morceaux de chair et les met dans un grand ciboire avec Son Sang. Il tient ce calice qui est comme un ciboire.

Je vois maintenant Jésus S'approcher de sa Mère « Oh ! Maman, Maman »... *en pleurant... Elle tend Ses bras. Le soldat qui est près de Jésus reste en arrière et La laisse S'approcher, mais Elle n'a pas le droit de Le toucher. Les autres ne La laissent pas Le toucher. Ils le repoussent et lui disent :* « Que fais-tu ? Personne n'a le droit de s'approcher et pas de femmes ! » « C'est Sa Mère, la pauvre Femme ». « Oui, ayez pitié d'Elle », *dit-il*, « Elle doit voir le Fils criminel qu'Elle a engendré ». *Ce sont les mots cruels que les soldats prononcent à l'égard du bon soldat que l'un d'eux pousse ; il s'appelle Mel... Jésus La voit dans toute cette souffrance. Il Lui sourit et Elle Lui rend son sourire, un sourire de consolation.* « Tout *va bien »* Lui dit-Elle, « Fils, ne T'inquiète pas pour Moi, Je vais bien, nous devons faire la Volonté du Père pour laquelle nous sommes venus en ce monde ».

Ce sont les moments où Je vois maintenant des fils et des filles qui seront traînés hors de leurs maisons de fidèles et seront mis à mort en présence de leurs parents. Nous devons puiser du courage dans ce moment. C'est pour cela qu'ils sont nés, pour faire la Volonté du Père. Dans la fidélité à leur foi, la foi catholique, ils se donnent maintenant pour porter le fruit de cette souffrance. Leur vie est comme une graine qui doit mourir. Parents... Oh ! quelle souffrance...

Ma tête est tourmentée par la douleur, Je ne peux pas le supporter Sainte Mère... (1-2 avril 2010)

4. CE SERA LA FORCE QUE TOUTES LES MÈRES PUISERONT EN ELLE

Je vois Jésus. Pilate se lave les mains, et il prononce la sentence sur Jésus. Il dit : « Que Son Sang soit sur vous », et il libère Barabbas, et ils sont heureux et crient leurs louanges. Pilate a fait cela pour conserver les liens et la paix qu'il venait de trouver avec Hérode et avec le Roi, par peur des hommes, mais Jésus le regarde avec des yeux aimants, baisse la tête et avance. Il jette un coup d'œil dans la foule et son regard se pose sur notre Sainte Mère. Il La regarde avec tant d'Amour. Elle lève les bras. Il puise toute Sa force dans Son regard.

Ce sera la force que toutes les Mères puiseront en Elle, **Médiatrice**[2] *de toute Grâce. Elle leur donnera la Grâce d'endurer ce moment. Elle-même viendra. Elles verront le Fils de Dieu assis à la droite de Dieu le Père. Il recevra Lui-même leurs Âmes et leur sang uni au Sien, le sang pour porter les fruits de l'Église renouvelée. (2 avril 2010, Vendredi Saint)*

---

[2] Voir « *Traité de la vraie dévotion à la Sainte Vierge* » de Saint Louis Marie Grignon de Montfort, nos. 83-86.

5. CHAQUE PÉCHÉ DÉFILE DEVANT LE SEIGNEUR

Jésus étend Ses bras et prend la croix. On la place sur Son épaule droite, qui est déjà meurtrie. Sa main gauche s'élève pour la tenir. Il est déjà courbé sous le poids de la croix, mais ce n'est pas le poids de la croix, mais le poids de nos péchés. Chaque péché défile devant le Seigneur !

Le voyage commence pour Jésus. Il porte Sa croix et est épuisé... Il voit tant de choses à travers Ses yeux pleins de sang qui coulent de Sa tête couronnée d'épines, de Son front meurtri et de Ses sourcils déchirés. Il voit leurs visages. Il prie pour eux dans Sa souffrance et ils se repentiront et seront sauvés !

C'est cette heure où ceux qui décideront de suivre l'antichrist, ceux qui prendront la « marque de la bête »[3] *ou les fidèles. Ce sont nos propres frères et sœurs, nos propres parents – parents de sang et parents spirituels, c'est un moment horrible ! (2 avril 2010, Vendredi Saint)*

6. VOUS VOYEZ L'HORREUR DES NATIONS QUI ONT LÉGALISÉ L'AVORTEMENT. C'EST LE CULTE DE L'ANTICHRIST !

Je vois tant d'enfants, tant de petits enfants tués... qui pleurent... qui pleurent et qui souffrent... Jésus meurt ici et souffre pour ceux qui commettent ces crimes. Il prie pour eux afin qu'ils reviennent et soient sauvés !

Vous voyez l'horreur des nations qui ont légalisé l'avortement. C'est le culte de l'antichrist ! Ces enfants lui sont sacrifiés ! Les mères enceintes – c'est un temps de grande souffrance pour les mères enceintes ! Les mères et les enfants dans leurs ventres sont emmenés pour être tués parce qu'ils ne veulent pas prendre la marque de la Bête, ils sont mis à mort ! C'est illégal, et pourtant

---
[3] Ap 13,17

c'est rendu légal parce qu'ils sont déclarés difformes et ensuite tués ! C'est le sacrifice de la profanation du Saint des Saints, Jésus dans l'Eucharistie.

Je vois la Russie comme leader dans ce domaine. C'est pour cette raison que Notre Sainte Mère dit : « J'avais désiré que la Russie soit consacrée à Mon Cœur Immaculé. La Russie a répandu ses erreurs et l'avortement a été légalisé dans d'autres nations, mais la Russie sera quand même convertie et consacrée à mon Cœur Immaculé, bien que ce soit tard, tard car elle a répandu ses erreurs ! Ma petite, comprends-tu ce que Je dis ? » (2 avril 2010, Vendredi Saint)

7. LES FAUX REFUGES

Jésus se traîne. Je peux voir notre Maître. Il ne peut pas porter la croix. Simon lui-même n'est pas là. Il est fatigué ! Jean essaie de se hâter en tenant Notre Sainte Mère qui Se hâte de donner de la force à Jésus, comme si Elle voulait porter la croix, mais les soldats les repoussent. Ils ne tombent pas, mais ils ont failli le faire ! La foule est si grande qu'on peut à peine bouger. Jésus titube... titube et titube avec le poids des péchés et pense à toutes les souffrances qu'Il doit encore subir, et Il tombe... en pleurant... en souffrant... Il peut à peine bouger. C'est comme s'Il était mort. Les soldats ont peur. Ils essaient de Lui ouvrir les yeux, « Il respire encore », dit l'un d'eux, « laissez-Lui un peu de temps et nous Le remettrons debout ».

C'est ce petit moment, c'est cette chute que Jésus prend en priant pour Ses Prêtres qui doivent subir de grandes souffrances, même pour les Élus qui doivent partir en exil ! Ils souffriront de la peur de ce moment et seront au courant de ceux de leurs frères qui meurent pour l'amour de Dieu.

Il y a des réjouissances dans les camps des méchants, dans les faux refuges sous le nom de Dieu. Vous voyez des gens qui mangent et boivent parce qu'ils pensent qu'ils sont sauvés. Ils ont tué le veau gras, ils tuent des agneaux et les font rôtir, et ils se réjouissent d'être sauvés, mais malheur à eux ! Ils verront l'horreur de ce moment ; ce ne sera pas long !

Il y a ceux, même les Élus sont parmi eux, qui sont égarés. Ils ont choisi cela, à cause de leur propre volonté. Ils ne se sont pas abandonnés ! Bien que Dieu les ait élus, ils ont choisi de ne pas entendre l'Esprit Divin. Leur raisonnement humain les a conduits dans ces camps. Ce sont ces refuges d'origine humaine, et maintenant leurs chefs, par peur vont céder à l'adversaire et ils seront tous massacrés. Martyre terrible ! Certains prendront la marque de la Bête comme leur maître qui les ont guidés. D'autres se rendront compte qu'ils ont fait un mauvais choix et tenteront de fuir, mais ils seront tués !

Et en l'honneur de ceux qui n'ont pas pris la marque de la Bête, pendant les mille ans de règne[4], sur ces sites, les fidèles qui survivront, rejoindront ces lieux de pèlerinage, placeront une petite croix et érigeront une petite chapelle en mémoire de ceux qui sont morts et qui, malgré leur faiblesse humaine, n'ont pas pris la marque de la Bête. Ils brûleront les images de l'antichrist et creuseront un trou pour y mettre les corps de ceux qui ont pris la marque de la Bête – ceux qui ont été tués, massacrés, parce qu'ils ont pris la marque de la Bête ! (2 avril 2010, Vendredi Saint)

8. CELA MARQUE LA CHASTETÉ DU SACERDOCE

Jésus arrive sur la colline. Ils saisissent la croix. Je vois aussi deux autres personnes qui purgent la même peine de chaque côté de Jésus. Ils L'ont placé au centre comme s'Il était le plus grand de tous les criminels ! Ils jettent la croix par terre et dépouillent les deux autres criminels qui crient et gémissent, hurlent, maudissent

---
[4] Ap 20,3

et jurent contre les gardes ; crachent aussi, et donnent des coups de pied ! Leurs pieds sont liés. Jésus ne proteste pas lorsqu'ils Lui retirent ses vêtements. En pleurant... en pleurant... Notre Sainte Mère arrive rapidement. « Non » dit-Elle, alors qu'ils défont sa partie la plus privée. Ils retournent pour la rattacher à nouveau sur Lui. Ils Lui obéissent. Elle les remercie et S'en retourne. Marie de Magdala dit : « Mère, ils T'auraient tuée, pourquoi as-Tu fait cela ? »

Cela marque la chasteté du sacerdoce, sacré pour Dieu et sacré pour tous les Hommes. Jésus est mort pour eux et a supporté la souffrance même pour les domaines pour lesquels ils garderont leurs vœux. Ceux qui sont tombés sont nombreux, Je le vois, et ils ne savent pas comment se relever.

« Repentez-vous seulement, repentez-vous et confessez vos péchés à vos confesseurs, à vos Pères spirituels, ne péchez plus de cette façon, car quel profit y a-t-il ? » *(2 avril 2010, Vendredi Saint)*

9. LE DÉCHIREMENT DU RIDEAU DU TEMPLE, LA DIVISION DANS L'ÉGLISE

Jésus murmure dans Son Cœur :

« Mère, Mère » …

Notre Dame... d'esprit à esprit : « Je suis là, Fils, Je suis là. »... *pleurant...*

Je vois Rome et notre Saint Père déclarer ce que cela signifiera. La division de l'Église, le déchirement du rideau du Temple lorsque Jésus expire ! C'est ce moment maintenant, la déclaration de Notre Dame comme **Médiatrice** *de toute Grâce, Co-Rédemptrice, le déchirement du Rideau du Temple, la division de l'Église ! Jésus est mort pour ce moment !*

Je vois que les soldats ont pris ses vêtements. Ils sont assis et jettent des dés et jouent Sa Tunique. Jésus les regarde et ils cessent. Il lève les yeux au ciel. « Père, pardonne-leur car ils ne savent pas ce qu'ils font. »[5]

Ce sont ceux qui jouent leur foi. Jésus prie pour eux, pour qu'ils se repentent et reviennent !

Je ne vois que celui qui gagne la Tunique de Jésus. « Qu'est-ce que Je vais en faire ? », *dit-il.* « Eh bien, garde-la comme porte-bonheur. Ils Le revendiquent comme Roi, n'est-ce pas ? » *dit un autre.*

C'est celui qui se repentira et sera sauvé – celui qui gagne la Tunique.

C'est la Tunique du Martyre, qui est lavée dans le Sang du Seigneur[6]*, l'Agneau le plus pur, le Sang de l'Agneau sur ce Manteau et sur tous les Prêtres, qui se laveront dans le Sang du Martyr.*

Le soldat prend le manteau et descend en courant. Il y a un homme là-bas Domiscus ?... Démétrius... mes yeux se fatiguent... il le lui jette et dit, « garde-le pour moi ».

« *Je ne suis pas ton serviteur, Je suis le serviteur de l'Homme qui meurt. C'est mon Maître.* » (Il semble qu'il ait été son serviteur autrefois) « Nous en parlerons plus tard », *dit ce soldat. Le serviteur regarde cette Tunique et réalise... C'est la Tunique de son Maître, son vrai Maître.*

Il lève les yeux vers Jésus et dit : « Merci Maître, Tu m'as fait un cadeau, Je suis libre ! Ton Sang est sur cette Tunique, Je la protégerai avec ma propre vie. » *Et il s'enfuit pour la cacher. (2 avril 2010, Vendredi Saint)*

---

[5] Luc 23,24
[6] Ap 7,14

10. L'HEURE VIENT OÙ L'ON PORTERA DES ACCUSATIONS INJUSTES CONTRE MON PIERRE

Ils ont atteint le Palais de justice. Jésus est jeté à terre... en attendant Sa rencontre privée avec Pilate...

Jésus parle à mon Âme :

« Sache que l'heure vient où ils porteront des accusations injustes contre Mon Pierre, Mon Pierre qui souffre tant pour Mon Église, Mon Pierre qui porte Ma lourde croix ! Il ne veut pas faire de compromis et c'est pourquoi ils lui infligeront des accusations injustes. Ils lui ordonneront et lui commanderont de quitter le Siège de Pierre. Ce sont ceux de l'antichrist qui soutiendront l'antipape qui est déjà parmi... Vous le verrez, n'ayez pas peur, ce n'est pas l'heure, mais ce sont les douleurs de l'enfantement avant l'heure.

Priez Mes enfants, priez, priez pour que Mon Pierre proclame Ma Sainte Mère comme votre *Médiatrice de toute Grâce*, à qui J'ai conféré Toute Grâce et Tout Pouvoir[7], *Co-Rédemptrice*, qui a souffert cette Nuit Sainte avec Moi et continue de souffrir grandement spécialement en ces jours qui marquent la proximité de Mon *Église souterraine*. Elle conduira Mon *Reste* en ces heures, et Elle continuera à intercéder en tant qu'*Avocate* pour ceux qui reviennent et pour ceux qui vont mourir, pour lesquels vous devez prier beaucoup ! Priez de la manière qu'Elle vous a fait connaître... »... *(et Jésus tombe)*

Jésus poursuit : « Jésus de Nazareth, en tant qu'Homme-Dieu, dans mon angoisse, j'ai pris cette chute, et en tant que Dieu-Homme, Je Me relève pour que tu te relèves ! Jésus de Nazareth, Je suis avec toi, Mon troupeau, Mes brebis et Mes agneaux. Amen. Amen. » *(Jeudi Saint, 1-2 avril 2010)*

---

[7] Voir « Traité sur la vraie dévotion à la Vierge Marie » de St. Louis-Marie Grignon de Montfort, no.76.

11. C'EST COMME CEUX QUI ACCUSERONT FAUSSEMENT LES PRÊTRES POUR DES CRIMES D'IMPURETÉ

Jésus porte sa croix et titube... soudain, Marie de Magdala quitte Notre Sainte Mère et Marie Cléophas lui dit : « Que fais-tu ? Tu ne peux pas la quitter ». Marie de Magdala répond : « Prends soin d'Elle, prends soin d'Elle, Je dois partir, Je dois partir. » Elle se déplace avec beaucoup d'amour et se précipite à travers la foule qui la pousse. « Femme, recule ! » disent les soldats, « tu seras tuée ! ». Elle n'a pas peur et court vers Jésus. Elle trouve une ouverture sous les gardes et court vers Jésus sous ses bras. Elle enlève son voile et le presse contre le visage du Maître, sous sa tête inclinée, et le retire. Ils s'empressent de la tirer et lui demandent ce qu'elle fait. « Sors d'ici, méchante sorcière », ils se moquent d'elle en disant : « N'est-ce pas elle, la prostituée qu'Il a sauvée ? Voyez combien d'amour elle a pour Lui ! Qu'a-t-elle à faire avec Lui s'Il dit qu'Il est le Fils de Dieu ? »

C'est comme ceux qui accuseront faussement les Prêtres pour des crimes d'impureté.

Marie de Magdala regarde son voile et l'embrasse. Elle y voit les traits de Notre Dieu et le place près de son cœur. Elle le cache et court vers Notre Sainte Mère. « Qu'as-tu fait ? Tu aurais pu être tuée », dit Marie Cléophas. « Tu es inquiète ? » Marie de Magdala répond : « Ne vois-tu pas ce qu'ils font à notre Maître ? Que sont nos vies ? Si nous mourons, nous méritons la mort ! ».

Nous verrons les pécheurs et les prostituées[8] se tourner vers Dieu lorsqu'ils verront la grande illumination qui s'abattra sur tous les hommes comme un déversement de la grâce finale de Dieu. (Jeudi Saint, Vendredi Saint, 1-2 avril 2010)

---

[8] Mt 21,31

12. JÉSUS LUI ACCORDE LA PLÉNITUDE DE LA GRÂCE COMME CO-RÉDEMPTRICE TOTALEMENT UNIE À LUI

Notre Dame est maintenant près de la croix. Elle lève les yeux vers Jésus avec tant d'Amour... Jésus puise toute Sa force de Sa Mère. Jésus n'éprouve qu'une grande tristesse en ce moment. Il murmure d'Âme à Âme : « Mère, Mère, si Je pouvais T'épargner cela, Tu sais que Je le ferais ». *Elle Le regarde, Son Âme Lui parle :* « Fils, ne T'inquiète pas pour Moi »... *pleurant... quel Amour, Sacrifice inconditionnel !...*

Alors Jésus regarde son apôtre, son apôtre préféré, Jean : « Fils, voici ta Mère »[9] *Jean Le regarde et pleure.* « Oui Seigneur – murmure-t-il – Je prendrai soin d'Elle, donne-moi la force ! » *'J'ai prié pour toi aussi'. dit Jésus, d'Âme à Âme.*

Jésus regarde sa Mère avec un tel Amour – Il se vide de tout Son être, même de Sa Mère, pour nous maintenant. Il Lui dit : « Femme, voici Ton fils.[10] » *Elle Le regarde avec des larmes de joie qui coulent de Ses yeux, une chaleur sans malice dans Son esprit. Elle nous prend tous dans Son Cœur Immaculé, toute la race humaine. Oui, Elle est vraiment la Médiatrice de toute Grâce. Jésus Lui confère la plénitude de la Grâce comme Co-Rédemptrice totalement unie à Lui. Il lui murmure.* « C'est ainsi que le Fils de Dieu est glorifié, le Fils de l'Homme glorifie Dieu ! Amen. »[11]

Il parle de leur compréhension cachée "Je suis dans le Père et le Père est en Moi". Même à cette heure, il semble que le Père L'ait abandonné, mais Il puise sa force dans la Volonté de son Père, l'Esprit de la Première Personne réside en Lui pour subir ce moment ! C'est un Mystère... souffrance (2 avril 2010, Vendredi Saint)

---

[9] Jean 19,27
[10] Jean 19,26
[11] Jean 13,31-32

13. NOTRE DAME MONTRE L'IMPORTANCE DE LA 'MÉDAILLE' DE LA MÉDIATRICE DE TOUTE GRÂCE

La Sainte Vierge montre l'importance de la 'Médaille' de la *Médiatrice de toute le Grâce*.[12] Elle nous donne les promesses : Après que ces 'médailles' aient reçu la bénédiction d'un Prêtre consacré obéissant au Saint-Père et une compréhension de ces temps, elles porteront :

1. La Grâce d'être préservés de toutes les tentations, tentations d'impureté qui monteront dans l'Église et dans les rues et auxquelles aucun homme ne peut résister, si ce n'est avec la Grâce de l'Immaculée Conception en eux.

2. En tant que *Marie Médiatrice de toute Grâce*, ils porteront la grâce de la protection des Élus et la protection de la Couverture de son Manteau, le Manteau bleu de l'Immaculée Conception, pour les conduire vers les lieux de sécurité.

3. Ils porteront la Grâce, ceux qui souffriront le Martyre. Il y aura de la joie sur leurs visages et ils n'auront pas peur !

4. Ce sont ceux qui se lèveront pour témoigner que le Saint Père vit encore, et que l'Église de Dieu est encore vivante ! Ils seront mis à mort tandis que les hommes deviennent fous ! Une autre promesse de cette 'Médaille' : Que les fidèles prennent courage et ils verront le Vrai Pape. S'ils croient l'élu choisi pour ces temps et restent fidèles, Elle leur fournira tout ce qui est nécessaire.

5. Et la promesse finale : cette 'Médaille', en tant que Mère de Dieu, l'Immaculée Conception de Marie conçue sans péché, Médiatrice de toute Grâce, qu'elle représente, conduira l'Église dans l'ère de la Paix ---- Le triomphe du Cœur Immaculé.

Ce sont là ses cinq promesses. *(Vendredi Saint, 2 avril 2010)*

---

[12] Le dévoilement de la médaille a eu lieu le 14 octobre 2016 à Ganxim-Batim, Goa.

2011 : EN CES TEMPS DE LA GRANDE PERSÉCUTION

14. TOUT POUVOIR, TOUTE GRÂCE, TOUT DON M'ONT ÉTÉ CONFIÉS

Notre Dame parle :

« ... Je désire ardemment qu'à chaque heure vous gardiez l'invocation de ce que Mon Jésus a fait connaître à sa servante Faustine "Jésus, j'ai confiance en Toi". Amen. » Ajoutez-y maintenant "Marie, j'ai confiance en Toi. Amen."

« Avec cette invocation, vous éloignerez la tentation de vos pensées mentales. »... « *Je suis la Mère de Dieu, Notre-Dame de Grâce, Médiatrice de toute Grâce*. Tout pouvoir, toute grâce, tous dons m'ont été confiés pour que Je les dispose selon Ma Volonté, qui est la Volonté de Dieu pour Son plan sur Terre en ces temps de grande persécution. Je suis votre Mère qui vous aime tendrement. Amen. » *(Dimanche 15 juin 2011)*

2012 : MES ENFANTS NE SONT PAS PRÉPARÉS, CAR ILS NE SE SONT PAS CONSACRÉS À MON CŒUR IMMACULÉ !

15. À CEUX QUI PORTERONT LA MÉDAILLE

Notre Dame parle :

« Mes enfants bien-aimés, Je vous remercie d'être venus, d'avoir honoré ma demande de venir aujourd'hui en la fête de la Divine Miséricorde. Il est tout à fait approprié que la Sainte Mère, l'Église, célèbre cette Sainte Fête de la Miséricorde de Dieu pour votre monde, un monde qui se détériore et où le péché augmente, et pourtant Je Suis la Femme Vêtue de Soleil.[13] Je suis la Mère de Dieu, *Je suis l'Immaculée Conception...* Jésus, Mon Divin Fils le Rédempteur. Je suis la *Co-Rédemptrice, la Médiatrice de toute Grâce*.

Aujourd'hui, Je viens porter devant vous ce que J'ai confié à cette petite qui est à Moi et à Mon Jésus, Cléophas, votre sœur bien-aimée, connu sous le nom de Médaille de la *Médiatrice de toute Grâce*. Je suis Notre Dame, *Médiatrice de toute Grâce*. Là où vous comprendrez la plénitude de la Vérité, l'Église catholique, l'Épouse du Christ.

Réjouissez-vous mes petits, car aujourd'hui, avant que Je sois proclamée *Médiatrice de toute Grâce*, à ceux qui porteront cette médaille après qu'elle ait été bénie par un Prêtre, Mon fils bien-aimé choisi, un Prêtre catholique, recevra ce privilège avant le temps comme à Cana[14], le privilège de la conversion, le privilège de prier pour ceux qui ont besoin de se convertir et la promesse de l'hôte céleste de l'armée de Dieu, Michel le Prince, de confier votre Âme dans les dernières heures de l'agonie en toute sécurité à Dieu. Amen.

Je vous aime tendrement, Je suis la *Mère de Dieu*, Je suis votre Mère. Je désire que vous priiez le Rosaire uni au chapelet

---
[13] Ap 12,1
[14] Jean 2,4

de la Divine Miséricorde chaque jour aux intentions de Mon Cœur Immaculé, que l'Évêque de Rome Sa Sainteté, votre Saint Père Pierre le Rocher, le Pape de Mon Jésus, le Pape Benoît XVI me proclame *Médiatrice de toute Grâce*. Ce jour-là, les portes du Ciel s'ouvriront pour libérer la Grâce qui est en attente avec la promesse d'accomplir la promesse de cette Médaille.

Cela suffit pour maintenant, chers enfants. Maintenant beaucoup d'entre vous auront le privilège de Me voir. Je suis la *Médiatrice de toute Grâce*, votre Mère qui vous aime tendrement. Amen. » *(15 avril 2012, Dimanche de L'heure de la Divine Miséricorde, Visitation de Notre Sainte Mère, Batim, Goa, Inde)*

16. ENFANTS BIEN-AIMÉS, BIENTÔT LA COMMUNICATION CESSERA

Notre Dame parle :

« Mes enfants bien-aimés, Je vous remercie d'avoir répondu à ma demande de prier à cette heure pour les besoins de votre monde à travers le Centre communautaire St-Joseph de Foymount, à travers le Plan salvifique de Dieu : Charité et Miséricorde avec Justice pour votre monde !

Votre monde se détériore terriblement, enfants, et la prière a cessé de s'élever pour les besoins du sauvetage des Âmes ! Mon Cœur est douloureux, car beaucoup de Mes enfants plongent dans les ténèbres, beaucoup marchent sur le chemin des ténèbres éternelles !

La prière a pris un autre chemin, un chemin égoïste où tous semblent vouloir se vêtir de besoins corporels. Faites savoir à ces enfants bien-aimés que lorsqu'ils récitent la prière enseignée par Jésus, le Notre Père, il n'y a rien de plus qui puisse leur être accordé, car le Père qui voit tout leur accordera tout ce dont ils ont besoin chaque jour, chaque minute, chaque heure ! Vous n'avez besoin de rien d'autre que de vivre la Sainte Volonté de Dieu ! »

… « Enfants bien-aimés, c'est le désir de votre Mère Céleste de commencer à faire de petits pas en priant ensemble pour chaque intention et en recevant un 'Oui' ou un 'Non' de Mon Esprit Divin, Mon Époux le Saint Esprit, le Saint Esprit de Dieu.

Enfants bien-aimés, bientôt la communication cessera, et cela apportera une grande détresse ! J'ai déjà fait connaître comment vous devez communiquer par l'entremise de vos Anges Gardiens. Vous avez connu ce chemin mais maintenant vous vous en êtes éloignés ! Commencez à le pratiquer chaque instant les uns avec les autres et faites connaître ce chemin qui passe par les Anges et les Saints pour atteindre tous ceux que vous aimez.

Je vous aiderai, Amen. Priez Mes enfants, priez pour l'achèvement de Ma 'Médaille' comme *Médiatrice de toute Grâce*, afin que Mes enfants puissent la recevoir et commencer à prier pour son accomplissement. Je vous aime tendrement, Je vous remercie d'avoir répondu à ma demande. Obéissez seulement, tout sera clair ! Je suis la *Mère de Dieu*, Je suis la *Médiatrice de toute Grâce*, Je suis *l'Immaculée Conception*, Je vous aime tendrement, Je suis votre Mère, Amen. » *(1er août 2012)*

17. JE DÉSIRE QUE TOUS MES ENFANTS GARDENT DES CIERGES BÉNIS

Notre Dame parle :

« Mes enfants bien-aimés, priez, priez beaucoup pour le Saint Père afin qu'il Me proclame *Médiatrice de toute Grâce*. Ce n'est qu'alors que Je pourrai ouvrir les vannes du Ciel pour faire tomber sur tous Mes enfants les grâces dont ils ont besoin pour résister à ces moments de tribulation.

Les calamités de la Terre vont augmenter. La nature va se changer à une vitesse encore plus alarmante. N'ayez pas peur, en cette heure Je désire que tous Mes enfants gardent des bougies bénies, des bougies que vous devez allumer lorsqu'une tempête de la nature se présente à l'endroit où vous habitez.

Tous mes enfants de la Terre, ceci est pour vous, ne tenez compte de rien d'autre sinon de garder vos yeux fixés sur le Saint Père. Il fera connaître toutes choses. C'est suffisant pour le moment. Je reviendrai le quatorzième jour du neuvième mois de l'an deux mille douze à l'heure de la Miséricorde Divine pour vous confier ce que Dieu désire. Priez, mes enfants, priez ! Amen.

Je suis la Mère de Dieu, Je suis *l'Immaculée Conception*, Je suis Marie Vierge de Nazareth, Je suis la *Médiatrice de toute Grâce, Co-Rédemptrice et Avocate* devant le Trône de Dieu, devant le Juge Divin, Je vous aime tendrement, Je suis votre Mère, Amen. » *(12 septembre 2012)*

18. CEUX QUI ONT ADHÉRÉ AU PAGANISME ET À LA CULTURE DU PAGANISME

Notre Dame parle :

« Mes enfants bien-aimés, Je vous remercie d'avoir répondu à ma demande de venir devant moi aujourd'hui à l'heure de la Grande Miséricorde connue comme Divine Miséricorde »...

Maintenant enfants bien-aimés, voici ce que Je désire vous faire connaître aujourd'hui : ce que J'ai fait connaître à Ma petite il y a bien des jours, connu comme les exigences des quinze jours¹ ⁽ᴺᵒᵗᵉ ᵈᵉ ᶠⁱⁿ⁾, une préparation pour tous Mes enfants, car beaucoup de choses se déroulent sous la forme de persécutions, de calamités et de souffrances qui seront infligées par Mon adversaire à Mes enfants. Ce ne sont pas d'autres que celles que J'ai déjà fait connaître. Maintenant elles s'accomplissent. Sachez et comprenez : préparez-vous seulement comme Je l'ai demandé. Amen. »...

... « Enfants bien-aimés, ce jour, beaucoup de choses pèseront sur vous. J'ai déjà placé une lourde souffrance dans les premières heures du matin sur cette Petite qui est à Moi et à Mon Jésus, Ma fille bien-aimée Cléophas. C'est pour ceux qui ont adhéré au paganisme et à la culture du paganisme en ce jour. Ils embrassent cette manière [de vivre], certains dans l'ignorance, certains qui se sont vendus pour être les avocats de Satan. Priez pour eux, enfants bien-aimés ! Priez pour eux, car ils ne font qu'adopter de nombreux comportements pécheurs connus sous le nom de péchés mortels, péchés d'impureté, péchés qui mènent même à la culture de la mort ! Priez seulement !

Ceci[15] est le jour que vos ancêtres utilisaient pour se préparer à la Sainteté à la lumière de la Résurrection, en priant pour ceux qui servent la Divine Justice, qui servent au Purgatoire. Aujourd'hui, cette journée n'est plus [observée] ; ce n'est qu'une obéissance en passant, si on la désire. Faites savoir que c'est le désir de votre Mère du Ciel que tous ses enfants comprennent ce jour comme une préparation aux deux jours de la Grande Fête.

La fête de la Résurrection : Prier pour ceux qui servent la Divine Justice et entreront dans la Résurrection pour toute

---

[15] 31 octobre, veille de la Toussaint et 2 novembre, commémoration de tous les fidèles défunts

l'Éternité au Paradis devant Dieu pour prier pour vous, si maintenant vous priez pour eux.

Et la préparation de tous en mémoire de ceux qui vous ont précédés, connus sous le nom de Saints, que l'Église a proclamé, que vous devez suivre : ceux qui ont déjà ouvert le chemin pour vous. Ceci est en mémoire et pour comprendre la réflexion sur votre appel à la sainteté ! Amen. »...

« Je remercie tes Pères spirituels : Mon fils élu bien-aimé qui prie pour toi – Je l'aime tendrement – le Révérend Père James Duffy, et Mon évêque bien-aimé, Mon fils élu, Sa Grâce Monseigneur Alwyn Barreto qui prie pour toi et a besoin de tes prières pour lui.

Priez pour votre Saint-Père, qui a besoin de beaucoup de prière en ces heures ! Un grand poids pèse sur ses épaules, une grande décision pèse sur son cœur. C'est suffisant pour le moment. Je vous aime tendrement.

Je suis *la Mère de Dieu*, Je suis *la Médiatrice de toute Grâce.* Priez pour cette intention que Mes enfants reçoivent la Médaille. Je suis votre Mère du Ciel qui vous aime tendrement, rappelez-vous seulement de tout confier à Mon Cœur Immaculé[16]. Amen. » *(31 octobre 2012)*

---

[16] The Mercy of God and the call to return to the Harbour of Truth, pp.70-71.
"Mes enfants bien-aimés, combien de fois vous ai-Je fait part de votre anxiété. Comme une bonne Mère, Je désire vous aider à marcher sur le chemin de la sainteté, mais la première règle de notre marche vers ce chemin de sainteté – et de cette sainteté vers Dieu – est de tout confier à Mon Cœur Immaculé. C'est là que toutes les ténèbres seront séparées et que vous verrez le chemin plus clairement. Ne vous inquiétez pas, Je suis là. Je vous demande, s'il vous plaît Mes enfants bien-aimés, de tout confier RAPIDEMENT à Mon Cœur Immaculé." 25 janvier 2012

19. QUAND CE MOMENT VOUS ARRIVE, VOUS DEVEZ VOUS TOURNER VERS LA PRIÈRE

Notre Dame parle :

« Mes enfants bien-aimés, avec une grande réjouissance, avec un grand amour et un grand désir, Je désire vous remercier pour votre fidélité à jeûner et à prier, à vous abstenir et à être présents ici devant Moi pendant les trois jours consécutifs que Je vous avais fait connaître.

Cela plaît au Père Éternel de voir une telle fidélité, même si vous êtes des créatures en un état déchu, Ma Grâce en vous vous aide à vous élever lorsque vous confiez tout à Mon Cœur Immaculé. Le plus important est votre consécration à Moi dans les premières heures du matin, la prière d'ouverture de votre journée, et de marcher avec Moi chaque jour de cette manière. Faites connaître à tous Mes enfants cette manière de faire.

En ce jour, Dieu le Père est bien content et très heureux de votre service en tant qu'esclaves de Marie pour Jésus Eucharistique : que Jésus vivant en vous et à travers vous avec Moi soit révélé à tous vos frères qui viendront devant vous. Amen.

Maintenant, enfants bien-aimés, ceci est d'une grande importance et Je désire vous le faire savoir : Il y aura une confusion, quant à ce qui vous a déjà été dit des trois jours de ténèbres. Il n'en est rien. C'est mon adversaire à qui le pouvoir a été donné, même sur la nature, pour faire apparaître des ténèbres sur la Terre, des ténèbres qui effrayeront beaucoup de gens, des ténèbres auxquelles beaucoup de mes enfants ne sont pas préparés, parce qu'ils ne se sont pas consacrés à mon Cœur Immaculé : ceux qui ont été baptisés dans la foi et qui se sont éloignés ! Sachez et comprenez que Je suis la Reine de la Nature !

Même dans ce cas, si vous Me priez, Moi seul Je peux empêcher une telle misère. Il n'y a pas beaucoup de prière qui s'élève, mais bien une grande confusion. Je vous le fais savoir maintenant avant que cela n'arrive : si ceux à qui Je l'ai fait connaître se préparent pour les quinze jours, ils tireront beaucoup de ce moment. Cela viendra sur toute l'humanité, car Dieu le permet. Sachez et comprenez : ceci est la préparation ! Si la prière ne s'élève pas de sorte que Je sois incapable d'empêcher ce moment, cela marquera la préparation pour le *Gouvernement Mondial Unique*, l'ordre qui apportera une grande détresse sur tous Mes enfants !

Sachez et comprenez, chers enfants, que beaucoup sont confus au sujet du bois. Ne comprenez-vous pas que lorsque le soleil ne donnera plus de lumière, il n'y aura plus de chaleur et que lorsque tout ne sera plus, d'où viendra votre chaleur ?

Sachez et comprenez que Mes enfants devront se réunir, et ceux qui peuvent pourvoir à ce moment quand il vous arrivera, vous devez vous tourner vers la prière. Priez, mes chers enfants, priez ! Le cierge sera votre chaleur, le Cierge béni, que J'ai demandé. Ceci n'est qu'une compréhension de la première douleur d'enfantement de ce qui est encore à venir. Ne soyez pas inquiets, ne soyez pas troublés ! Consacrez-vous à mon Cœur Immaculé, Je vous revêtirai de Mon Manteau pour vous apporter la chaleur maternelle dont vous avez besoin.

Enfants bien-aimés, ceux qui prennent beaucoup de médicaments, vous devez y penser dès maintenant pour vous préparer à ces jours ; ces quinze jours que j'ai demandés. Ce n'est qu'une compréhension quand cela arrive. Amen. »...

« Je vous aime tendrement. Je suis la Mère de Dieu, Je suis votre Mère céleste, qui vous revêt de Mon Manteau immaculé. Je suis la *Médiatrice de toute Grâce, Co-Rédemptrice* et *Avocate*. Je vous aime tendrement ! Allez dans la paix de Mon Jésus par Moi. Amen. » *(18 décembre 2012)*

Note de fin

1. PRÉPARATION DES QUINZE JOURS : Pendant que Je priais, j'ai (moi, esclave de Maman Marie pour JÉSUS Eucharistie) demandé à notre Seigneur Jésus de m'aider à écrire cette lettre de préparation afin que vous ne perdiez pas de vue ce qui est plus important. Amen.

Il s'agit de ce qui nous est demandé, à nous les fidèles – préparation de nourriture, sel, bougies, vêtements chauds, bois, piles, plus 15 jours de provisions – pour le châtiment qui va s'abattre sur l'humanité et tous les êtres vivants sur la terre et dans les mers.

« Prenez soin de fixer votre esprit sur les choses d'en haut, votre Âme, selon les Paroles de JÉSUS : « Prenez garde ! Prenez garde contre toute espèce de cupidité, car la vie ne consiste pas dans l'abondance des biens », (Lc 12,5).

Par conséquent, gardez vos cœurs et vos Âmes ouverts afin de préparer pour le prochain comme pour vous-même, en gardant également à l'esprit que nous pourrions simplement être le semeur et que les autres pourraient récolter. Demandez l'aide de notre Maman du Ciel Marie dans cette préparation, pour guider votre chemin, afin qu'aucune cupidité ne puisse entrer en vous pour vous condamner, vous et vos proches, votre peuple. Amen.

Que personne parmi vous, dans cette préparation, ne soit pris par la cupidité, pour entendre le Seigneur JÉSUS dire : « Tu es fou ! Cette nuit même, ta vie t'est demandée. Et les choses que tu as préparées, à qui appartiendront-elles ? »

Soyez toujours riches envers Dieu, dans la charité de l'Amour, pardonnant comme JÉSUS CHRIST jusqu'à la mort. Qu'elle est heureuse l'Âme qui voit ce chemin et embrasse sa croix pour la vie parfaite en JÉSUS CHRIST. Amen. »

Note : Ce message a été donné le 15 août 1998. Le 31 octobre 2012, Notre Dame a révélé que ce message est en train de s'accomplir et que ce qui était demandé pour 7 jours est maintenant pour 15 jours, faisant référence à un approvisionnement de tous les médicaments que l'on pourrait prendre. Etc. Amen. Voir une partie du message du 31 octobre 2012 pour comprendre ce message. Amen

2013 : ENFANTS BIEN-AIMÉS FAITES CONNAÎTRE LE SCAPULAIRE ET RÉPANDEZ LA DÉVOTION AU SAINT ROSAIRE

20. LES ÂMES QUI REFUSENT DE RECONNAÎTRE DIEU COMME LEUR CRÉATEUR

Elle parle :

« Enfants bien-aimés, aujourd'hui Je désire faire savoir que la souffrance que cette Petite qui est à Moi et à Mon Jésus, Cléophas, endure est une offrande pour la réparation du refus de reconnaître Dieu comme Créateur depuis le début des temps. Parce que l'humanité a grandi dans l'égarement et la négligence de remercier et de reconnaître le Créateur a apporté les ténèbres aux Âmes qui refusent de reconnaître Dieu comme Créateur et ont embrassé la manière de penser de Satan, connue sous le nom de théorie de la 'création'[18], qui est scientifiquement une ingéniosité du complot malin de l'homme contre Dieu, Amen. » *(26 mars 2013)*

21. JE VOUS GUIDERAI DANS LES HEURES DE LA PERSÉCUTION CONNUES SOUS LE NOM DE « DÉSERT »

« Priez, enfants bien-aimés, priez pour que Je sois proclamée *Médiatrice de toute Grâce, Co-Rédemptrice* et *Avocate*. C'est ainsi que Je vous guiderai dans les heures de persécution que l'on appelle le « désert »[19], le désert qui a été révélé dans le livre de l'Apocalypse. Je suis la Femme vêtue du Soleil[20]. Tout Pouvoir, toute Grâce m'ont été confiés pour vous par la Très Sainte Trinité. Mon désir est de vous faire connaître le Rédempteur, qui vit avec vous dans la Sainte Eucharistie, Mon Divin Fils Jésus.

---

[18] Une théorie qui "refuse de reconnaître Dieu comme le Créateur".
[19] Ap 12,14
[20] Ap 12,1

Priez, priez, priez pour la conversion de tous les enfants de Dieu, car beaucoup sont égarés et cela fait de la peine à mon Cœur Immaculé. Amen.

Je vous aime tendrement. Je suis la *Mère de Dieu*. Je suis *Notre Dame de Fatima*. Je suis *l'Immaculée Conception*. Je suis votre Mère céleste, la *Médiatrice de toute Grâce*. Je vous aime tendrement. Amen. » *(13 mai 2013, Batim, Goa, Inde)*

22. ENFANTS BIEN-AIMÉS FAITES CONNAÎTRE LE SCAPULAIRE ET RÉPANDEZ LA DÉVOTION AU SAINT ROSAIRE AUPRÈS DE BEAUCOUP DE MES ENFANTS

Notre Dame parle :

« Mes enfants bien-aimés, comme cela plaît à Mon Cœur Immaculé de voir une telle fidélité. Comme Je désire que beaucoup de Mes enfants arrivent à être de cette manière. Faites connaître cette manière de prier, votre amour pour Moi, à ceux qui vous demandent comment prier. C'est simple, confiez tout à Mon Cœur Immaculé et Je ferai le reste. Je suis La seule à pouvoir vous aider !

Enfants bien-aimés, faites connaître le Scapulaire et diffusez la dévotion au Saint Rosaire auprès de beaucoup de Mes enfants. C'est de la plus haute importance, en ces heures de la bataille qui pèse sur les fidèles !

Préparez-vous, mes petits qui êtes Miens, préparez-vous ! Soyez toujours joyeux en portant votre croix, la croix de Jésus, sur vos épaules.

Je désire vivement remercier votre Père spirituel, Mon fils élu bien-aimé, le Révérend Père James Duffy, qui continue à

Me plaire beaucoup et qui prie à Mon intention même dans ses moments de souffrance, en confiant tout à Mon Cœur Immaculé, afin que Moi seule sois glorifiée et que, par Moi, Dieu soit glorifié, honoré et adoré sur toute votre Terre. Amen.

Enfants bien-aimés, soyez maintenant en paix, Je suis tout près de vous. Confiez tout à mon Cœur Immaculé et faites ce que Je vous ai demandé. Je vous aime tendrement, Je vous remercie d'avoir répondu à ma demande de prier en cette heure pour les besoins de votre monde par le biais du Centre communautaire St-Joseph de Foymount, le plan salvifique de Dieu qui sera compris en temps voulu.

Je Suis *l'Immaculée Conception, Médiatrice de toute Grâce, Co-Rédemptrice* et *Avocate*, votre Mère céleste qui vous aime tendrement, Amen. » *(26 septembre 2013)*

23. LE MIRACLE DE L'EUCHARISTIE

Tandis qu'Iveta souffre, Jésus parle :

« Mon Église, c'est à toi que Je parle, Moi Vrai Dieu et Vrai Homme présent au milieu de toi dans la Sainte Eucharistie, le Pain et le Sang consacrés par les mains de Mes Prêtres dans la lignée de Melchisédech[21], qui sont Miens, Moi qui suis le Grand Prêtre, Jésus, Vrai Dieu et Vrai Homme.

Si vous ne mangez pas Ma Chair et ne buvez Mon Sang, vous n'avez pas de communion avec Moi[22]. J'ai déjà parlé de cela. Maintenant, par l'intermédiaire de cette petite qui est Mienne, Je révèle ce que l'on a fini par appeler le *Miracle de l'Eucharistie*, la Présence de la Chair et du Sang, Moi qui suis Dieu en la Deuxième Personne de la Sainte Trinité, dans la Sainte Eucharistie.

---

[21] Ps 110,4 ; Hé 5,6 et 7,17.
[22] Jean 6,53

Par l'intermédiaire de cette petite qui est à Moi, Cléophas, J'ai révélé Ma Chair et Mon Sang. Comme le corps est composé de chair blanche et de chair rouge, que l'homme connaît sous le nom de viande blanche et de viande rouge, Je Me suis révélé de cette manière dans ce qui est connu sous le nom de *Miracle de l'Eucharistie*, en accomplissement de Ma Parole prononcée dans les Saintes Écritures.

Si vous ne mangez pas Ma Chair et ne buvez pas Mon Sang, vous n'êtes pas en communion avec Moi[23]. Je suis Jésus de Nazareth, Vrai Dieu et Vrai Homme présent au milieu de vous, désireux de venir habiter en vous[24], afin que vous puissiez être en communion avec Moi, et par Moi avec Mon Père, car Nous sommes Un, le Père en Moi et Moi dans le Père.[25]

J'ai fait connaître toutes choses clairement par Ma Sainte Mère, Marie, Vierge de Nazareth.

Je désire que le dernier dogme, le dogme final, comme il est ainsi connu maintenant, que Ma Mère soit proclamée *Médiatrice de toute Grâce*, car Je Lui ai accordé toutes les Grâces pour votre monde en ces temps de persécution de Mon Église, Mon Épouse connue en tant qu'Épouse du Christ, Moi qui Le suis comme Rédempteur et Juge. Ma Sainte et Bienheureuse Mère, *Co-Rédemptrice* et *Avocate*, plaide devant Moi, pour chacun de vous Mes petits enfants qui êtes tombés dans les voies du Monde et avec le père[26] de ce monde dans les ténèbres éternelles.

Par la souffrance des Âmes victimes unies à ma souffrance de Rédempteur, et à l'appel de ma Sainte Mère pour servir de cette manière, ces Âmes sont rachetées et

---

[23] idem
[24] Jean 6,56
[25] Jean 10,38 – 14,10 – 14,20
[26] Jean 8,44

ramenées à Dieu par la *Co-Rédemptrice* et *Avocate,* ma Sainte Mère, *l'Immaculée Conception.*

Je Suis Jésus, Vrai Dieu et Vrai Homme de Nazareth Amen, Amen ».

Il y a un silence et Jésus reprend la parole :

« Je suis présent maintenant dans cette petite qui est à Moi par Ma Chair et Mon Sang, la Sainte Eucharistie, qui vous parle à tous Mes enfants bien-aimés, enfants de Dieu, enfants de Lumière[27]. Amen. Amen. » *(Iveta venait de recevoir la Sainte Communion avant ce message) (27 septembre 2013)*

---
[27] 1Thess 5,5

2014 : NE CHERCHEZ PAS DE COMPROMIS FACILES AVEC LE MONDE, REVENEZ À DIEU !

24. ET TANT D'ÂMES TOMBENT DANS L'ENFER

« Je vais vous faire savoir... vous réconfortez Mon Cœur Immaculé percé de tant d'épines d'hommes ingrats qui continuent à blasphémer Dieu et à plonger de nombreux enfants de Dieu dans la perdition. Sachez et comprenez que même beaucoup de fidèles marchent sur le chemin de la perdition[28] ! Ils ont abandonné leur amour pour Dieu et suivent une fausse compréhension de Dieu.

Enfants bien-aimés, Je viens aujourd'hui appeler tous les fidèles à revenir à la prière. Priez, priez, priez beaucoup de Saints Rosaires ! – c'est d'une grande importance en ces moments ! Les hommes continuent à offenser Dieu et le cri de tant d'Âmes opprimées et innocentes est monté vers Dieu Notre Père. Si vous ne priez pas, Je ne pourrai plus empêcher la Main de Dieu d'abattre Sa colère pour anéantir les nations !

La confusion et la détresse règnent sur toute la Terre. Les créatures et la création gémissent de douleur comme une mère gémit et pleure lorsqu'elle est sur le point d'accoucher. Sachez et comprenez que la menace de la troisième guerre mondiale n'est pas loin. Priez, mes chers enfants, priez, priez pour que cela n'arrive pas ! »

Vision :... Maintenant, Elle ouvre son vêtement avec sa main droite et l'étend et une partie de la Terre s'ouvre et tant d'Âmes tombent en Enfer... Oh ! (Cléophas)... pleurant Oh !... c'est effrayant... pleurant... »

Notre Dame continue de parler : « Seule la prière peut suffire à rendre les Âmes à Dieu. Ces Âmes sont perdues pour toujours ; il y en a beaucoup qui tomberont si vous ne priez pas ! ».

Vision : Notre Sainte Mère regarde vers le Ciel et Elle parle :

---
[28] Mt 7,13

« Vous devez prier pour les Saintes Âmes du Purgatoire. Beaucoup ne prient pas pour leurs proches. Priez, mes enfants, priez ! Elles ont besoin de vos prières pour monter dans l'Éternité et le Paradis avec Dieu. Elles paient les dettes de la Divine Justice. Votre prière est importante. Ils descendront en tant qu'Âmes pour vous aider, comme des Anges... » *(25 mars 2014)*

25. ILS VOUS TRAÎNERONT COMME ILS M'ONT TRAINÉ

Le matin du Vendredi Saint : Jésus souffre : ... lié et traîné, ils L'emmènent.

« C'est de la même manière qu'ils lieront mes Prêtres et les traîneront comme des criminels. Sachez Mes Prêtres, prenez courage J'ai souffert cela, c'est nécessaire pour Mon Église. Cette souffrance vous apportera la Couronne au Paradis, avec Moi. Amen. Amen. »

Jésus parle : à mon Âme...Ah...Ah... « En vérité Je vous le dis, cette génération est devenue une génération perverse et maintenant Je vous le dis avant que cela n'arrive, ils vous infligeront toutes les lois anti-dieu, et les hommes deviendront comme des corps décomposés, la puanteur du péché sera partout dans vos rues, mais, sachez-le Mon *Reste* fidèle que J'ai prié pour vous dans ces moments de Ma grande Souffrance. Prenez courage, Je suis avec vous à travers tout cela avec vous. Ils vous traîneront comme ils M'ont traîné quand vous prendrez parti pour la Vérité ! Prenez courage et ne vous inquiétez pas ! Soumettez-vous afin de gagner votre vie dans toute l'éternité avec la Couronne de Gloire avec laquelle Je vous couronnerai. Ne succombez pas à ce qu'ils vous imposeront. Protégez-vous contre toute l'iniquité qui s'annonce. Je pleure pour vous, ceux qui vont tomber, Je pleure pour vous et dès maintenant, Je vous implore de prendre courage et de modifier vos habitudes. J'ai souffert pour vous aussi, revenez à Moi !

Je suis Jésus de Nazareth, vrai Dieu, vrai Homme. Amen. Amen. »

« Mes Prêtres et Religieuses, tous les Religieux et beaucoup de fidèles qui défendent la Vérité, c'est ainsi que vous serez raillés et conduits comme on traîne une bête. Prenez courage, certains d'entre vous y échapperont, sachez que c'est Moi qui l'ai permis ! Priez, priez, priez pour que vous ne soyez pas envahis par le chagrin et la peur de Me dénoncer et de tomber dans la main de Satan. Il fera tout ce qu'il peut pour vous demander de vous renier et de le servir. J'ai souffert et prié pour vous... Je vous aime... » *(Vendredi Saint, 18 avril 2014)*

26. NE RECHERCHEZ PAS DE COMPROMIS FACILES AVEC LE MONDE, REVENEZ À DIEU !

Notre Dame parle :

« La guerre est imminente, seule la prière peut retenir les moments. Priez mes enfants, priez, priez pour que le Saint Père me proclame *Médiatrice de toute Grâce, Co-Rédemptrice* et *Avocate*. Ce n'est qu'alors que Je pourrai vous aider, car toute Grâce, tout Pouvoir M'ont été confiés par Dieu le Père, Dieu le Fils, et Dieu le Saint Esprit – Mon Époux à Moi, pour vous aider dans ces moments ! Ne cherchez pas des compromis faciles avec le monde, revenez à Dieu ! Je désire ardemment vous caresser dans Mon Cœur Immaculé comme une Mère redonne la santé à ses enfants. Combien d'entre vous sont malades ! Revenez à Dieu en vous repentant des fautes que vous avez commises et réconciliez-vous par la Sainte Confession, le sacrement que Dieu vous a laissé.

De nombreux fidèles ont abandonné la pratique de recevoir la Chair vivante et le Sang de mon Divin Fils 'Jésus' dans la Sainte Eucharistie. Enfants bien-aimés, revenez, car comment pourrez-vous alors vous soutenir contre ces forces. Vous n'êtes pas seuls, car Je Suis avec vous en ces heures ! »

Elle fait une pause... et continue à parler :

« Ne cherchez pas de compromis facile avec le monde. Sachez que le Gouvernement Mondial Unique est à portée de la main. Ne cherchez pas à vous endetter, car cela vous plongerait dans les ténèbres. Soyez sur vos gardes contre toutes les iniquités et toutes les hérésies qui se développent.

Je vous aime tendrement. Mon désir est de vous ramener à Dieu afin que nous soyons heureux dans toute l'Éternité comme Famille de Dieu.

Je suis *l'Immaculée Conception*. Je suis la *Mère de Dieu*. En ce jour, l'Église honore la Présence Divine dans Mon Sein Immaculé, l'Annonciation, la Présence de Dieu fait chair, Moi qui Suis le Premier Tabernacle ! Je suis la *Médiatrice de toute Grâce, Co-Rédemptrice* et *Avocate*. Je vous aime tendrement, sachez que lorsque vous faites appel à Moi, Je suis là avec vous à travers tout. Je ne vous abandonnerai pas ! Je vous aime ! Amen... » *(25 mars 2014)*

27. JE SUIS LE RÉDEMPTEUR ET TU ES LA CO-RÉDEMPTRICE

Jésus parle à sa Sainte Mère :

« Mère, combien Je désire que Tu ne souffres pas cette souffrance avec Moi. »

Elle lève la Tête et parle :

« Qu'il Me soit fait comme Tu le veux. Amen. »

Jésus révèle :

« Je suis le Rédempteur et Toi, ô Bienheureuse, Ma Mère de toutes les mères, tu es la *Co-Rédemptrice* ! Cette nuit, Tu vas souffrir avec Moi. Ce jour, Tu souffriras beaucoup avec Moi, mais ta souffrance ne sera pas terminée. La Mienne se terminera et la Tienne commencera comme *Co-Rédemptrice*, pour ramener tous les enfants perdus qui ne verront pas Mon Amour pour eux. M'aideras-Tu, Mère ? Tu es bénie pour un tel Amour ! Amen. Amen. »

Notre sainte Maman lève les yeux et répète encore une fois : « Qu'il me soit fait selon Ta volonté. Amen. » *(17 avril 2014)*

28. ALLEZ DIRE À MA MÈRE QUE J'AI BESOIN D'ELLE. MOI, LE RÉDEMPTEUR, J'AI BESOIN D'ELLE POUR CO-RACHETER AVEC MOI.

Il me parle d'Âme à mon Âme :

« Ma Mère, ma Bienheureuse Douloureuse Mère comme *Co-Rédemptrice*, intercédera pour toi. Invoque-la, c'est son heure pour protéger ses enfants ! Priez, priez, priez pour que Mon Pierre la proclame *Médiatrice de toute Grâce,* car Moi qui suis Jésus de Nazareth, Vrai Dieu et Vrai Homme, Je Lui ai conféré toute Grâce et tout Pouvoir de Mon Père pour vous. Elle seule peut vous aider à vous préparer pour ces moments. Amen. Amen. »...

Jésus regarde Jean, et Son Âme lui parle :

« Va, dis à Ma Mère que J'ai besoin d'Elle. Moi, le Rédempteur, J'ai besoin d'Elle pour co-racheter avec Moi. Va, Jean Mon bien-aimé, Bien aimé de Jésus de Nazareth ».

Jean : « *Oui, Seigneur Jésus.* »

Jésus : « *Amen. Amen.* »

Et il court. Jésus est amené devant Pilate dans cette salle, et Pilate interroge 'Jésus'. Il ne proteste pas et ne répond pas.

'Jésus' me parle d'Âme à Âme :

« Enfants de Dieu, vous qui êtes Mes fidèles, commencez à porter les croix de ceux qui cherchent la compassion.

Voyez comment Ma Sainte Mère co-rachète pour vous. Elle porte Ma croix en silence pour vous, pour votre monde d'aujourd'hui. Priez, priez, priez pour qu'Elle soit proclamée *Médiatrice de toute Grâce, Co-Rédemptrice*, par votre Saint Père, Mon Pierre, qu'aujourd'hui j'ai appelé, le Pape François I. Amen. Amen. »

Jésus me regarde – d'Âme à Âme, Il parle :

« Ma fille, ma fille, bénie qui est à Moi, Cléophas : Fais connaître ta Sainte Mère aux quatre coins de la Terre. Fais-La connaître, car à travers Elle, ils connaîtront Mon Amour et Ma Compassion. Fais-La connaître comme Celle *qui co-rachetant* avec Moi, souffre maintenant et continuera de souffrir même après que J'aurai expiré pour le Salut de Mes enfants, Ses enfants »....

Il regarde à nouveau sa Mère. D'Âme à Âme :

« Moi le Rédempteur, Toi Tu es la *Co-Rédemptrice, Mère du Salut*. Je Te supplie de co-racheter les Âmes qui ne sont pas encore conscientes de ma miséricorde. »

Sainte Maman ne dit rien, Elle hoche seulement la tête.

« Amen, Amen. » *Jésus répond.*

Il agonise à ce moment-là, Il lève la tête et regarde le disciple Jean : « Fils, voici ta Mère, Mère, voici ton Fils ![29] À partir de cette heure, Tu es la Mère de tous les rachetés en tant que *Médiatrice de toute Grâce*. Je Te confère tout Pouvoir et toute Grâce. Tu es *l'Avocate* des

---
[29] Jean 19, 25-27

enfants qui sont encore à racheter et qui se tourneront vers Toi ! Toi seul peux les amener devant Moi ! Je Te confie cette mission, Ma Sainte Mère. Je la confie à Toi, Ma Sainte Mère ! »

Elle n'a pas de mot à dire, Elle Lui sourit seulement.

Et son Âme Lui parle : « Qu'il Me soit fait, à Moi, Ton esclave-née, selon Ta Volonté. Amen. Amen. Amen. » *(Vendredi Saint, 18 avril 2014)*

29. JE LUI AI ACCORDÉ CES GRÂCES POUR VOTRE MONDE, POUR LES TEMPS DE PERSÉCUTION.

Jésus me regarde maintenant, et d'Âme à Âme Il parle :

« Ma fille, Ma bien-aimée qui est à Moi, Cléophas, fais connaître Mon désir pour le salut des Âmes : que Ma Mère, Ma Sainte Mère soit proclamée *Médiatrice de toute Grâce*, *Co-Rédemptrice* et *Avocate*. Je lui ai conféré ces grâces pour votre monde, pour les temps de persécution qui sont sur vous. Vous les verrez s'accroître.

Sachez que le plan dans lequel J'avais confié les secrets dans les années passées, se réalise maintenant. Il n'est pas nécessaire que vous sachiez, il suffit de prier, tout est en place !

Seul le jour où Mon Pierre proclamera Ma Sainte Mère comme *Médiatrice de toute Grâce*, Mère de toute l'Humanité, *Co-Rédemptrice* et *Avocate* devant Moi qui suis le Juge Divin marquera... qui sont dans la ville comme la Judée doivent fuir vers les Montagnes[30]. Mon Église doit entrer dans la clandestinité. Ma Mère et Moi serons avec vous par son entremise. Amen. Amen. » *(Vendredi Saint, 18 avril 2014)*

---

[30] Mt 24,16 – Luc 21,21

30. C'EST POUR CETTE RAISON QUE JE DÉSIRE QUE LES MESSAGES SOIENT DIFFUSÉS

La Sainte Vierge parle :

« Mes enfants bien-aimés, Oh quelle grande joie vous M'avez accordée aujourd'hui de voir votre amour et votre fidélité ! Malgré toute votre faiblesse, vous désirez toujours suivre la Divine Volonté de Dieu. C'est une grande joie au Ciel, et ce le sera sur la Terre si vous continuez ainsi. Vous porterez du fruit ; faites seulement ce que Je vous ai demandé !

Les messages sont d'une grande importance ! Tout ce que vous avez demandé, vous en verrez les fruits lorsque les Messages commenceront à se déployer et seront connus de Mes enfants qui attendent Ma Parole. Il y a beaucoup de confusion, il y a beaucoup d'obscurité, et beaucoup suivent de faux dieux ; oui, même les fidèles ont été égarés ! C'est pour cette raison que Je désire que les messages soient diffusés. Je vous aime tendrement. »

« Continuez ainsi. Priez, priez beaucoup de chapelets ! Priez ensemble, formez des cénacles qui glorifieront Dieu et la prière montera vers Dieu. Ne faites pas de compromis, dites seulement la vérité !

Je suis la Mère de Dieu. Je suis votre Mère céleste, qui vous aime tendrement, *Immaculée Conception*, *Médiatrice de toute Grâce*, *Co-Rédemptrice* et *Avocate au Ciel*.

J'attends ce jour où Je serai proclamée par votre Saint Père le Pape François I, Sa Sainteté, pour faire tomber les pluies de grâces nécessaires à votre monde. Allez dans la Paix de Mon Jésus.

Je vous aime tendrement, souvenez-vous seulement de tout confier à Mon Cœur Immaculé. Amen. » *(25 juin 2014)*

31. VOUS ÊTES MAINTENANT AU SEUIL DE LA GRANDE APOSTASIE

Notre Dame parle :

La Vierge Marie parle :

« Mes enfants bien-aimés, Je suis descendue du Ciel... Je désire avec un grand désir faire connaître le désir de Dieu Notre Père.

Enfants bien-aimés, Je désire avec un grand désir remercier mes fils choisis bien-aimés qui sont présents ici pour recevoir Mes Grâces. C'est par vous que Mes Grâces couleront à travers Mon Vêtement, le Vêtement de la Grâce, en ce jour où je révèle et dévoile le Vêtement de la Grâce, le Scapulaire sous le titre de la *Médiatrice de toute Grâce*, Moi qui suis Elle.

Enfants bien-aimés, Je désire aussi remercier Mes filles bien-aimées, ici présentes, choisies pour conduire tous les enfants de Dieu dans la Sainteté avec Dieu, pour les conduire aux vertus de la connaissance que Dieu vous confiera.

Sachez et comprenez maintenant que Je désire faire connaître le désir de Dieu et le Plan salvifique de Dieu. Vous êtes maintenant au seuil de la *Grande Apostasie*. Je désire que vous vous confiiez entièrement à Moi.

Bienvenue dans la demeure de Mon Cœur Immaculé ; ici Je vous délivrerai du cruel esclavage du diable qui s'est répandu, parce que Je n'ai pas été proclamée – parce que la Russie n'a pas été consacrée à Mon Cœur Immaculé. À la fin, il en sera ainsi, et Mon Cœur Immaculé triomphera dans les jours de persécution.

Sachez et comprenez que Je serai avec vous si seulement vous vous consacrez à Mon Cœur Immaculé.

Dieu désire apporter au Monde Son plan de Salut par Mon intermédiaire. Je suis la *Médiatrice de toute Grâce, Co-Rédemptrice et Avocate*, votre Avocate plaidant devant le Divin Juge, Mon Divin Fils 'Jésus' présent parmi vous dans la Sainte Eucharistie, endurant beaucoup de souffrances à cause des profanations et des messes noires qui se lèvent partout.

Sachez et comprenez ces temps ! Une grande dissension va s'abattre à propos de Pierre le Rocher. Ils se diviseront et l'accuseront injustement de toute iniquité ! Priez, priez, Mes enfants bien-aimés, priez pour votre Saint Père, le successeur de Pierre, le Rocher sur lequel Jésus, Mon Divin Fils a promis de construire Son Église – et que les portes d'Hadès ne prévaudront pas[31]. Pourtant l'heure arrive maintenant, vous devez comprendre ces moments !

Je désire vivement faire connaître à tous Mes fils élus[32] ici présents qu'il leur faut être solidaires du Saint Père, de vos évêques et en communion les uns avec les autres. C'est par vous que le plan de Dieu sera connu.

Je désire avec un grand désir remercier Mon fils élu bien-aimé, l'Évêque de ce diocèse, qui maintenant M'honore et M'a fait connaître dans la terre de Fatima, Je le remercie immensément.

Je désire faire connaître, comme Je l'ai fait dans le passé, que Batim, cette Sainte Montagne de Ganxim, se trouve *dans l'ombre de Fatima*. Elle est le précurseur de l'avenir. Comprenez bien : C'est la continuation de Fatima après la persécution qui conduit à l'Ère de la Paix. Moi qui suis la Mère de Dieu, Je vous guiderai à travers ces moments. Amen. »... *(13 octobre 2014)*

---

[31] Mt 16,18
[32] Les Prêtres

2015 : LE DÉSIR DE MON SACRÉ
CŒUR EST DE VOUS SOULAGER
SI VOUS PROCLAMEZ
MA MÈRE MÉDIATRICE
DE TOUTE GRÂCE,
CO-RÉDEMPTRICE ET AVOCATE

32. EN ESSAYANT DE JOUER À DIEU, ILS ONT ADHÉRÉ AU SATANISME

Jésus parle :

« Mon Pierre, courage, Je suis avec toi, Je suis en toi ! Dans les moments où tu te sens vide, tourne-toi vers la Sainte Mère, Elle te consolera. C'est l'heure de la persécution de Mon Église, Mon Épouse. Comme J'aimerais qu'il n'en soit pas ainsi ! L'iniquité des hommes a atteint son paroxysme et la prière manque pour y mettre bon ordre. C'est de manière imminente que cette souffrance atteindra les bons et les mauvais, toute l'humanité !

C'est le désir de Mon Sacré-Cœur que Tu prépares Mon Église, Mes Agneaux, Mes Brebis, dont Tu es le Pasteur, à ces moments pour qu'ils les comprennent – afin qu'ils restent fidèles.

Il n'est pas encore temps pour Toi d'abandonner le Siège de Pierre, cependant cette heure arrive. Ne crains pas, c'est le Maître, Jésus de Nazareth, qui t'a donné les deux Clés comme successeur du Premier Pierre.

C'est le désir de Mon Sacré-Cœur que tu répandes le dernier dogme pour couronner le Cœur Immaculé de Ma Mère, Ma Sainte Mère ; par la proclamation qu'Elle soit proclamée *Médiatrice de toute Grâce*, *Co-Rédemptrice* et *Avocate*, car Elle l'est au Ciel.

Moi, la Deuxième Personne de la Très Sainte Trinité, en union avec la Première Personne, Mon Père, et l'Esprit Divin (*la Troisième Personne*), l'avons déjà couronnée au Ciel.

C'est l'heure de son pouvoir, pour protéger Ses enfants, le *Reste*, bien qu'ils soient dispersés comme des brebis[33] ; cependant Je serai avec eux dans ce qui est connu comme *l'Église souterraine*.

---
[33] Mt 26,31

Cette persécution n'a rien à voir avec celles qui l'ont précédée et aucune ne suivra, car telle est l'iniquité et la méchanceté de l'humanité ! En essayant de jouer à Dieu, ils ont adhéré au Satanisme !

Pierre, Mon Pierre, Mon Pape qui porte la croix de Mon Église, en union avec Mon Pierre caché qui est connu sous le nom de Pape émérite Benoît XVI, Toi qui es le Pape François I, Je suis avec toi, Je suis Jésus de Nazareth, le Maître en union avec Mon Père et Mon Esprit. Mon Église ne sera pas orpheline et la puissance de la Mort ne l'emportera pas contre elle[34], car Je demeurerai Moi-même avec elle en union avec l'Esprit de Mon Père et Mon Saint Esprit, la Troisième Personne de la Très Sainte Trinité qui demeurera avec elle pour toujours, pour les siècles des siècles. Amen. » (*1er vendredi du Carême, 27 février 2015*)

33. PRIEZ, PRIEZ BEAUCOUP DE ROSAIRES POUR VOTRE SAINT PÈRE

Notre Dame parle :

« Maintenant, Je Me présente devant vous avec une grande joie pour vous remercier, ainsi que tous Mes enfants qui ont continué à prier les « *Trois Mille Je vous salue Marie* », cette dévotion qui existe pour porter le fruit que Je sois proclamée *Médiatrice de toute Grâce, Co-Rédemptrice* et *Avocate* par votre Saint Père, aujourd'hui le Pape François I. Sa Sainteté a aussi besoin de beaucoup de prières ! »

... et Elle S'arrête... et Son Cœur est comme silencieux : « Oh ! quelle souffrance, Oh ! Quelle souffrance endurée par Mon Fils élu bien-aimé, Sa Sainteté, Votre Saint Père le Pape François ! Oh ! comme ils Le chargent d'accusations injustes ! Priez Mes

---

[34] Mt 16,18

enfants bien-aimés, priez, priez beaucoup de chapelets pour Lui ; ainsi Sa force se maintiendra. Amen. » *(25 mars 2015)*

34. PRÉPARE MES BREBIS, MES AGNEAUX, POUR CETTE TERRIBLE PERSÉCUTION

Jésus parle : « Ma petite qui est Mienne, Cléophas, fais connaître ce que Je vais te faire connaître.

Fais connaître à Mes Bergers, fais connaître à votre Saint Père, Mon Pierre que vous connaissez sous le nom de Pape François I, fais connaître à Mon Pierre que tu connais sous le nom de *Pape émérite* Benoît XVI, *Mon Pierre en prière* pour votre Monde, en vue de ces moments quand cela commencera. Je suis Jésus de Nazareth, ce jour vous comprendrez dès le premier instant que Je vous révèle, Moi qui suis le Grand Prêtre, vous qui êtes Mes Prêtres qui suivez dans Mes pas : Venez, suivez-Moi !

Vous qui êtes les pêcheurs d'hommes[35], vous devez comprendre ces moments maintenant, les signes de votre temps ! Vous devez comprendre qu'il faut préparer Mes brebis, Mes agneaux[36], pour cette terrible persécution qui se lève et qui frappera toutes les Nations ! Aucun n'y échappera car tel est le péché de l'homme et le cri de l'innocent qui est monté vers Mon Père et vers Moi, le Divin Juge.

Préparez, préparez, préparez vos brebis, vos agneaux pour ces moments ! N'ayez pas peur, Je suis avec vous, même jusqu'au martyre. Ceux qui sont à vous doivent souffrir ! N'ayez pas peur ! Vos églises ne tiendront plus en tant que bâtiments. Ils vous les prendront...

Ne craignez pas de ne pas plaire aux hommes, car oui, Je vous préviens et Je fais savoir avant que cela n'arrive, que

---
[35] Mt 4,19
[36] Jean 21, 15-19

beaucoup fuiront, ceux qui sont et se disent fidèles, et Je vous ai fait savoir que les prostituées et les collecteurs d'impôts[37], lorsqu'ils entendront ces Paroles, reviendront !

Mon Berger, sauve mes enfants, ceux que Je t'ai confiés, là où tu es. N'aie pas peur ! Je suis avec toi à travers tout cela jusqu'à la fin[38] et Ma Sainte Mère qui co-rachète avec Moi sera avec toi comme Elle est avec Moi jusqu'à la fin. Je vous aime, Mes Bergers, Je tiendrai chacun de vous dans Mes bras.

Jésus de Nazareth, le Grand Prêtre[39], dont vous célébrerez en ce jour votre Communion avec Moi, Moi l'Époux, vous Mes Épouses ! Amen. Amen. » *(Jeudi Saint, Vendredi Saint, 2-3 avril 2015)*

35. ILS VOUS TRAÎNERONT COMME MOI-MÊME ON ME TRAÎNE PRÉSENTEMENT

Jésus parle : « Mes Prêtres, J'ai beaucoup souffert cette nuit pour vous. Mes Apôtres, comme est lourde la croix qui pèse sur vous maintenant ! Ne faites pas de compromis, sachez que J'ai souffert cette nuit pour vous.

Ils vous traîneront, comme on Me traîne présentement, dans les rues. Ils vous traîneront et se moqueront de votre sacerdoce. Telle est la souffrance et le sang qui purifieront Mon Église des terribles péchés d'outrage, de sacrilège et de profanation. Prenez courage, Je suis avec vous ! Moi, le Grand Prêtre, J'ai souffert pour vous et pour Mes brebis et Mes agneaux[40]. Vous Mes Prêtres devez faire de même. Certains d'entre vous s'échapperont cette nuit, étant Mon *Reste*. Priez, priez, priez toujours. Amen. Amen. » *(2-3 avril 2015)*

---

[37] Mt 21,31
[38] Mt 28,30
[39] Hé 4,14
[40] Jean 21, 15-19

36. ELLE VOUS AIDERA DANS LES HEURES DE VOTRE PERSÉCUTION

Jésus parle :

« Ma fille, fais savoir ceci : Tu es très troublée, tu es très perplexe, n'y a-t-il personne pour t'aider ? N'y a-t-il personne pour prier avec toi, si ce n'est Mon bien-aimé[41], qui est lui-même accablé par tant de soucis. Vous avez besoin de beaucoup de prières.

C'est ce que Je veux vous faire savoir : Mon Pierre, Mon Pierre bien-aimé qui a embrassé le nom de Pape François I et il en est ainsi à juste titre, car tel est Mon désir pour Mon Église, Je suis Jésus de Nazareth, le Grand Prêtre qui désire te faire connaître que ton voyage au Calvaire a commencé, mon Esprit est avec toi.

C'est à Toi que J'ai confié les deux clés de mon Église. C'est Ma Sainte Mère qui t'aidera, qui aidera aussi Mes brebis et Mes agneaux. C'est le désir de mon Sacré-Cœur que tu La proclames *Médiatrice de toute Grâce, Co-Rédemptrice* et *Avocate* pour ces temps. C'est par Elle que de nombreuses Âmes perdues reviendront à la bergerie, dont Tu es le Pasteur[42]. Elle T'aidera dans les heures de ta persécution. Il n'y aura pas de plus grande douleur pour Toi que celle de ma grâce en Toi, mon Pierre que j'aime ».

« Mes Prêtres, Mes Bergers, Mes Apôtres, c'est à vos Âmes que Je charge d'embrasser la Miséricorde Divine – Divine parce qu'elle est de Moi qui suis toute Miséricorde –, et de la révéler à Mes enfants sans compromis afin qu'ils se tournent et se repentent de leurs péchés. Même maintenant, les cœurs endurcis peuvent revenir si seulement vous le leur faites savoir. Je Suis avec vous. Amen. Amen. » *(Jeudi Saint, Vendredi Saint, 2-3 avril 2015)*

---

[41] (NDT : Il s'agit de Félix Xavier, époux d'Iveta)
[42] Jean 21, 15-17

37. MÈRE, PORTERAS-TU MON ÉGLISE COMME CO-RÉDEMPTRICE ?

Jésus ouvre les yeux, regarde les larrons, et Il baisse les yeux. Ils sont en train de diviser Ses vêtements, de jouer. Ils ne se soucient de rien ni de personne.

Ils tirent au sort son manteau. Jésus les regarde. « Père, pardonne-leur car ils ne savent pas ce qu'ils font »[43], *dit-Il et Il s'incline.*

Il regarde Sa Mère : « Mère, Mère » – *d'Âme à Âme, de Rédempteur à Co-Rédemptrice :* « Femme, voici ton Fils. » *Il regarde son apôtre préféré, Jean.* « Fils – *d'Âme à Âme :* Voici ta Mère. »[44]

D'Âme à Âme, Jésus parle à sa Mère : « Mon Église, Mon Épouse, Mon Pierre souffre immensément pour Moi ! Mon Pierre visible, Mon Pierre invisible ! Mère, veux-Tu porter Mon Église comme Co-Rédemptrice ? » *La Sainte Mère n'hésite pas :* « Qu'il Me soit fait selon Ta Parole[45]. Oui, Mon Divin Fils. » *Elle S'incline.*

Jésus parle à mon Âme : (Vision : Je suis sous le manteau de Notre Dame)

« Ma fille, Ma petite qui est à Moi, Cléophas, Je te remercie de te donner ainsi pour souffrir pour Mon Épouse, l'Église catholique et pour Mon Pierre, le Pape François I.

Fais savoir à Mon Pierre, Mon Pierre qui porte Ma croix en ces heures, et qui marche avec Moi vers le Calvaire : « C'est le désir de Mon Sacré-Cœur de te soulager, si tu proclames Ma Mère comme *Médiatrice de toute Grâce, Co-Rédemptrice* et *Avocate* ». La Très Sainte Trinité le Lui a accordé. Tu verras un soulagement rapide arriver aux fidèles dont Tu te soucies

---

[43] Luc 23,34
[44] Jean 19, 25-27
[45] Luc 1,38

tant, Mon Pierre. Je t'aime. Jésus de Nazareth, le Grand Prêtre. Amen, Amen. » *(Jeudi Saint, Vendredi Saint, 2-3 avril 2015)*

38. MARCHEZ EN HARMONIE

Saint Michel parle :

« Bien-aimés enfants de Dieu, avec la joie de Dieu, Je me présente devant vous pour vous féliciter de votre effort diligent et zélé pour compenser tout ce qui manquait en vous aux Grâces et aux Dons que Notre Sainte Mère continue de vous accorder ; ces Grâces et ces Dons quand vous les attendez d'Elle, quand vous les Lui demandez et quand vous L'invitez à compléter ce que vous n'avez pas compléter.

Une fois de plus, c'est Son désir de vous parler. Mais cela Je dois vous le faire savoir cela : il faut pour vous préparer aussi à votre Mission sur la terre de vos Ancêtres, en demandant à chaque instant à l'Esprit Divin de Notre Dieu de vous éclairer et en invoquant Ma présence pour que rien de ce qui n'appartient pas à Dieu n'entre pour infiltrer la Mission de Dieu. Je serai avec vous en permanence et lorsque le danger rôdera autour de vous, lorsque vous le sentirez, l'Esprit de Dieu vous éclairera en tout temps. Vous devez invoquer Ma Présence en récitant Ma prière, la prière pour M'invoquer. Amen.

Je suis Saint Michel, l'Archange qui se tient devant Dieu à la droite de Dieu, toujours en Sa Présence, maintenant devant vous sur l'ordre et en tant que Serviteur de la *Médiatrice de toute Grâce, la Mère de Notre Dieu, Co-Rédemptrice* de tous les hommes qui ont besoin de Son intercession et *Avocate* devant le Trône de Dieu, Le Divin Juge, en ceci que Dieu verra en Elle une Mère aimante intercédant pour tous Ses enfants qui invoquent Sa présence sous ce titre ! C'est aussi avec le plaisir et la joie de Son Âme, que Je vous fais connaître Sa joie à votre égard, à l'égard de toute la prière qui s'élève à cette intention. Amen. »

*

Notre Dame parle :

« Mes enfants bien-aimés, Je vous remercie d'avoir répondu à Ma demande de prier pour les besoins de votre monde qui a désespérément besoin de prière, désespérément besoin d'harmonie et désespérément besoin de paix ! Je suis La seule à pouvoir vous aider ! Faites ce que Je vous ai demandé et marchez en harmonie.

C'est l'harmonie que Mon adversaire déteste, et dans l'harmonie vous pouvez faire toutes choses comme Je le ferais »... « Je vous aime tendrement. Je suis la Mère de Dieu. Je suis votre Mère Céleste, toujours à vos côtés, *Médiatrice de toute Grâce, Co-Rédemptrice* et *Avocate*, attendant le moment d'être proclamée sur la Terre, afin de dispenser Ma Grâce aux enfants de Dieu qui en ont tant besoin, dans ce chaos qui surgit dans tous les coins du monde, il augmentera de plus en plus fréquemment ! L'homme se dressera contre l'homme et les nations contre les nations. Il y aura beaucoup de sang versé... » *(13 mai 2015)*

39. LE MONDE VIT CENTRÉ SUR LE TRAVAIL, EN DÉSOBÉISSANCE AU COMMANDEMENT DE DIEU

Saint Michel parle :

« Mes enfants bien-aimés, à la salutation de la *Reine du Ciel, la Mère de Dieu*, Notre Reine, Notre Mère, Je suis Saint Michel ici devant vous à son commandement, son serviteur. Je viens aujourd'hui pour vous apporter le message qu'Elle désire vous faire connaître :

« Enfants bien-aimés, vous êtes très perplexes, vous êtes très fatigués, vous êtes très anxieux ! Vous ne comprenez pas encore qu'il faut tout confier à mon Cœur Immaculé dès que quelque chose se présente à vous ; c'est pour cela que vous êtes anxieux ! Nombreuses sont les actions pour lesquelles Je vous donnerais Mon consentement, mais la direction serait différente de votre manière de penser.

Enfants bien-aimés, sachez et comprenez qu'il faut respecter la sainteté du Jour du Sabbat, sauf dans le cas d'un problème de santé qui vous demande de prendre soin d'un frère ou d'une sœur, et dans le cas de vos frères que vous connaissez, plus proches d'entrer dans la Résurrection, sur leur lit de mort. Tout autre chose doit être remise au jour suivant. Reposez-vous le Jour du Sabbat ! Enseignez aux autres cette manière de faire, car comment le sauraient-ils autrement ? Le monde vit centré sur le travail en désobéissant à l'ordre de Dieu de se reposer, car Dieu S'est reposé et vous devez aussi le faire ! Amen." » *(17 juin 2015)*

40. CHAQUE FOIS QUE LE ROSAIRE EST RÉCITÉ, JE PEUX LIER LES ESPRITS

Saint Michel parle :

« Enfants bien-aimés de Dieu, comme il plaît à Notre Mère Immaculée que le monde L'honore aujourd'hui sous le titre de *Notre-Dame du Saint Rosaire*[46].

Le Rosaire est cette chaîne que Je tiens. Par celle-ci, chaque fois que le Rosaire est récité, Je peux lier les esprits qui sont les avocats de Satan et les jeter dans l'abîme. Il est en votre pouvoir d'invoquer Notre Sainte Mère, la *Mère de notre Dieu* et Moi, Son serviteur, pour enchaîner ces forces des ténèbres que souvent vous conviez vous-mêmes en ne confiant pas tout à Son Cœur Immaculé.

---
[46] Fête de Notre Dame du Saint Rosaire, le 7 octobre.

Je viens devant vous aujourd'hui à sa demande pour vous donner une Parole d'amour de Notre Mère Céleste à vous, Ses petits enfants, enfants de Dieu. Je suis Saint Michel qui se tient en la Présence de Dieu ici devant vous sur l'ordre de la Mère de Dieu. Amen. » *(7 octobre 2015)*

41. VOUS ÊTES AUX DERNIÈRES HEURES, CELLES DU LOURD TRAVAIL DES DOULEURS D'ENFANTEMENT DE LA PERSÉCUTION AVANT LA GRANDE APOSTASIE

Notre Dame parle :

« Ma Fille, fais-le savoir maintenant : Mes enfants bien-aimés, Je suis descendu du Ciel une fois de plus et Je vous remercie d'avoir répondu à ma demande de vous présenter ici devant Moi en vous consacrant à mon Cœur Immaculé. Je ne vous abandonnerai pas ! Je vous assure de Mon amour maternel. Je viens aujourd'hui pour vous faire connaître Mon amour maternel : que Je désire ramener tous Mes enfants à Dieu. Vous devez M'aider ! Je viens aujourd'hui devant vous pour vous assurer que si vous M'invoquez et vous vous consacrez chaque matin à Mon Cœur Immaculé et que vous enseignez à vos frères à faire de même, Je ne vous abandonnerai pas ! Je vous conduirai à travers ces moments de persécution qui surviendront rapidement !

Enfants bien-aimés, vous êtes aux dernières heures, celles du dur travail des douleurs d'enfantement de la persécution avant la *Grande Apostasie*. Ne soyez pas troublés, ne soyez pas inquiets, n'ayez pas peur ! Je suis avec vous à travers tout cela !

Je vous remercie, Mes Fils choisis bien-aimés d'être venus devant Moi aujourd'hui. C'est par vous que mes enfants bien-aimés vont connaître la Miséricorde de Dieu, que cette année sera proclamée telle, par Sa Sainteté, votre Saint Père, mon Fils élu bien-aimé le Pape François I, en union avec le Pape émérite

Benoît XVI, le Pape caché qui prie pour votre monde. Sans ses prières, vous ne seriez pas en mesure de supporter la souffrance.

Enfants bien-aimés, Je viens devant vous pour vous demander maintenant, spécialement à Mes Fils choisis[47], de rester solidaires de vos évêques dans tous les diocèses où Dieu vous a placés et vous, Mes enfants bien-aimés, pour vous demander d'être obéissants à vos Bergers. Soyez attentifs à ce qu'ils disent, revenez aux sacrements, en particulier à la réconciliation avec Dieu qui est la plus importante et recevez la Sainte Eucharistie. Passez de longs moments avec Mon Divin Fils qui vous attend.

Enfants bien-aimés, Je vous demande, surtout à Mes Fils choisis et à tous les Religieux, de rester solidaires du Saint-Père. Il vous guidera dans ces moments. »

Vision : Oh ! Elle ouvre l'Enfer Ah ! Oh... tant d'Âmes périssent... Ah !

« Enfants bien-aimés, Je désire que vous priiez pour les pécheurs, il y en a tant qui tombent dans l'abîme et Je ne peux pas les sauver. Aidez-Moi, Mes chers enfants, et Je vous promets Ma fidélité pour vous assurer le bonheur éternel auprès de Dieu.

Mon seul désir est de vous ramener à Mon Divin et Bien-Aimé Fils : comme *Médiatrice de toute Grâce*, *Co-Rédemptrice* et *Avocate* au Ciel, Je plaide pour vous et votre Monde. Bientôt, cela deviendra une proclamation sur Terre, et alors vous verrez alors la puissance de Dieu descendre sur ceux qui Me sont fidèles. » *(13 octobre 2015)*

---
[47] Les Prêtres

2016 : CELA PLAÎT À MON CŒUR IMMACULÉ DE VOIR LA DÉVOTION DU PREMIER SAMEDI QUE J'AI FAIT CONNAÎTRE À FATIMA

42. CE COURS DES ÉVÈNEMENTS PEUT ÊTRE CHANGÉ PAR LE POUVOIR DU SAINT ROSAIRE !

Notre Dame parle :

« J'ai attendu ce moment avec impatience. Comme Je voudrais que tous Mes enfants soient fidèles de cette manière, mais il n'en est rien !

Je désire ardemment révéler l'angoisse de Mon Cœur, Mon Cœur de Mère est inquiet, préoccupé par tant de Mes enfants qui n'écoutent pas Ma demande et marchent sur le chemin de la perdition[48].

Il n'est pas trop tard, mes chers enfants. Détournez-vous de ce chemin et revenez à Dieu à travers Moi en vous consacrant à Mon Cœur Immaculé. Vous êtes en grand danger ! Il n'y a plus de temps pour de telles sottises et de tels méfaits dans lesquels vous vous embarquez comme si vous aviez toute l'éternité sur Terre. Vous n'êtes pas loin de voir le lourd fardeau qui pèse sur les épaules de votre Saint-Père, car la *Grande Apostasie* est proche ! Le sacrilège[49] de la désolation verra le jour très, très, bientôt !

Priez, mes chers enfants, priez, beaucoup d'entre vous négligent la prière. Priez le Saint Rosaire, vous savez sa puissance ! Je peux vous aider à traverser tout cela si seulement vous récitez fidèlement pour Moi le Saint Rosaire.

Enfants bien-aimés, vous êtes au seuil de la troisième guerre mondiale, mais Je peux vous aider si vous priez le Saint Rosaire. Même ce cours des évènements peut être changé par la puissance du Saint Rosaire ! Ce n'est pas la voie de Dieu, le choix est le vôtre, vous devez choisir Dieu maintenant ! Comme Je pleure pour vous, et comme Je voudrais de vous embrasser,

---
[48] Mt 7,13
[49] Marc 13,14

même dans votre délabrement, même quand vous Me reniez ! Il Me tarde de vous aimer de Mon Amour maternel et tendre. Vous ne connaîtrez jamais cet Amour ailleurs, Moi seul peux vous le donner, car Dieu M'a donné tout Pouvoir, toute Grâce et tout Don pour vous les accorder. Il n'y a pas de paix dans vos cœurs, il n'y a pas de paix dans vos familles, il n'y a pas de paix dans le monde car il n'y a pas de prière et il n'y a pas d'adoration et de révérence pour Jésus dans le Saint Sacrement.

Vos églises sont vides. Jésus est seul à vous attendre, à vous répondre et à répondre à vos demandes. Combien Il désire de déverser Son Amour sur vous, mais vous cherchez d'autres chemins où vous ne Le trouverez pas.

Priez, mes chers enfants, priez beaucoup pour votre Saint Père. Oh ! combien de poids pèse sur lui ! Si vous saviez combien d'Amour il a pour vous ! Son Amour est tel, comme le Divin Sauveur prêt à donner sa vie pour vous, chacun de vous qui formez l'Église, l'Épouse du Christ, la Sainte Mère, l'Église catholique.

Aujourd'hui, J'invite les uns et les autres, catholiques et non catholiques, à venir boire à la fontaine de la Miséricorde de Dieu ; elle est pour tous les enfants de Dieu. Embrassez-la et vous verrez ses fruits. Amen. » *(1ᵉʳ janvier 2016)*

*

Notre Dame parle :

« Cela plaît à Mon Cœur Immaculé de voir la dévotion du Premier Samedi que J'ai fait connaître à Fatima, la dévotion que Mon Divin Fils Jésus a fait connaître pour Moi, à Moi et en Moi, où vous trouverez votre Sauveur. Je Le conduirai parfaitement jusqu'à vous et J'amènerai de nombreux enfants à cette connaissance. Cette dévotion est d'une grande importance en ces temps pour vous-mêmes, pour vos familles et pour le monde. Amen.

Je vous aime tendrement, Je suis la Mère de Dieu. Aujourd'hui, la Sainte Mère, l'Église catholique M'honore et me vénère comme la Mère de Dieu, Moi qui La suis, l'Immaculée Conception, Marie Vierge de Nazareth, la *Médiatrice de toute Grâce, Co-Rédemptrice* et *Avocate* au Ciel, attendant l'heure sur Terre où Je pourrai dispenser tous les dons, la grâce et le pouvoir de résister à la tentation et de combattre le combat spirituel contre les forces des ténèbres, contre Satan lui-même.

Moi qui, à la fin l'écraserai ! Mon Cœur Immaculé triomphera ! Amen. » *(1er janvier 2016)*

43. PRÉPARE MON TROUPEAU, MES BREBIS !

Tandis qu'Il souffre sa Passion, Jésus parle à tous Ses Apôtres :

« Mes Prêtres bien-aimés tout comme J'ai fait connaître aux Apôtres, – quand J'ai prédit Ma Pâque, l'Institution de la Sainte Eucharistie, Ma Vraie Chair et Mon Vrai Sang – de ce jour des faux prophètes qui viendront en Mon Nom[50] ; pour qu'ils en soient conscient ! Et pourtant, J'ai aussi prédit votre préparation ! » *(Alors que les Apôtres Lui demandaient : quand cela sera-t-il ?)*

Je l'ai fait connaître et maintenant Je fais connaître pleinement.

Ces jours arriveront sûrement, et ils approchent rapidement ! À tous les Apôtres connus comme les Apôtres Rouges Écarlates[51] et connus comme ceux qui portent le Vêtement Violet[52] :

---

[50] Mt 24,11
[51] Les Cardinaux. Le rouge écarlate signifie « votre disponibilité à agir avec courage, jusqu'à l'effusion de votre sang, pour l'accroissement de la foi chrétienne, pour la paix et la tranquillité du peuple de Dieu et pour la liberté et la croissance de la Sainte Église romaine ». (Le pape François aux cardinaux nouvellement créés, 28.06.2018).
[52] Les Évêques

Préparez Mon troupeau, Mes brebis, Mes agneaux[53], car ces jours approchent et ils arrivent comme vous voyez le temps qu'il va faire, à une vitesse alarmante ! N'ayez pas peur, Je suis avec vous à travers tout cela ! Ma Sainte Mère vous conduira à travers ces moments. Faites-La connaître comme la *Mère de Dieu*, la *Médiatrice de toute Grâce* qui donnera ce qui vient de Moi, de Moi à travers Elle, comme *Co-Rédemptrice* pour intercéder pour tous les pécheurs endurcis.

Sa souffrance est immense maintenant,[54] et en tant qu'Avocate, elle plaidera devant Moi pour tous vos besoins, et Moi devant Mon Père – Rédempteur et Co-Rédemptrice – Maintenant sa mission commence ! Amen, Amen. » *(25 mars 2016, Vendredi Saint)*

*

Alors qu'Il subit Sa passion, Jésus S'adresse à ses Prêtres :

« Mes Prêtres, Moi qui suis le Grand Prêtre dans la lignée de Melchisédech[55], Vrai Dieu et Vrai Homme, Jésus de Nazareth, sachez-le : Je vous mets en garde contre les faux prophètes ! Beaucoup d'entre vous se sont embarqués sur un chemin épouvantable pour trahir le Saint Père disant qu'il est le faux Pape : il n'en est rien ! Retournez au port de la Vérité, il est Mon Pierre. Votre fidélité et votre obéissance à son égard sont nécessaires pour que vous deveniez de Saints Instruments et que vous ameniez vos brebis à la sainteté. J'ai déjà tracé ce chemin pour vous !

À vous, Mes séminaristes, Mes diacres, Je demande la même chose, faites attention, Je vous ai mis en garde contre les faux prophètes, vous les reconnaîtrez à leurs fruits. L'obéissance à la Sainte Mère, l'Église catholique est nécessaire ! L'obéissance

---

[53] Jean 21, 15-19
[54] Ap, 12,2
[55] Psaume 110,4 – Hé 5,6 et 7,17

au Saint-Père est nécessaire, l'obéissance à vos supérieurs, vos évêques dans le diocèse desquels vous êtes placés par Moi. Moi qui suis le Grand Prêtre, vous qui suivez Mes pas, revenez, revenez à la Vérité ! C'est la Vérité qui vous rendra libres[56], car maintenant vous êtes dans l'esclavage et dans l'anxiété, car votre route est obscurcie par de nombreuses faussetés !

J'ai tracé le chemin pour vous, suivez-Moi ! Jésus de Nazareth, le Grand Prêtre. Aujourd'hui, vous vous souviendrez du premier jour où Je vous ai donné Mon alliance dans Mon Sang et Ma Vraie Chair. Amen, Amen. » *(25 mars 2016 Vendredi Saint)*

*

Je vois les gardes arriver. Ils sont en marche. Ils passent devant la Chambre haute. Les apôtres se lèvent et regardent par la fenêtre, ils sont effrayés. Ils s'assurent que toutes les portes sont fermées. Le cœur de notre Sainte Mère S'affaisse. Elle connaît ce moment, Elle sait qui ils sont. Elle sait où ils vont.

Les Apôtres accourent vers Elle et Lui demandent : « Que faisons-nous ? ». Elle leur sourit malgré toute la peur, l'angoisse et la douleur. « N'ayez pas peur », dit-Elle, et Elle leur dit de retourner se reposer.

L'Esprit Divin m'éclaire maintenant par les mots écrits devant moi...

Le rôle de la Mère de Dieu, Médiatrice de toute Grâce, Co-Rédemptrice et Avocate *commence, et ils viendront pour Ses enfants. C'est ainsi que l'on comprend comment Elle protégera Ses enfants et renforcera ceux qui doivent souffrir pour la purification de la Sainte Mère, l'Église catholique.*

La Vision se termine. *(25 mars 2016, Vendredi Saint)*

*

---

[56] Jean 21, 15-19

Jésus les regarde et leur parle :

« Êtes-vous venus arrêter le Fils de l'Homme comme s'Il était un bandit[57], un voleur ? Sachez maintenant que c'est l'heure et que c'est pour cela que le pouvoir vous est donné d'agir ainsi. »

Maintenant, Jésus parle à mon Âme :

« Mon Pape, Pierre, Mon Pierre François, Benoît, Mes Cardinaux, Mes Prêtres, Mes Apôtres sachez que vous arrivez à ce moment ! Préparez Mes brebis, préparez-vous les uns les autres car beaucoup d'entre vous en paieront le prix, sachez que J'ai parcouru ce chemin !

Vous êtes ceux qui laveront vos robes avec Mon Sang comme martyrs[58], votre sang uni au Mien pour la purification de Mon Épouse, Mon Église, l'Église catholique. Amen. Amen. »

« Mes Prêtres, Mes Prêtres bien-aimés, cette heure va s'abattre sur vous ! Préparez-vous, préparez-vous et invoquez Ma Sainte Mère pour qu'Elle soit avec vous en ces moments, car maintenant Elle est co-rachète avec Moi dans la prière. Prenez courage, Je suis avec vous à travers Elle. Amen. Amen. » *(25 mars 2016, Vendredi Saint)*

44. JÉSUS DE NAZARETH SOUFFRANT À NOUVEAU EN CE JOUR DE CE PREMIER VENDREDI SAINT

Jésus, de son Âme à mon Âme :

« Ma fille, Ma petite qui est Mienne, fait savoir ceci aujourd'hui, car c'est en ce jour que J'ai été conçu dans le Sein

---

[57] Marc 14,48
[58] Ap 7,14

de ma Mère. Sachez et comprenez que c'est ainsi que Mon *Reste* fidèle endurera de nombreuses persécutions, oui même le *Reste*[59] : ils les chercheront, et seuls ceux choisis par Mon Père resteront pour poursuivre l'Église domestique et l'Église universelle. Ils vous traiteront comme des criminels, telle est la dureté du cœur, même le cœur de Pharaon[60] était beaucoup plus doux que ces criminels, telle est l'iniquité !

Je te parle *Mon Église souterraine* : Sache et comprends que Ma Mère sera avec toi, Ma Sainte Mère qui maintenant co-rachète avec Moi, même dans cette souffrance. Elle souffre avec Moi. Elle prie pour vous. Prenez courage ! Par Elle, Je serai avec vous et par Mes Prêtres, Je serai avec vous dans l'Eucharistie, Ma Vraie Chair et Mon Vrai Sang. Je vous soutiendrai, Je ne vous laisserai pas orphelins !

Prenez courage ! Priez, priez beaucoup, priez la prière que Ma Mère vous a enseignée, que vous connaissez sous le nom de Saint Rosaire. C'est une arme contre les assauts de l'Enfer, car oui, l'Enfer se déchaînera dans les jours à venir. Sachez que Je vous l'ai dit avant que cela ne se produise. Je suis Jésus de Nazareth, qui souffre[61] aujourd'hui de ce premier Vendredi Saint, en répétition des crimes commis aujourd'hui, à ce jour et jusqu'à la fin des temps.

Je serai avec vous, Jésus de Nazareth, le Grand Prêtre souffrant pour son Église alors qu'elle subit sa purification pour toute l'iniquité qui est entrée. Amen. Amen. »...

*

---

[59] Ap 12,17
[60] Exode 7,13
[61] Voir Blaise Pascal : « Jésus sera en agonie jusqu'à la fin du monde, il ne faut pas dormir pendant ce temps-là. » (Pensées, Penguin books, 1966, p.313).

Iveta : Sainte Maman, ne le[62] laisse pas prendre ces Âmes. Prends la mienne.

Sainte Maman : « Il ne le fera pas, ma fille, il ne le fera pas. Je suis là. Tu les as capturées[63]. Maintenant elles sont à Moi, sa bataille est avec Moi, pas avec toi ! Tu es sous Mon manteau et Ma protection ! Aucun mal ne te sera fait ! C'est de la même manière qu'aucun mal ne sera fait à tous Mes enfants en ces jours et dans les jours de *l'Église souterraine* s'ils se consacrent à Moi. C'est Moi-même qui les défendrai, Jésus en Moi et par Moi en ces moments-là ! ». *(Vendredi Saint, 25 mars 2016)*

45. NE RECHERCHEZ PAS UN COMPROMIS FACILE AVEC LE MONDE

Jésus parle d'Âme à Âme alors qu'ils Le relèvent :

« Vois-tu, Mon peuple bien-aimé, Mon *Reste* fidèle, combien J'ai souffert pour toi ? Embrassez Ma Miséricorde, repentez-vous des nombreuses offenses que vous avez commises, oui, Mes Prêtres, Mes Religieux, et revenez au port de la Vérité ! Ne cherchez pas de compromis facile avec le Monde. Entrez toujours par la voie étroite[64], c'est la route qui mène au Salut. C'est la route où ma Miséricorde attend de vous embrasser et où ma Mère, qui co-rachète avec Moi en ce jour comme lors du premier Vendredi Saint, attend à la porte, à la porte qui mène à la route étroite. N'entrez pas dans la voie large – la porte large ne M'appartient pas ! Elle est du père du mensonge[65] – les faux prophètes qui vous tromperont ! Levez-vous, même si vous êtes tombés, levez-vous maintenant et embrassez Ma Miséricorde !

---

[62] Satan
[63] Les Âmes pour lesquelles Iveta priait.
[64] Mt 7,14
[65] Jean 8,44

Votre consécration chaque matin est vitale pour vous et d'une grande importance pour comprendre votre chemin vers la Sainteté, pour porter votre croix et Me suivre. Amen. Je suis Jésus de Nazareth, Homme-Dieu souffrant comme Dieu-Homme pour Mes Brebis, Mes Agneaux, Amen. Amen. »...

*

Jésus S'adresse aux femmes :

« Femmes, ne pleurez pas sur Moi, pleurez sur vous-mêmes et sur vos enfants.[66] »

Maintenant, elles Le regardent comme si elles ne comprenaient pas ce qu'Il disait.

D'Âme à Âme, Jésus me parle :

« Fille bien-aimée, souffrant maintenant avec Moi comme Rédempteur, et Ma Mère comme *Co-Rédemptrice*, fais savoir à toutes Mes enfants bien-aimées, Mes mères, Mes sœurs, que si elles ne se repentent pas de leurs propres offenses et n'embrassent pas Ma Miséricorde, elles ne peuvent entrer dans le Royaume des Cieux. Filles de Jérusalem, filles de Dieu, rendez droits vos chemins ! Repentez-vous de tout ce que vous n'avez pas fait et... pleurez sur vos enfants afin qu'ils puissent embrasser ma Miséricorde. »...

*

Jésus me parle maintenant d'Âme à Âme :

« Ma fille, Je suis conscient de ta faiblesse, mais Ma Grâce est suffisante. Porte-la avec Moi à travers Ma Sainte Mère.

---

[66] Luc 23,28

D'innombrables Âmes sont rachetées en ce jour[67], et beaucoup reviendront quand ils comprendront combien tu as souffert, c'est-à-dire Moi en toi, Ma Mère en toi et toi en Nous. C'est Notre souffrance que tu portes par amour pour tes frères.

Faites-le savoir maintenant, c'est de la même manière que beaucoup d'entre vous doivent porter les autres pour les protéger et pour qu'ils soient le *Reste* et vous – Mes Prêtres, Mes fidèles – serez les Agneaux Sacrifiés. Amen. Amen.

Jésus de Nazareth Homme-Dieu, Dieu-Homme. Amen. Amen. » *(Vendredi Saint, 25 mars 2016)*

46. RENONCER À CETTE MANIÈRE DE VIVRE ET EMBRASSER MA MISÉRICORDE

D'Âme à Âme, Jésus parle :

« Bien-aimés enfants de Dieu, beaucoup d'entre vous sont tombés dans un état d'immoralité et vivent dans[68] l'impureté, souillant le temple de Dieu. Sachez que J'ai souffert pour vous et que J'ai embrassé votre honte. Renoncez à cette manière de vivre et embrassez Ma Miséricorde en venant vous confesser pour vous réconcilier avec Moi par l'intermédiaire de mes Prêtres. Ma Sainte Mère qui co-rachète vous couvrira de Son Manteau immaculé et vous aidera à vous relever de votre honte. Il n'y a plus de temps pour continuer à vivre de cette façon.

Je vous aime et Je souffre pour vous ! Embrassez Ma Miséricorde, que votre Saint Père Mon Pierre en union avec Mon Pierre caché, le Pape François et le Pape émérite Benoît XVI, ainsi que vous les connaissez, ont déclaré cette année l'Année de la Miséricorde. Ils comprennent l'importance de ce moment, ne

---

[67] Iveta subit de lourdes souffrances. Voir Col 1,24
[68] L'Agonie de Notre Seigneur Jésus.

gaspillez pas ce retour, chers enfants de Dieu. Revenez, enfants, vous tous, de diverses confessions, embrassez Ma Miséricorde et vivez dans l'ordre de la sainteté, même maintenant il n'est pas trop tard ! Amen, Amen ».

----- *Jésus fait une pause* -----

D'Âme à Âme, Il parle à nouveau :

« Mon *Reste*, Mes fidèles, ne cherchez pas de compromis faciles avec le monde. Je vous préviens, ne vous laissez pas séduire par le glamour et la vie facile que le monde fait miroiter devant vous. Mon adversaire a convaincu beaucoup de Mes enfants d'embrasser une telle vie comme un moyen de bonheur ! C'est de la fausseté et du faux bonheur ! Il ne faudra pas longtemps avant qu'ils ne soient tous jetés sur le bord de la route ! Priez pour ces Âmes et ne les considérez pas comme un modèle à suivre, mais faites qu'elles vous voient comme un modèle pour embrasser la vérité.

Jésus de Nazareth qui embrasse maintenant le moment engloutissant de Mon Agonie ; Vrai Dieu, Vrai Homme. Amen, Amen. » *(Vendredi Saint, 25 mars 2016)*

47. LE DERNIER DOGME

Jésus parle d'Âme à Âme :

« Mon Pierre aujourd'hui, Mon Pierre caché aussi, Pape François et *Pape émérite* Benoît XVI comme vous êtes connus sur la Terre et au Ciel, prenez courage quand vous voyez la situation que vous ne comprenez pas comment résoudre, Je suis avec vous à travers tout cela. Je vous prépare aux moments imminents pour *l'Église souterraine* et la poursuite de la construction de Ma Cité connue comme la *Cité de Dieu*.

Je suis Jésus de Nazareth, le Grand Prêtre qui vous a désigné comme Mon Pierre par Mon Esprit. Ma Sainte Mère continue de vous soutenir dans ses bras, comme Elle est ici avec Moi. Elle est toujours si proche de vous !

Je demande instamment que soit proclamé le *dernier Dogme*, tel qu'il est maintenant connu : qu'Elle soit proclamée *Médiatrice de toute Grâce*, *Co-Rédemptrice* et *Avocate*, afin qu'Elle puisse dispenser les Grâces à tous Mes enfants pour qu'ils traversent ces moments facilement. Amen, Amen ».

Jésus parle d'Âme à Âme avec Sa Mère :

« Mère... Ah ! Ah ! J'aurais voulu T'épargner ce moment, mais Tu dois porter Mon *Reste*. Tu dois porter Mes enfants dans le désert[69] et les préparer... et marcher avec eux jusqu'à Moi, Tu comprends tout cela. »

Elle acquiesce et Lui demande de ne pas parler. « Qu'il Me soit fait selon Ta Volonté ». *(Vendredi Saint, 25 mars 2016)*

48. CECI EST LA ONZIÈME HEURE DE LA MISÉRICORDE

Soudain, le larron de droite fait taire le larron de gauche, en lui disant : « *Nous méritons ce crime, cet Homme est innocent.*[70] »

Il regarde la Vierge et il puise sa force ; puis il regarde Jésus. C'est la miséricorde telle qu'il la comprend. « Jésus, souviens-Toi de moi quand Tu viendras dans ton royaume ».

Jésus sourit.

« Aujourd'hui, tu seras avec Moi au Paradis. »

---
[69] Ap 12,14
[70] Luc 23,41

Agonie... et Jésus parle d'Âme à Âme :

« Ma fille, Ma petite qui est Mienne, fais connaître ma Miséricorde par ma Sainte Mère comme *Co-Rédemptrice*. Comme le bon larron – c'est ainsi qu'il a été connu – , que beaucoup embrassent (Ma Miséricorde) et reviennent pour se réconcilier avec Moi, et ils seront bien vite avec Moi au Paradis un jour prochain. C'est la onzième heure de la Miséricorde[71]. C'est le seul moyen de revenir. Ma Mère les aidera comme Elle l'a fait pour beaucoup, même pour toi ».

Je T'aime Jésus, Je Te remercie, Je Te remercie, Maître.

« Amen, Amen »

Tout le mal est en train de s'installer tout autour, et une grande obscurité s'abat[72]... *L'heure de Jésus est proche et Il le sait.*

« Mère ! » *D'Âme à Âme, Il parle.*

« Je Te confie tous mes Prêtres et tout le *Reste* des fidèles, prends soin d'eux, mon heure s'achève[73] mais la tienne ne fait que commencer ».

Elle Le regarde et dit :

« Qu'il Me soit fait selon Ta volonté[74]. Me voici Ton Esclave née. Amen, Amen, Amen. » *(25 mars 2016, Vendredi Saint)*

---

[71] Mt 20, 1-16
[72] Mt 27,45
[73] Jean 17,1
[74] Luc 1,38

49. SACHEZ ET COMPRENEZ : LORSQUE LA MISÉRICORDE DIVINE PRENDRA FIN, LA FUREUR DE LA DIVINE JUSTICE SE MANIFESTERA

« Je Suis qui Je Suis, Père Éternel, connu de vous par Mon Fils Bien-Aimé Jésus, qui Me plaît grandement[75] et qui vous réconcilie avec Moi. Si vous avez choisi ce chemin, Je viens avec l'Amour du Ciel vous attendre pour que Nous puissions partager la Gloire Éternelle.

Mes enfants bien-aimés, sachez et comprenez que Je Suis le Père Éternel, Vrai Dieu en la Première Personne, entièrement Lumière, ne faisant que Me révéler. »

Iveta a une vision : Et maintenant le Ciel s'ouvre... Ahhh !... et tout ce que je vois est la Lumière brillante et le Trône de Dieu. Ahhh !... Suis-je si digne de voir cela ? Ahhh !...

« C'est ici que Je vous accueille vous tous Mes enfants. Allez et ramenez les brebis perdues[76] ! J'appelle spécialement Mes élus[77], bien-aimés dans la Vigne[78], pour préparer tous Mes enfants à ces moments.

Tous ceux qui sont présents ici, Je vous remercie, Je vous remercie d'un Amour Paternel et Je désire de tout cœur que vous priiez pour que cette Fille qui M'a plu *(Il désigne maintenant la Sainte Mère par l'intermédiaire de l'Archange Michel)* soit proclamée *Médiatrice de toute Grâce, Co-Rédemptrice* et

---

[75] Mt 3,17
[76] Luc 15, 3-7
[77] Les Prêtres
[78] Jean 15

Avocate pour vous, afin qu'Elle puisse dispenser les grâces dont vous avez besoin pour ces moments.

Sachez et comprenez : Lorsque la Miséricorde Divine prendra fin[79], la furie de la Divine Justice se manifestera. Vos prières sont de la plus haute importance pour comprendre, pour réconcilier vos frères avec Moi.

JE SUIS QUI JE SUIS, votre Père céleste, qui vous est connu par Mon Fils Bien-Aimé Jésus. Amen. » *(13 octobre 2016, Mt Batim, Goa, Inde)*

50. LA CONSÉCRATION À MON CŒUR IMMACULÉ : C'EST SIMPLE, MES ENFANTS, SIMPLE !

Notre Dame parle :

Mes enfants bien-aimés, Je suis descendue une fois de plus aujourd'hui pour être avec vous et Je désire ardemment rester avec vous alors que vous vous consacrez, chacun d'entre vous, à Mon Cœur Immaculé. Il y en a beaucoup ici qui ne comprennent pas la Consécration à Mon Cœur Immaculé : C'est simple, Mes enfants, simple ! Il suffit de Me donner votre cœur et de Me dire de faire tout ce que Dieu désire en vous pour lequel vous avez été créés, en échangeant votre volonté pour la Volonté Divine et Je vous conformerai dans l'Ordre et la Grâce de Dieu et vous conduirai à la Sainteté en laquelle chacun de vous est appelé à être. *(14 octobre 2016, Mt Batim, Goa, Inde)*

---

[79] Mt 25, 1-12 etc.

51. SEULE LA PRIÈRE PEUT EFFACER CE TERRIBLE DÉSASTRE

« Enfants bien-aimés, enfants de Dieu, Moi qui Suis Jésus de Nazareth, qui ai donné Ma Vie pour chacun de vous ici présents et pour tous ceux qui entendront ces Paroles et les écouteront, ceux qui embrasseront la croix :

Comprenez maintenant que vous entrez dans des lourds moments de grande tristesse, tristesse parce que l'homme continue à offenser son Dieu, que Je Suis.

Vous êtes au seuil de la troisième guerre mondiale, seule la prière peut effacer ce terrible désastre, car le bon et le mauvais y périront.

À Mes fils Élus bien-aimés, Mes Prêtres : Je suis aimé du Père et vous êtes aimés de Lui à travers Moi. Si seulement vous compreniez le Pouvoir que Je vous ai confié, n'ayez pas peur, soyez audacieux, partez à la conquête des Âmes et votre récompense vous attend au Ciel !

La *Grande Apostasie* va maintenant se réaliser, le Gouvernement Mondial Unique va se mettre en place, mais ne craignez rien ! Ma Mère, Ma Sainte et Bienheureuse Mère prendra soin de chacun d'entre vous si vous avez confiance et si vous vous confiez à Son Cœur Immaculé et si vous vous couvrez chaque jour de Son Manteau Immaculé. Beaucoup d'entre vous affronteront le martyre : ce doit être le sang qui doit être versé pour purifier Mon Église, Mon Épouse !

Mes Épouses, connues sous le nom de Religieuses, Je vous aime, restez obéissantes et sachez que Je suis avec vous, et conduisez tous les petits enfants à Moi quand ils viennent à vous. Je suis Jésus de Nazareth, la deuxième Personne du Dieu Trine, la Sainte Trinité, ici en train de vous faire connaître Ma Parole et bientôt vous Me recevrez sous l'apparence du Pain et du Vin, Ma Vraie Chair et Mon Vrai Sang, qui vous sont donnés pour vous fortifier pour ces moments !

Je désire maintenant vous faire part de Mon désir : que vous priiez et demandiez à votre Saint-Père, Mon fils bien-aimé Pierre, Mon Pierre, le Rocher sur lequel l'Église se tient[80] aujourd'hui, Sa Sainteté le Pape François I en union avec le Pape émérite Benoît XVI, le Pape caché, de proclamer Ma Sainte Mère comme *Médiatrice de toute Grâce*, *Co-Rédemptrice* et *Avocate*. C'est alors que le Ciel s'ouvrira et dispensera les Grâces nécessaires à tous les enfants de Dieu pour vous fortifier en ces moments. Je suis Jésus de Nazareth le Grand Prêtre, Vrai Dieu et Vrai Homme. Je vous aime tous Mes frères. Amen. Amen. » *(14 octobre 2016, Mt Batim, Goa, Inde)*

52. L'ESPRIT SAINT : VOUS NE LE TROUVEREZ NULLE PART AILLEURS QUE DANS LE SILENCE

Notre Dame parle :

« Enfants bien-aimés, Je désire maintenant faire connaître le message de Dieu, l'Esprit Saint, mon Époux. Vous ne Le trouverez nulle part ailleurs que dans le silence. Il est l'Auteur de la Fontaine de Grâce et d'Amour de Dieu. Vous Le recevrez par les mains consacrées de Mes Fils choisis et bien-aimés, Mes Prêtres, dont beaucoup sont présents ici aujourd'hui. Ils sont des instruments de guérison pour vos infirmités.

Comprenez qu'à travers la réconciliation commence la première guérison ; vient ensuite l'onction de leurs Saintes Mains Consacrées pour rendre Jésus présent ici – afin que vous soyez fortifiés par cette Grâce.

---
[80] Mt 16,18

L'Esprit Saint est l'Auteur de ces temps, Il vous fera connaître toutes choses clairement. Sachez et comprenez qu'Il ne désire que votre silence, là Il vous transmettra toute connaissance, toute sagesse et toute compréhension dont vous avez le désir, et là vous comprendrez le bien et le mal.

Maintenant, mes chers enfants, préparez-vous à recevoir le Saint Esprit Saint, alors que Je bénis une autre image, une « médaille » qui a été confiée à mon fils bien-aimé, le Révérend Père Conceição – Conceição en mon nom, Immaculée Conception. Je l'aime beaucoup et maintenant Je bénis la « Médaille ».

« IN NOMINE PATER ET FILIUS

ET SPIRITUS SANCTUS. AMEN. »

Cette « Médaille » ira maintenant dans le monde entier par son intermédiaire pour être vénérée. Amen. » *(15 octobre 2016, Mt Batim, Goa, Inde)*

53. VOTRE SAINT PÈRE SERA TOUJOURS AVEC VOUS, MÊME DANS LES MOMENTS SOUTERRAINS DE L'ÉGLISE

Notre Dame parle :

« Je désire ardemment que vous priiez pour votre Saint Père, Mon fils élu et bien-aimé, l'évêque de Rome, Sa Sainteté le Pape François I, également pour le Pape *émérite* Benoît XVI, le Pape caché. Beaucoup de prières sont nécessaires, l'ennemi se lève mais il ne sera pas en mesure de conquérir jusqu'à ce que l'heure de Dieu soit venue. Ce qu'il faut comprendre, c'est que votre Saint-Père sera toujours avec vous, même dans les moments souterrains de la Sainte Mère, l'Église catholique, c'est tout ce que vous devez savoir.

N'ayez pas peur, ne soyez pas inquiets ! Confiez seulement tout à Mon Cœur Immaculé et priez, priez, priez chers enfants le Saint Rosaire dans vos familles ! Rassemblez-vous dans vos communautés. Rassemblezvous sur cette Sainte Montagne, car c'est par elle que l'on peut acheter beaucoup et que Satan sera tenu à distance !

Enfants bien-aimés, sachez et comprenez maintenant que vous entrez dans un grand et lourd moment sur la Terre. La fureur de Dieu est enflammée, mais par vos prières, Je peux acheter ce moment pour avoir plus de temps pour la conversion de beaucoup de mes enfants qui sont égarés. C'est sur vous que Je pose ce joug de prier pour tous vos frères et sœurs. N'abandonnez pas ! Il y a toujours de l'espoir en Dieu. Je vous aime tendrement.

Je suis la Mère de Dieu, *Médiatrice de toute Grâce*, *Co-Rédemptrice* et *Avocate* au Ciel, *l'Immaculée Conception*, par la puissance de laquelle J'écraserai Satan. Amen. » *(15 octobre 2016, Mt Batim, Goa, Inde)*

2017 : JE VIENS VOUS INVITER À LA CO-RÉDEMPTION AVEC MOI, MOI QUI SUIS LA CO-RÉDEMPTRICE, UNIE À "JÉSUS" LE RÉDEMPTEUR

54. LE SOCIALISME EST DEVENU LA FAÇON DE VIVRE

Notre Dame parle :

« Fille bien-aimée, Ma petite qui est à Moi et à Mon Jésus, Je désire ardemment qu'en ce Premier Vendredi de Carême de l'an deux mille dix-sept, aujourd'hui, et commençant le deuxième jour du troisième mois de l'an deux mille dix-sept, à onze heure pour finir le troisième jour du troisième mois de l'an deux mille dix-sept à onze heure tu souffres pour les enfants à naître et pour le terrible holocauste des enfants qui sont sacrifiés[81].

Car le socialisme[82] est devenu le mode de vie et cela conduit à la terrible destruction des familles et de l'Église domestique par le malin, Satan lui-même ! Soyez sur vos gardes ! Avertissez Mes enfants, bien-aimés de Moi, leur Mère Céleste, qui pleure pour eux !

Veux-tu m'aider, Ma petite Cléophas ? » *(Mercredi des cendres, 1ᵉʳ mars 2017)*

*

Notre Sainte Mère parle :

« Ma fille bien-aimée, Ma petite qui est à Moi et à Mon Jésus, Cléophas. Une fois de plus, Je viens t'inviter à co-racheter avec Moi. Moi qui suis la *Co-Rédemptrice*, unie à Jésus le *Rédempteur*.

Ce que Je t'invite à souffrir comme qu'Âme Victime est pour l'Église Universelle, pour ton Pierre régnant, Mon fils bien-aimé et choisi, l'Évêque de Rome, Sa Sainteté le Pape

---

[81] Avortement
[82] Le socialisme peut être compris ici comme une idéologie qui veut apporter la justice et le bonheur sans la grâce de Dieu.

François I, et, il faut le comprendre ainsi, pour le Pape *émérite* Benoît XVI, le Pape caché, pour les offenses commises par le clergé et les religieux contre la sainte Vertu de Pureté, contre la nouvelle doctrine visant à changer la Sainte Vertu et les Vérités des enseignements de l'Épouse du Christ, l'Église catholique, que Jésus-Christ lui a fait connaître, et par elle, à tous ses enfants, par son Saint-Esprit.

Tu souffriras cela à partir de l'heure de la Divine Miséricorde, le seizième jour du troisième mois de l'année deux mille dix-sept, jusqu'à l'heure de minuit du dix-huitième jour du troisième mois de l'année deux mille dix-sept.

Sache et comprends que telle sera la manière de souffrir pour cette fin et de réparer les offenses commises par désobéissance par les Prêtres et les Religieuses. Et un grand poids d'anxiété s'est abattu sur votre Saint-Père aujourd'hui, Sa Sainteté le Pape François I, ainsi que des moments d'anxiété sur le Pape caché. C'est ainsi que les inflige Mon adversaire.

Il en sera ainsi pour la semaine suivante et celle d'après. M'aideras-tu ? » *(Mercredi des Cendres, 1er mars 2017)*

55. FAIRE AVORTER UN ENFANT CONSTITUE UN TERRIBLE CRIME CONTRE L'AUTEUR DE LA VIE

Avorter un enfant constitue un crime terrible contre l'Auteur de la Vie. C'est une insulte à Dieu que la créature assassine la créature, en particulier la mère qui assassine son propre enfant par peur de l'homme et par manque d'amour pour Dieu. Même un tel Dieu pardonne à ces personnes si elles se repentent, la rançon doit être payée. Dieu leur demandera des comptes. Personne n'échappe au jugement de Dieu.

Sainte Maman – combien Elle souffre… – et maintenant Elle parle :

« Comme *Co-Rédemptrice*, rachetant tant d'Âmes qui se perdent dans la terrible quête du Socialisme pour plaire aux mortels par peur de l'homme et pour commettre un tel délit, perdu dans les désirs de la satisfaction de la chair, ce crime est si terrible, terrible et augmente chaque jour ! Si vous saviez quelle peine s'est abattue sur l'humanité à cause de ce péché – et la colère de Dieu est allumée[83] ! Elle n'attend plus que ma résignation, c'est-à-dire le moment où Je ne pourrai plus supporter Moi-même la souffrance[84] du cri de l'enfant innocent, qui est maintenant tout dans Mon Corps qui supplée à cette souffrance pour obtenir de Dieu le temps afin que les Âmes puissent se repentir. Je ne peux plus supporter Moi-même cette souffrance et permettre à ce péché de se manifester à ce point.

Priez, mes enfants, priez, priez beaucoup de chapelets contre ce péché qui continue au plus haut degré d'offenser Dieu, l'Auteur de la Vie. Satan les arrache et pourtant, à travers la souffrance de cette petite qui M'appartient (Cléophas) et de très peu d'autres Âmes qui répondent à mon appel pour être victimes de la co-rédemption avec Moi, Je suis capable de racheter certaines d'entre elles, mais beaucoup tombent dans le feu de l'Enfer, car la prière manque ! Oui, oui, mes enfants bien-aimés, elle manque !

Je désire remercier tous ceux et celles qui prient. Sachez que vous êtes d'une grande importance et que votre prière s'élève pour apaiser la colère de Dieu et faire descendre Sa Miséricorde, même sur de telles créatures. Je suis capable d'ouvrir le cœur de nombreuses mères qui se repentent maintenant de ce qu'elles ont déjà commis et aujourd'hui beaucoup cesseront de commettre un tel crime et laisseront Dieu être l'Auteur et le Père de ces enfants, ce qu'Il est vraiment Il est. » *(Vendredi après le Mercredi des Cendres, 3 mars 2017)*

---

[83] Ro 2,5
[84] Ap 12,1

56. L'ONCTION DE L'ANGE SUR LE FRONT DES ÉLUS

Notre Sainte Mère parle :

« Ce sont ceux dont les Écritures parlent comme des enfants des ténèbres.[85] Je vous le ferai savoir, n'ayez crainte, Je suis avec vous ! À tous ceux qui se sont consacrés à Mon Cœur Immaculé et au Sacré-Cœur de Jésus Mon Divin Fils, Nous viendrons faire Notre demeure en vous et vous aiderons contre ces forces.

Le temps est venu de l'onction de l'Ange qui donnera la croix sur le front des Élus.[86] Restez fidèles et ne craignez pas même si vous avez... à souffrir la mort, votre Couronne vous attend au Ciel.

Je suis la *Mère de Dieu*, votre Mère céleste, souffrant avec vous, *Co-Rédemptrice* avec Mon Divin Fils Jésus, le *Rédempteur*, Amen. » *(Vendredi après le Mercredi des Cendres, 3 mars 2017)*

57. LE CŒUR DU PAPE FRANÇOIS EST ENRACINÉ DANS LE DIVIN SAUVEUR

Notre Dame parle :

« Ma fille bien-aimée, Ma petite qui est à Moi et à Mon Jésus., Cléophas, maintenant co-rachetant avec Moi, la *Co-Rédemptrice* unie à Jésus, Mon Divin Fils Jésus, le *Rédempteur*, souffrant pour votre Saint Père.

C'est avec un grand désir que Je désire que tu fasses savoir que beaucoup de prières sont nécessaires pour le Saint Père,

---
[85] Ép 5,8 and 1 Th 5,5
[86] Ap 7,3 and Ézékiel 9, 4-6

Mon fils bien-aimé Sa Sainteté l'Évêque de Rome, le Pape François I en union avec le *Pape émérite* Benoît XVI, le Pape caché. La souffrance de ce jour lui accordera la Grâce de la Force contre les assauts des fidèles qui se disent 'fidèles' mais qui sont désobéissants à son Magistère. C'est un Pape simple. Son cœur est enraciné dans le Divin Sauveur son Maître, Jésus le *Rédempteur* comme Sauveur Miséricordieux. Il parait face à vous tous, mes enfants bien-aimés, de cette manière, pour vous préparer avant que la Divine Justice ne vous atteigne.

Combien il vous aime, même jusqu'à en mourir. Si seulement vous compreniez et acceptiez que les voies de Dieu ne sont pas vos voies ! Soyez ouverts pour recevoir son message d'Amour et de Miséricorde alors qu'il prépare le troupeau à la terrible persécution qui va s'abattre sur toute l'humanité !

Je vous aime tendrement, priez, priez, priez, mes chers enfants ! Priez le Saint Rosaire aussi souvent que vous le pouvez et ne négligez pas cette prière qui est maintenant de grande importance. Je suis la *Mère de Dieu*, votre Mère céleste qui vous aime tendrement, *Médiatrice de toute Grâce*, *Co-Rédemptrice* qui rachète maintenant pour votre monde avec Ma petite qui est à Moi et à Mon Jésus. Amen. » *(Premier Jeudi et Vendredi du Carême, 9-10 mars 2017)*

58. MON ADVERSAIRE EST ENTRÉ DANS LES COUVENTS

Jésus parle :

« Mon Église, qu'es-tu devenue ? Mes Épouses, vous qui êtes connues comme Religieuses, qui M'êtes fidèles dans votre vertu d'obéissance à cette vocation à laquelle Je vous ai appelées, et dans votre obéissance à la vertu de pureté comme mes Épouses – votre Pureté virginale !

Priez, Mes Épouses bien-aimées, et sachez que Je vous aime. Priez pour celles qui M'ont abandonné et qui cherchent à être ce qu'était Marie de Magdala.

Elles se sont soumises à de plus grands crimes encore. Elles désirent pratiquer l'abomination entre elles, se réduisant ainsi à l'esclavage de Mon adversaire qui est entré dans les couvents où vous résidez.

Mes Épouses, restez-Moi fidèles, même si vous voyez celles qui causent le désordre. Priez pour elles, ne vous taisez pas ! Signalez-les à vos Pères spirituels et à l'Évêque du diocèse dans lequel chacune d'entre vous se trouve. Ce crime doit être dénoncé, car elles conduisent beaucoup de ceux qui viennent chercher consolation et conseil en cela, et bientôt cette abomination sera une épidémie généralisée parmi vous, et vous serez chassées par ceux qui vous ont soutenus ! Et vous qui M'avez abusé de la sorte, sachez que Je vous aime encore, mais cette abomination vous coûtera cher[87].

Vous vous êtes enchaînées comme vous M'avez enchaîné maintenant[88], et vous avez donné le bout de la chaîne à Mon adversaire ! Pourtant, Ma Sainte et Bienheureuse Mère, à travers cette petite Âme, prie pour vous afin que votre Âme soit sauvée.

Vos corps seront déchirés comme ceux dans le théâtre, l'amphithéâtre où vous étiez jetés aux bêtes sauvages dans les jours passés. Maintenant, vous êtes celles-là, mais si vous renoncez à cette manière d'abomination et Me réclamez comme votre Dieu, Je sauverai vos Âmes au prix de Mon Sang.

Je suis Jésus de Nazareth qui vous aime, agonisant pour vous en union avec Ma Sainte Mère *co-rachetant* avec Moi

---

[87] Mt 18, 6-9
[88] Jésus vit Sa passion

qui suis, le *Rédempteur*, Elle la *Co-Rédemptrice* et cette petite co-rachetant avec Elle pour vos Âmes.

Je vous aime ! Je vous aime Mes Épouses. Amen. Amen. » *(Troisième vendredi du Carême, 24 mars 2017)*

59. CO-RÉDEMPTRICE ET AVOCATE

« La Sagesse Divine est plus grande que tous les philosophes de ce Monde. C'est dans cette lumière que nous devons comprendre le rôle de Notre Sainte Mère comme *Médiatrice de toute Grâce*, *Co-Rédemptrice* et *Avocate*.

Nous la voyons maintenant lorsque l'Ange Gabriel est venu et Lui a annoncé qu'Elle allait être Mère de Dieu. Ce fut seulement à ce moment-là et avant cela Elle n'avait aucune connaissance de ce qu'Elle était ou de ce qu'Elle devait être !

Cette *Porte orientale* [89] a conçue par Dieu avec toute la Grâce pour commencer le rôle de *Médiatrice de toute Grâce*. C'est par Elle que le Verbe de Dieu qui existait au commencement[90], qui S'est abaissé, est entré et a été conçu dans Son Sein [91]. Elle Le nourrit maintenant de toutes les grâces pour Le préparer au rôle de *Rédempteur*, de Sauveur de l'Humanité ! Dans Son Sein, le Sauveur, le Dieu *Rédempteur*, a voulu demeurer pendant neuf mois. C'est là qu'Elle est devenue *Co-Rédemptrice* en commençant Son rôle de souffrance et en préparant le Divin Sauveur avec Amour et Force à aller de l'avant.

Nous La voyons ensuite au pied de la croix, alors qu'Elle devient Notre Mère. Jésus La confie à Saint Jean, dit

---

[89] Notre Sainte Mère est la "porte orientale" par laquelle la Parole de Dieu nous parvient. Voir Ézékiel 43,4 et 47,2.
[90] Jean 1, 1-2
[91] Luc 1, 31-42

l'Évangéliste, au pied de la croix.[92], pour La prendre comme Mère, faisant ainsi d'Elle la Mère de toute l'humanité ! Nous comprenons ici le rôle d'*Avocate* qu'Elle joue devant Lui.

Maintenant, sur la montagne de l'Ascension[93] où Elle Se tient debout et où Jésus monte vers le Père, tandis que le Père Le reçoit et Lui accorde ce qui était Sien depuis le début.[94], prenant maintenant sa place en tant que Roi d'Éternelle Gloire et Divin Juge[95] : Nous La voyons maintenant comme *l'Avocate* de nous tous, enfants de Dieu, qui intercédera devant le Divin Juge : un rôle solennel qu'Elle joue, et jouera dans les jours à venir. Amen. »... (*Quatrième jeudi du Carême, 30 mars 2017*)

60. UNE TELLE PUANTEUR D'IMPURETÉ S'ÉLÈVE CHAQUE JOUR !

Notre Dame parle.

« Mes enfants bien-aimés, voyez combien Dieu vous aime ! À travers cette petite, c'est la Miséricorde de Dieu qui vous est révélée une fois de plus. Combien votre Mère Céleste souffre, souffre pour vous avec tout Mon Amour, pour que vous retourniez à Dieu !

Ne laissez pas ces trompeurs vous permettre d'abandonner votre héritage céleste[96]. Oui, ce péché, vous l'avez commis et à ceux qui songent à le commettre, Je vous supplie avec un cœur de Mère de ne pas croire ces trompeurs et ces incitations de Satan à commettre cet acte de tuer les innocents dans vos seins maternels. Ne donnez pas votre consentement à une telle abomination et au paganisme. Et pourtant, si vous l'avez

---

[92] Jean 19, 25-27
[93] Luc 24, 50-51 et Actes 1, 9-11
[94] Jean 17, 5
[95] Mt 25, 31
[96] Mt 5,12 et Marc 10,21

fait, implorez la Miséricorde et revenez à l'ordre de la vérité en vous confessant et en vous repentant ! Et oui, Mes enfants bien-aimés, vous qui avez commis ce crime, vous devrez porter cette croix tous les jours de votre vie et pourtant Je vous aiderai à la porter ! Je la porterai avec vous. Telle est cette offense !

Sachez que pour les cris de ces enfants, les cris des innocents, la colère de Dieu s'enflamme... pour une telle puanteur d'impureté qui monte chaque jour !

Sachez et comprenez, Mes enfants bien-aimés et tous Mes fidèles qui prient pour ce terrible délit de ce péché d'impureté : La puanteur d'un tel crime tant chez les fidèles que chez les infidèles, les fidèles par peur des hommes et les infidèles parce que leur conscience est devenue si abrutie qu'ils ne comprennent pas ce qu'ils font. Quant aux païens qui suivent les dieux païens, c'est devenu un mode de vie !

Ô ! comme Je vous implore de vous détourner d'une telle offense au Dieu Créateur. Voici que cette petite co-rachète avec Moi, la *Co-Rédemptrice* unies au *Rédempteur*, nous offrant au *Rédempteur*, devant Dieu Notre Père qui vous aime tant ! Connaissez cet amour en vous repentant !

Ce crime s'étend même parmi les Religieuses et certains de Mes fils bien-aimés choisis sont tombés dans l'infidélité devant Dieu, commettant les péchés de la chair et se livrant à une telle offense devant Dieu !

Repentez-vous, mes enfants ! Repentez-vous ! Repentez-vous avant qu'il ne soit trop tard[97] ! Je Suis Votre Mère Céleste qui Vous aime tendrement, *Médiatrice de toute Grâce* – cela M'a été conférée par Mon Divin Fils le *Rédempteur*, la Grâce et la Vérité même – , *Co-Rédemptrice* unie au *Rédempteur*, *Avocate* devant l'Avocat, et devant Dieu le Père, Avocate devant Dieu le

---

[97] Mt 25, 1-13, etc.

Père, le Divin Juge. Je suis votre *Avocate* devant le Juge Jésus, le Juge Divin et Suprême, qui juge selon le repentir du cœur !

Je vous aime tendrement, souffrant et plaidant pour vous, attendant le moment d'être proclamée sur Terre par votre Saint Père d'aujourd'hui, le Pape François I, et souffrant grandement pour vous ramener à Dieu en union avec le Pape caché, Mon Fils élu et bien-aimé, le Pape émérite Benoît XVI. Amen. » *(Cinquième vendredi du Carême, 7 avril 2017)*

61. CE SONT LES ENFANTS QUE MON ADVERSAIRE CHERCHE À DÉTRUIRE, LE FUTUR DE VOTRE MONDE

« Enfants bien-aimés de Dieu, Je suis Dieu en la Troisième Personne de la Sainte Trinité, que vous connaissez sous le nom d'Esprit Saint. Je suis l'Époux de *l'Immaculée Conception*. Mon Épouse bien-aimée Se lamente, son Cœur Immaculé est déchiré de chagrin car tant de ses enfants l'ont abandonnée et ont inventé des insultes et des moqueries à son encontre et les épines de l'ingratitude sont percées autour de son Cœur Immaculé !

C'est le désir de Dieu que vous vous attachiez profondément à racheter ces Âmes, qui sont de plus en plus nombreuses !

Faites connaître la dévotion que vous a fait connaître la Seconde Personne de la Sainte Trinité, connue sous le nom des *Cinq Premiers Samedis* pour la réparation des péchés commis contre le Cœur Immaculé de Marie, la Mère de Dieu. Cette dévotion portera son fruit si vous y obéissez, comme elle vous a été annoncée. Le rachat de tant d'enfants perdus dans le péché, des enfants de fidèles – des enfants catholiques – entraînera aussi la conversion des non-catholiques, si vous priez pour eux. C'est d'une grande importance aujourd'hui dans votre monde où le péché dévaste la vie familiale et plonge dans les ténèbres de plus en plus d'enfants. Le Cœur Immaculé de Mon Époux porte les épines de la Couronne qui a été placée sur la tête de la Deuxième Personne de la Sainte Trinité[98], Jésus, vrai Dieu, vrai Homme, le *Rédempteur* et Elle, la *Co-Rédemptrice*, endure cette souffrance ! Sa douleur est comme celle d'une femme en travail,[99] mais en silence et à travers des Âmes victimes connues de vous, comme cette petite endure avec Elle pour réparer la souffrance du Cœur Immaculé de Marie, la *Mère de Dieu.* »

Quelle douleur !...

« Cette douleur est la douleur d'une Mère aimante qui pleure en silence sur ses enfants ! Certains d'entre eux, par manque de prière, ne sont plus, comme les pleurs de Rachel,[100] que vous connaissiez avant la naissance et la souffrance de Jésus, vrai Dieu et vrai homme : Maintenant la nouvelle Ève[101] pleure maintenant ses enfants en union avec vos prières des « cinq premiers samedis » qui sont d'une grande importance pour votre monde.

Augmentez l'adoration devant Jésus ! Elle consolera le Cœur Immaculé[102] en union avec le Sacré-Cœur de Jésus et les Âmes seront ramenées, surtout celle des enfants. Ce sont les enfants que Mon adversaire cherche à détruire, eux qui sont l'avenir de votre Monde. Amen, Amen, Amen ». *(Mercredi de la Semaine Sainte, 12 avril 2017)*

---

[98] Jean 19,2
[99] Ap12,1 et Jean 16,21
[100] Figure biblique de la souffrance de notre Dame
[101] Ro 5, 12-15 et les Enseignements d'Irénée de Lyon
[102] De Notre Dame

62. LES CINQ PREMIERS SAMEDIS SUR LA SAINTE MONTAGNE DU MONT BATIM

Notre Dame parle :

« Fais connaître ceci à Mon fils choisi et bien-aimé, l'Évêque de ta terre ancestrale, Sa Grâce Filipe Neri Ferrao. Je le remercie immensément par les douleurs de mon Cœur Immaculé qui endure ce jour pour votre monde. Il M'a consolée en désirant et en faisant connaître son désir de Me plaire, en consacrant Goa à Mon Cœur Immaculé – tel était le désir de Mon Cœur Immaculé qui avait été révélé – et en le diffusant à ceux qu'il accueille, en union avec lui, pour faire connaître leur désir uni au Sien : consacrer, sur tout le territoire de l'Inde, les Évêques et les Prêtres, les laïcs en union avec les Religieux qui se joindront à eux en ce jour qui marque ce que l'on a appelé le centenaire de ma visite à Fatima. C'est un jour de réjouissance ; même Moi, qui suis *l'Immaculée Conception* portant dans mon Cœur Immaculé ces épines d'ingratitude, d'insultes et de blasphèmes contre mon Immaculée Conception, Je me réjouirai de recevoir cette consolation ! Car Dieu le veut !

Fais-lui aussi savoir, Ma petite qui est à Moi et à Mon Jésus, Cléophas, qu'il faut mettre en place la dévotion des Cinq premiers samedis, comme elle a été appelée, sur la Sainte Montagne du Mont Batim Ganxim, Mon lieu de Visitation, où J'attends chaque jour Mes enfants pour qu'ils Me rendent visite et que, par Moi, ils arrivent à un Amour plus profond pour Mon Divin Fils Jésus, qui les attend dans la Sainte Eucharistie. Je l'aime tendrement et Je le remercie infiniment et à travers lui Je remercie tous Mes enfants bien-aimés, Mes Fils choisis et Mes filles choisies et tous Mes enfants bien-aimés qui se joindront à la célébration pour consacrer leur diocèse et eux-mêmes à Mon Cœur Immaculé.

Je suis la *Mère de Dieu*, Je suis *l'Immaculée Conception*, dont le Cœur Immaculé pleure pour Mes enfants et est percé de la

Couronne d'Épines – la même Couronne portée sur la Tête Sacrée de Mon Divin Fils Jésus – comme *Co-Rédemptrice*, co-rachetant avec le *Rédempteur*, *Médiatrice de toute Grâce* et *Avocate*, attendant le moment où Je serai proclamée sur Terre comme Je le suis au Ciel. Amen. » *(Jeudi Saint, 13 avril 2017)*

63. POUR APAISER LA COLÈRE DE DIEU QUI S'ENFLAMME CONTRE VOTRE MONDE

« Mes enfants bien-aimés, Je parle par l'intermédiaire de ce petit être épuisé qui endure la souffrance de mon Cœur Immaculé en réparation pour les Âmes innombrables, pour les racheter à Dieu par mon intermédiaire.

Je désire avec un grand désir faire connaître les graves offenses de Mes fils et filles choisis qui ont rejoint les rangs de la désobéissance et des offenses contre le Magistère, contre le Saint Père, votre Saint Père aujourd'hui le Pape François I qui souffre tant, affligeant ainsi Mon Cœur Immaculé. Priez pour votre Saint-Père, Je vous le demande Mes enfants bien-aimés, Mes fidèles, de prier pour Lui ; de prier aussi pour votre *Pape émérite caché* Benoît XVI, qui souffre aussi beaucoup de telles insultes. Vos prières et chaque parcelle de souffrance et de jeûne sont grandement désirées par Moi en réparation de ces insultes et pour apaiser la colère de Dieu qui est enflammée contre votre Monde. Priez, priez, priez beaucoup de chapelets ! Offrez de nombreuses Heures Saintes et élevez de nombreux Saints Sacrifices !

Je vous aime tendrement, Je Suis votre Mère Céleste, la *Mère de Dieu*, la *Médiatrice de toute Grâce*, *Co-Rédemptrice* et *Avocate* au Ciel. J'attends vos prières sur Terre et j'attends d'être proclamée telle, afin de pouvoir dispenser ces grâces sur vous Mes enfants bien-aimés pour pouvoir supporter la colère de Dieu quand elle éclatera. Amen. » *(Jeudi Saint, 13 avril 2017)*

64. REVENEZ À MOI PAR VOTRE CONSÉCRATION CHAQUE MATIN À MON CŒUR IMMACULÉ

Notre Dame parle :

« Mes enfants bien-aimés, ne comprenez-vous pas encore comment Dieu le Père a voulu que Mon Cœur Immaculé soit le portail de la Miséricorde Divine et la route qui mène à la Vérité et à la Grâce ?

Et pour vous, Mes Fils choisis et bien-aimés, Mes Prêtres et Mes filles choisies et religieuses bien-aimées, ne réalisez-vous pas que nous avons très, très, très peu de temps de lumière du jour ! Si vous pensez que votre monde est actuellement dans le chaos, vous n'avez pas encore compris qu'un plus grand chaos est en train d'arriver comme une grande vague pour perturber les fidèles.

Encouragez la dévotion à Mon Cœur Immaculé ! C'est d'une grande importance ! Mon Cœur maternel désire ardemment rassembler Mes enfants qui sont loin de Moi et ne comprennent pas encore le chemin. Oui, il y a d'autres chemins qui mènent à la Miséricorde de Dieu, mais c'est par des chemins étranges et des profondeurs étranges que vous y parviendrez, et à travers de nombreuses luttes. En revanche, le chemin qui passe par Mon Cœur Immaculé est facile. J'ai souffert pour vous et Je souffrirai pour vous cette nuit encore.

Beaucoup d'entre vous cherchent d'autres voies et coupent le cordon ombilical de Ma Grâce maternelle ! À vous Mes enfants bien-aimés, revenez à Moi par votre consécration chaque matin à Mon Cœur Immaculé. Dieu a choisi cette partie pour vous, n'en cherchez pas d'autre ! Je vous conduirai en toute sûreté à Jésus Notre Sauveur, Mon Divin Fils, Notre *Rédempteur* avec qui Je suis *Co-Rédemptrice* ; et Lui est *l'Avocat* devant Dieu Notre Père, et Moi votre *Avocate* devant Lui, le Divin Juge.

Comprenez cela et vous serez en paix, bien qu'il y ait une grande agitation autour de vous. J'ai beaucoup à dire par l'intermédiaire de cette petite qui est Mienne.

Maintenant, chers enfants, examinez votre conscience et voyez où Je suis en vous. Comment allez-vous alors conduire vos frères et sœurs non catholiques qui sont perdus, vers cette vérité, le chemin, l'unique chemin ? Ils doivent d'abord le voir en vous. Je suis là, attendant votre oui !

Je vous aime tendrement. Je suis la Mère de Dieu, votre Mère Céleste, la *Médiatrice de toute Grâce*, *Co-Rédemptrice* et *Avocate* au Ciel, attendant vos prières pour accomplir tout cela sur Terre. Je vous aime tendrement, revenez à moi ! Amen. » *(Jeudi Saint, 13 avril 2017)*

65. TU RÉVÉLERAS UNE GRANDE LUMIÈRE SUR LA SOUFFRANCE NÉCESSAIRE POUR RACHETER LES ÂMES PERDUES DANS LE PÉCHÉ

« Fille bien-aimée Cléophas, Petite qui est à Moi et à Mon Jésus, c'est ta Mère céleste, à qui tu plais beaucoup, qui désire maintenant ton abandon complet et total. Tes Pères spirituels prient aussi pour cela. Abandon total ! Ne t'inquiète pas des choses qui t'entourent ! Ne sois pas anxieuse !

Aujourd'hui, après votre retour du Saint Sacrifice, tu commenceras en *mémoire* de ce Premier Saint Sacrifice. Tu vas co-racheter avec Moi la *Co-Rédemptrice* et Moi, la *Co-Rédemptrice* avec le *Rédempteur*, Mon Divin Fils Jésus. Tu comprendras combien ce moment est précieux, et à travers toi, tu révéleras une grande lumière sur la souffrance nécessaire pour racheter les Âmes perdues dans le péché, et la conversion nécessaire pour amener ceux qui n'ont pas encore la compréhension du Vrai Dieu Jésus, Vrai Dieu et Vrai Homme ! Maintenant tu vas marcher avec l'Homme-Dieu qui est le *Rédempteur*, à travers Moi la *Co-Rédemptrice*, et tu vas co-racheter avec Moi pour comprendre la valeur de la souffrance. M'aideras-tu ? »

Iveta : Oui, Sainte Mère, j'ai des moments d'anxiété, et je suis bien occupée à parler et à faire du bruit parce que j'ai peur de cette anxiété. Oui, je suis prête, veux-tu m'aider, Toi ?

Notre Dame parle :

« Fille bien-aimée, réjouis-toi ! Tu portes une croix et c'est pour cela que tu as été faite. Je suis ici avec toi. Tu n'es pas seule. Ne comprends-tu pas : ton amour est si grand pour réconforter Mon Cœur Immaculé qui souffre pour votre monde, car tant de tes frères et sœurs sont perdus ! Toi-même tu en vois tant, et aujourd'hui tu peux les aider en M'aidant Moi !

Je t'aime et j'accepte ton 'oui'. Maintenant, mon bien-aimé du Bien-aimé, Félix Xavier, veux-tu aussi Me donner ton consentement, ton 'oui', pour M'aider en aidant cette petite à subir cette souffrance ? »

Félix Xavier : Oui, Sainte Maman.

Sainte Maman parle :

« Je t'accueille dans la Demeure de Mon Cœur Immaculé pour que tu ressentes aussi Ma Douleur. Comme tu réconfortes Mon Cœur Immaculé ! Si seulement vous compreniez que c'est la dévotion la plus nécessaire dans votre Monde. Je vous remercie, Amen ». *(13 avril 2017)*

66. SATAN VA FAIRE ET MENER LA GUERRE CONTRE MOI, C'EST-À-DIRE MES ENFANTS

Notre Dame parle :

« Comprends-tu ma fille, voilà ce qui s'annonce, voilà ce qui se profile dans les jours qui marqueront l'augmentation des douleurs d'enfantement de la persécution : Ils sont tout près de toi, n'aie pas peur, confie tout à Mon Cœur Immaculé et réfugie-toi dans Mon Cœur Immaculé ! C'est l'heure qui est sur le point de s'accomplir où Satan va faire et mener la guerre contre Moi, c'est-à-dire Mes enfants[103], c'est-à-dire vous – connus aussi comme l'Église Militante. Certains d'entre vous marcheront en avant et iront au martyre, et certains d'entre vous s'affaisseront dans l'angoisse en se rendant dans Mon Refuge. Restez toujours près de Moi ! Te voilà maintenant co-rachetant, Petite qui est à Moi et à Mon Jésus, Cléophas, pour comprendre ce moment. Amen. »

Maintenant, Sainte Maman parle :

« Soyez ouverts et silencieux à la Voix de l'Esprit Saint, Mon Époux. Il vous fera savoir où vous devez rester et attendre. Suivez toutes les directives et instructions qu'Il vous donne. Ce n'est pas le moment de douter ! Ceux qui douteront tomberont entre les mains de Mon adversaire et mourront en martyrs. À ce moment-là, c'est une offrande en co-rédemption avec Moi, la Co-Rédemptrice en union avec le Rédempteur, Notre Sauveur ! »...

Maintenant Sainte Maman dit :

« Regarde Ma fille » : *Elle me montre comment les soldats arrêtent ceux qui suivent le christianisme, les catholiques ! Ils leur demandent de renier leur foi en Jésus. Il y en a beaucoup qui le feront par peur !*

---

[103] Cf Ap 12,13

Notre Dame parle :

« C'est ta souffrance Ma fille, Ma bien-aimée, maintenant co-rachetant pour qu'ils prennent courage et ne renient pas leur Foi. »

Iveta : Je un tel poids, j'ai un tel poids. Sainte Maman tient son manteau autour de moi et Elle prie, alors que tous les autres se sont endormis. Je la regarde et Elle sourit. Elle sait que j'ai un tel poids, que je suis aussi sur le point de m'endormir.

La Sainte Mère parle :

« Ma fille, reste éveillée avec Moi, prie Ma fille avec Moi ».

*

« Dormez-vous encore ? Reposez-vous, Mon traître est à portée de main. »

..... Puis Il Se retire et retourne prier.

Pierre n'est pas sûr de pouvoir gérer cette situation. Le Seigneur va le laisser en charge. Il est presque désespéré en lui-même. Le Seigneur a-t-il vraiment voulu dire que Je devais prendre soin de Ses brebis, de Ses agneaux ? « Regarde-moi Seigneur », *dit-il*, « Je suis un misérable pécheur, Je suis si faible », *et le Seigneur l'entend et parle à son Âme.*

« Prends courage Pierre, Ma force en toi est suffisante[104] et elle ne trahira pas ton rôle, tu feras ce que Je t'ai demandé. Prends courage, cette nuit Je souffre pour toi et pour ceux qui viendront après toi dans la ligne de succession jusqu'au dernier Pierre avant la profanation sacrilège[105] qui s'assiéra sur ce trône qui est le tien. »

Pierre écoute, mais il est confus. « Qu'est-ce qui ne va pas Seigneur, Je suis assis sous un arbre et dans l'angoisse et Tu parles d'un trône ? ».

---
[104] Cf 2 Cor 12,9
[105] Marc 13,14

Le Seigneur parle :

« Tu ne le comprends pas maintenant, mais tu le comprendras dans peu de temps. Maintenant, priez, priez car la chair est faible en vous mais l'esprit est fort[106]. »

« Maintenant tu vois ma fille… »

Notre Sainte Mère parle :

« C'est l'angoisse, et maintenant la souffrance que tu endures avec Moi pour ton Saint Père… ».

Iveta : … mais je suis si faible, comment puis-je aider ? (Jeudi Saint, 13 avril 2017)

67. SEULS QUELQUES PRÊTRES ET RELIGIEUSES SERONT ÉPARGNÉS

« Tu dors encore, Pierre ? Lève-toi, c'est l'heure ! Le Fils de l'Homme a été livré[107] aux mains des pécheurs. Mon traître est proche, il est sur Nous, entends-tu ? »

Iveta :… Quels bruits horribles, ils font des bruits comme pour chasser les créatures… quels bruits… des bruits de pieds, des coups d'épées, marchant, des moqueries des anciens et des Pharisiens et des autres qui viennent avec eux. Ils portent des gourdins, comme le font les policiers en Inde, et les soldats ont des épées et ils arrivent. Judas marche devant en souriant ; il pense qu'il fait une action merveilleuse. Il leur dit maintenant : « Celui que j'embrasse[108] est celui que vous cherchez, mais soyez doux avec lui. »… et ils le regardent d'un air si moqueur. Le mot 'douceur' n'est pas dans leur

---
[106] Mt 26,41
[107] Marc 13,14
[108] Mt 6,48

cœur, et il arrive en courant. Pierre, Jacques et Jean sont debout, ils peuvent tout entendre, et ils ne savent pas s'ils doivent courir ou rester dans leur cœur, mais ils prennent courage et ils restent. Ce sont les prières de Notre Sainte Mère qui les fortifient maintenant comme elles nous fortifieront... et Judas arrive, et Judas Iscariote embrasse le Seigneur sur sa joue et le Seigneur dit : « Ami[109], pourquoi as-tu fait cela ? Tu sais qu'il aurait mieux valu que tu ne sois jamais né[110] plutôt que de trahir le Fils de l'Homme ».

... et avant que vous le sachiez, ils ont saisi les mains du Seigneur et ils L'enchaînent, attachant Les deux mains derrière Son dos.

Maintenant Sainte Maman parle :

« Ma fille bien-aimée, ce que tu vois, c'est combien de Mes Prêtres, de Mes Fils choisis, aimés et chers à Moi, seront emmenés. Pierre, Jacques et Jean... certains seront épargnés pour un temps et comme Jean, certains seront épargnés pour aller au Refuge pour la préservation de l'Église catholique, et beaucoup mourront comme Pierre et Jacques d'une mort de Martyr ! »

Iveta : ... pleurant... Sainte Maman !

Sainte Maman parle :

« Courage, ma fille, courage ! »

Sainte Maman pleure ... Iveta sanglote tandis que Notre Sainte Mère voit son Fils emmené.

D'Âme à Âme, d'esprit à esprit, – de Cœur à Cœur : la vision de ce que Jésus et Notre Sainte Maman traversent. Elle me dit alors :

---
[109] Mt 26,50
[110] Mt 6,24

« Comprends-tu que tu co-rachètes avec Moi pour les nombreuses personnes qui mourront et seront emmenées de cette manière ? Tu co-rachètes pour de nombreux frères et sœurs qui vont se trahir les uns les autres, comme il est écrit. Père contre fils, fils contre père, mère contre fille, fille contre belle-mère, frère contre frère[111]. Ils se mettront à mort les uns les autres et penseront faire le bien. Amen.

Maintenant, ma fille, Jésus va être emmené comme tu l'as su jadis ce qui va se passer. Maintenant, en ce moment, tu participes à la souffrance du silence, alors qu'ils le placent dans cette terrible cellule de prison, dans la cave avec une puanteur terrible. Beaucoup plaideront et chercheront un endroit comme celui-là, juste pour se réfugier de leur détresse.

Sachez et comprenez maintenant : la fureur de Mon adversaire est enflammée contre Mes enfants, contre Mon Église ! Alors que Ma dernière visite à Fatima[112] marque la clôture de la centième année connue sous le nom de Centenaire, vous comprendrez ce qui va se passer, tout est en place !

Ceux qui n'y prêtent pas attention périront comme les autres, les bons et les mauvais !

Je t'aime, Ma petite qui est Mienne. Maintenant tu souffriras dans une angoisse silencieuse et nous prierons pour tous les Fils choisis et les Religieuses qui souffrent maintenant, car seuls quelques-uns seront épargnés, comme le veut le plan préétabli de Dieu ! Amen. »

Iveta : Vais-je mourir cette nuit. Mon corps, mon cœur souffrent gravement ! Je souffre, respirant...

---
[111] Luc 12,53
[112] 13 octobre 2017

Notre Sainte Maman parle :

« Oui ma fille, tu souffres mais tu ne mourras pas, ce n'est pas encore l'heure pour toi. Prions maintenant... »

Iveta[113] : ... donne-moi de l'eau bénite (13 avril 2017, Jeudi Saint)

68. IL Y A DE L'ESPÉRANCE MÊME POUR CEUX-LÀ

Sainte Maman parle :

« Vois-tu maintenant que tu co-rachètes avec Moi et unie au *Rédempteur* ?

Ma fille bien-aimée, ceci est la puanteur des péchés de la chair et la destruction de chaque famille humaine qui a embrassé cette forme de vie. Vois-tu les ténèbres dans cette cellule de prison ? C'est l'obscurité de la conscience ! Aujourd'hui, avec cette souffrance qui est la tienne, unie à la Mienne et à Notre Divin Sauveur, Moi comme *Co-Rédemptrice* pour le Sauveur, le *Rédempteur*, et toi comme petit vase co-rachetant, tu ouvriras tant de cœurs ! Tu briseras les ténèbres de ces cœurs ! Leur repentance viendra, mais l'unité de la famille sera brisée !

Sache aussi, ma fille, que cette souffrance co-rédemptrice enveloppera les familles qui sont consacrées à Mon Cœur Immaculé pour leur apporter la protection dont elles ont besoin, contre le monde qui tolère un tel style de vie ! Même les animaux ont une meilleure manière de vivre ! Il n'y a pas de respect entre les créatures dans les cellules familiales ; ils se maudissent les uns les autres, et ils disent des mots tellement grossiers comme si c'était une conversation normale. Seules les prières peuvent amener ces Âmes à se repentir, car la prière brise les ténèbres de la conscience !

---

[113] À son époux Félix

La prière la plus efficace est le Saint Rosaire ! Elle démantèlera les ténèbres de l'intelligence et du cœur, redonnant à la conscience sa place. Ces créatures qui mènent ce genre de vie, dont beaucoup sont des fidèles, ont rejoint les païens !

Sache et comprends que ce seront eux, si tu ne pries pas, qui marcheront contre vous, les fidèles, pour vous détruire parce que vous leur apparaissez comme une menace ! Amen. »

Notre Sainte Mère parle :

« Mes enfants bien-aimés, Je vous dis d'abandonner cette forme de vie. Elle ne vous apportera aucune joie et aucune paix, même si maintenant vous pensez être en état de bonheur – ce qui ne fait que permettre à Satan, Mon adversaire, d'agir. En temps voulu, il vous abandonnera et vous laissera dans la désolation, et votre "foi" sera suicidaire, car ces péchés ne mènent qu'à la croyance qu'il n'y a 'pas de Dieu' et qu'il n'y a plus de vie… ce qui n'est pas vrai !

Je vous supplie avec un Amour maternel de revenir ! Aujourd'hui, votre petite sœur Cléophas est ici avec Moi, co-rachetant, vomissant du sang pour que vous reveniez ! Tout cela parce qu'il y a de l'espérance, il y a de l'espérance même pour ceux-là, car Notre Jésus souffre tellement comme Il l'a fait en ce premier Vendredi Saint ! Il continue de souffrir dans votre monde pour vous ramener ! Bien qu'Il ait déjà souffert, si vous vous repentez, Sa miséricorde sera vous !

Je suis ici comme *Co-Rédemptrice* intercédant pour vous aider ! Avec des larmes, des larmes, J'attends pour votre 'Oui' et 'aidez-moi Sainte Mère' – c'est tout ce que J'attends d'entendre. Et Je vous aiderai ! Je suis une Mère qui vous aime ! Je ne regarde pas votre misère. Je vous revêtirai de Mon Vêtement, Mon Vêtement Immaculé et Je vous aiderai à revenir ! Amen. »

« Vois ma fille, combien il est important de prier. Beaucoup ont abandonné la prière ! Prier est si important ! Quand tu pries le chapelet, Je suis capable d'ouvrir les artères bouchées de l'Âme. L'Âme est le cœur invisible de l'homme. Sans l'Âme, le cœur ne peut pas fonctionner. La prière est comme du sang neuf. Mon Sang, de Moi qui suis *l'Immaculée Conception*, coule dans leurs veines, leurs artères et le Sang ; le Précieux Sang de Notre Sauveur, renouvelle l'Âme comme un rafraîchissement ! Amen. » *(Jeudi Saint, 13 avril 2017)*

69. IL EST NÉCESSAIRE QUE TOUS MES ENFANTS OFFRENT LEUR SOUFFRANCE CHAQUE JOUR POUR CO-RACHETER

Sainte Maman parle :

« Oui, ma fille, chaque petit sacrifice, chaque petite souffrance est une grande consolation pour le Maître, le *Rédempteur* ! Sachez maintenant et comprenez, vous faites partie du Corps du Maître, tout comme Je suis une part importante de Son Corps. Il est la Tête et pourtant Nous faisons tous partie de Son Corps, il est donc nécessaire que tous Mes enfants offrent leur souffrance pour co-racheter chaque jour de leur vie, car telle est l'heure maintenant ! C'est la prière que j'ai enseignée aux petits enfants, aux petits bergers à Fatima. Vous devez tous la réciter aussi :

'Ô mon Jésus, Je vous aime et j'offre cette souffrance pour la conversion des pécheurs et pour toutes les offenses et insultes commises contre le Cœur Immaculé de Marie. Amen.

Priez cette prière, mes chers enfants, lorsque vous offrez vos souffrances à Jésus et pour consoler Mon Cœur Immaculé. Cette prière répandra des grâces pour amener la conversion. Et toi, ma fille bien-aimée, embrasse la 'Médaille'. Maintenant j'intercède comme *Co-Rédemptrice* pour répandre la Grâce pour la conversion avant le temps. Comprends-tu maintenant : en union avec cette prière, embrasse la 'Médaille'. J'ai fait connaître par toi ses promesses à tous Mes enfants bien-aimés qui la porteront avec fidélité. Amen. »

*

Maintenant, Jésus parle à mon Âme :

« Ma petite à Moi et à Ma Sainte Mère, Cléophas, tu co-rachètes ce jour par l'entremise de la *Co-Rédemptrice*, de Moi le *Rédempteur,* comprends-tu ? C'est ainsi que la persécution qui a commencé un peu partout va augmenter et s'intensifier de façon alarmante ! Elle est proche, même dans le pays où vous vivez. Beaucoup seront crucifiés injustement ! Ne vous défendez pas[114], Mon Esprit et Celui de Mon Père en Moi viendra et résidera dans chacun de Mes enfants et parlera à travers eux. C'est de cette façon qu'ils vont co-racheter pour sauver ceux qui sont les Élus choisis pour les temps de *'l'Église souterraine'*, à la fois les Prêtres et les Religieuses, Mes Épouses et Mes Fidèles. Beaucoup d'entre vous doivent en payer le prix !

Maintenant, priez beaucoup ! Priez, priez, priez de la manière enseignée par Ma Sainte Mère, Ma douloureuse Mère ! Comme Je voudrais la libérer de cette angoisse, mais c'est pour ce moment, maintenant comme *Co-Rédemptrice*, qu'Elle vous aidera dans votre souffrance à co-racheter beaucoup d'Âmes de fidèles qui sont tombés en proie à Mon adversaire, et des non-catholiques qui ne Me connaissent pas encore comme leur Dieu. Ils viendront et verseront même leur sang et resteront fidèles aux enseignements qui sont de Moi et de Ma Sainte Église catholique, Mon Épouse. Amen. »

*

---

[114] Luc 21,14 :

« Où est-Il, où est-Il ? » dit notre Sainte Maman. « Ils arrivent tout près du replat où Jésus était et sera à nouveau présent avant d'être emmené pour être crucifié.

Marie de Magdala s'écrie : « Ne Le crucifiez pas ! Il n'a rien fait de mal ! Et il y en a beaucoup d'autres comme elle... c'est ainsi qu'ils co-rachètent ».

Sainte Maman Se tourne vers moi et Elle parle à mon Âme :

« Ma fille, Ma petite qui est Mienne, comprends-tu maintenant qu'il en sera ainsi dans les jours à venir, lorsque Mes enfants offriront leurs souffrances dans les moments de persécution que Nous subirons, afin de co-racheter pour la purification nécessaire à l'Épouse du Christ, l'Église catholique ! Ce qu'ils ont fait au Seigneur, ils le feront aux Prêtres ! Ils se moquent de Moi ! Ils se moqueront des Religieuses ! Beaucoup seront mis à mort ! Ceux qui sont consacrés à Moi, à Mon Cœur Immaculé, souffriront, mais ne seront pas violés ! Ce sont ceux qui ne sont pas consacrés à Mon Cœur Immaculé qui souffriront ainsi, de l'affreuse puanteur du viol ! ». *(Jeudi Saint, 13 avril 2017)*

70. VEILLEZ ET FAITES RÉPARATION POUR DE TELLES OFFENSES !

Elle court. Je peux La voir à travers les yeux de mon Âme. Elle est allée au Prétoire pour voir Jésus, mais ils L'ont emmené dans une salle où ils Lui mettent Son propre vêtement et Le préparent pour la crucifixion. Ils se moquent de Lui et crachent sur Lui, mais Jésus ne proteste pas. Sainte Maman accourt. Jean fait signe aux gardes de La laisser entrer et fait signe de la main « de la laisser tranquille, Elle est Sa Mère », dit-il.

Elle voit tout Son Sang sur le sol et Sa chair. Elle enlève Son voile et essuie le Sang.

Jean et Notre Sainte Mère essuient toutes les pierres ainsi que le pilier. Sainte Maman transporte Sa Chair !

Maintenant, Elle parle à mon Âme :

« Ma petite qui est à Moi et à Mon Jésus, Cléophas, c'est ainsi que Jésus est trahi par beaucoup ! Des morceaux de Sa Chair Sacrée sont jetés par terre et piétinés ! Quelle irrévérence ! Et ceux qui font des communions sacrilèges font cela au Maître ! Offrez beaucoup de Saintes Communions et élevez beaucoup de Saints Sacrifices sur la Sainte Montagne du Mont Batim pour réparer de telles offenses ! Toi-même veille, en faisant réparation pour de telles offenses ! Elles augmenteront, ils briseront vos tabernacles et disperseront la Chair Sacrée de Jésus partout ! Ils ont déjà commencé ! C'est de la main des fidèles, qui sont tombés sous l'emprise de Satan, que Jésus souffre de cette manière ! ».

Iveta : ... Sainte Maman... Je tremble Mère !

Sainte Maman : « N'aie pas peur, Je suis là. »

Iveta : « Mère, comment peux-tu dire cela (en pleurant). Regarde ce qu'ils font à Jésus ? »

Sainte Maman : « Ma fille ».

Elle parle à mon Âme, mais Elle regarde le Seigneur. « Rends grâce à Dieu le Père. C'est pour les péchés de l'Homme, tes péchés et les péchés de tous tes frères et sœurs que cette souffrance t'est venue. Maintenant, tu co-rachètes après t'être repentie pour les tiens et tu pries pour que beaucoup en viennent à faire de même. De cette façon, nous gagnerons des Âmes à Dieu ! Amen. »

Oh !... Oh !... pleurant... Je ne L'ai jamais vu comme ça… Ahh...

Notre Dame : « Ceci est la compréhension de la Co-Rédemption ; tu le ressens maintenant par une proche vision. » *(Jeudi Saint, 13 avril 2017)*

71. VOIS-TU COMBIEN LA SOUFFRANCE A DE VALEUR ?

Maintenant Elle parle d'Âme à Âme, de Co-Rédemptrice à celle qui co-rachète.... Je ne suis qu'un petit vase. Maintenant Sainte Maman me parle, et à travers moi à tous les autres qui co-rachètent.

« Mes enfants bien-aimés, voyez-vous combien la souffrance est précieuse ? Vous en verrez les fruits en temps voulu. Ne cherchez pas à être consolés ou à recevoir de la consolation pour vos prières ou vos souffrances. Je parle à vous toutes, Âmes victimes : ne vous souciez plus que d'offrir vos souffrances pour la conversion des pécheurs, surtout de ceux qui répandent des hérésies et des schismes dans l'Église, l'Église catholique ! C'est une grave offense à l'Esprit Saint, Mon Époux.

Sachez et comprenez maintenant : Vous prêcherez par votre vie, et non avec vos paroles ! Les paroles de l'Évangile prononcées dans l'Écriture, dans le Saint Livre, la Sainte Bible, comme on l'appelle maintenant, sont vivantes en chacun !

Ne manquez pas de vous consacrer à Mon Cœur Immaculé. C'est par Mon Cœur Immaculé que vous entrerez dans le Sacré-Cœur de Jésus, pour y subir, selon la Volonté de Dieu Notre Père, Sa souffrance dans Son Humanité d'Homme-Dieu.

Je vous aime tous tendrement. Je vous remercie pour votre consolation en ce moment. Amen. »

*

Jésus me parle d'Âme à Âme :

« Ma petite à Moi, co-rachetant avec Ma Sainte Mère la *Co-Rédemptrice*, unie à Moi le *Rédempteur*, comme tu Me consoles ! »

Iveta : Moi Seigneur, qu'ai-Je à offrir Ah !... J'exagère ma souffrance.

« Non ma fille, tu te trompes dans cette compréhension et tu ne partages pas Mes pensées. Tu dissimules davantage ta souffrance comme c'est le rôle de Ma Sainte Mère et c'est juste. Cette façon de s'offrir pour racheter les Âmes s'appelle souffrance silencieuse.

Maintenant que tu entres avec Moi, c'est la Grâce que tu obtiendras pour votre Saint Père, Mon Prêtre bien-aimé, Mon Pierre ! Ô combien Il souffre ! Comme J'aurais aimé le libérer de ce moment, mais c'est pour cela qu'Il est né pour porter cette croix. Il n'est pas seul. Ma Mère co-rachète comme *Co-Rédemptrice* avec lui et aussi Mon Pierre, le Pape caché – que vous connaissez par leurs noms : le Pape régnant, maintenant le Pierre régnant, le Pape François I et le Pape caché, le Pierre caché, le Pape Benoît XVI.

Ta souffrance, mon petit, bien qu'elle te semble si petite, rachètera de nombreuses Âmes, réconfortant ainsi leurs cœurs et les fortifiant : Âmes de Prêtres, Âmes d'évêques, Âmes de cardinaux, Âmes de religieuses, Mes Épouses qui veulent M'abandonner et choisir un autre Jésus qu'elles proclament par leur infidélité à mon égard !

Je suis Jésus de Nazareth, prenant maintenant Ma croix pour vous et pour le bien de la multitude, comme en ce Premier Vendredi Saint. Amen. Amen. » *(Jeudi saint, 13 avril 2017)*

72. LE SILENCE EST NÉCESSAIRE POUR ÉCOUTER À CHAQUE INSTANT MON ÉPOUX L'ESPRIT SAINT

D'Âme à Âme, de Cœur à Cœur, Il parle à Sa Mère :

« Mère, Mère, aide ces enfants qui sont miens. Ils Me voient ainsi et ne comprennent pas que c'est pour eux que J'endure cela, et Toi aussi ! Je T'aime, Mère, Tu es bénie entre toutes les femmes, car Tu as porté le Fils de Dieu. Tu es sainte entre toutes les femmes, car Tu as obéi à la volonté de Dieu, en *co-rachetant* avec Moi maintenant, comme *Co-Rédemptrice* ! Amen. Amen. »

Maintenant, Sainte Maman me regarde et me parle d'Âme à Âme alors qu'il semble que si la foule se soit arrêtée.

« Ma petite qui est à Moi et à Mon Jésus, Cléophas, ô fille bien-aimée, combien est grand ton Amour ! Tu as obéi à la volonté de Dieu. Tu as fait tant de sacrifices ! C'est cela le pouvoir de co-rédemption avec Moi : Ton obéissance et ta fidélité ! Voilà maintenant la Grâce que Je vais accorder à votre Saint Père qui est dans l'angoisse pour les nombreux enfants de Dieu qui n'obéissent pas, pour les nombreux fidèles qui le condamnent injustement ! Prends courage, c'est seulement la prière qui est nécessaire maintenant et le silence pour écouter à chaque instant Mon Époux, l'Esprit Saint qui parlera à votre Âme et Se reposera dans vos cœurs quand vous l'inviterez à entrer !

Je t'aime ! J'ai déjà fait connaître le mode de Consécration de toutes les Mères pour leurs enfants à Mon Cœur Immaculé. Suivez-la et ne vous inquiétez pas ! Moi, la Mère Céleste, Je prendrai soin d'eux et les protégerai, et si vous vous faites difficulté en tant que mères, Je n'irai pas contre votre volonté. Vous devez Me l'abandonner, afin que Je puisse tout faire comme une Mère aimante, dans la bonté et la douceur, pour les ramener à Dieu dans une aimante Miséricorde. Amen. »

*

Sainte Maman me ramène à ce que nous appelons la Dixième station, où Jésus est dépouillé de ses vêtements. Elle demande aux soldats de ne pas les prendre[115]... Elle leur donne comme Son second manteau, et non pas celui qui porte la chair de Jésus, pour couvrir Sa partie privée et sacrée.

Maintenant Elle révèle d'Âme à Âme.

« Ma fille bien-aimée, comprends-tu ce moment ? Beaucoup de Mes enfants vont souffrir de cette manière. La famine et la guerre qui sont encore à venir apporteront cette souffrance. Comme Je désire l'empêcher, seulement priez, priez mes enfants, priez ! ».

Maintenant Elle révèle. Elle m'emmène sur le Mont Batim Ganxim, cette Montagne Sainte, Son lieu de visitation.

« Je désire ardemment que de nombreux Saints Sacrifices soient élevés pour les nombreuses Âmes qui doivent subir les conséquences du péché : Les guerres et la famine, la peste, les guerres créées par l'homme et les fléaux dévastateurs créés par l'homme.

Je désire ardemment que mes enfants organisent des processions pour Me vénérer, pour les offenses commises contre mon Immaculée Conception et mon Cœur Immaculé, des offenses graves, rejetant ainsi Dieu en la Deuxième Personne de la Très Sainte Trinité présente aujourd'hui avec vous dans la Très Sainte Eucharistie !

Cela consolera et apportera réparation pour consoler Mon Cœur Immaculé et le Sacré-Cœur de Jésus. Amen. » *(Vendredi Saint, 14 avril 2017)*

---

[115] Le vêtement de Jésus couvrant sa partie privée sacrée.

73. LES TROIS-QUARTS DE LA TERRE DISPARAÎTRONT

« Mes enfants bien-aimés, en ce Saint Matin qui fait mémoire de ce premier Samedi Saint, Je viens vous implorer quant à l'urgence de prier, enfants bien-aimés !

Sachez et comprenez qu'il y en a beaucoup d'entre vous qui souffrent de divers maux, et que vos médecins ne savent pas que faire pour vous. L'heure est venue pour vous de comprendre que vous devez co-racheter avec Moi, la *Co-Rédemptrice*, comme le fait cette petite qui est à Moi et à Mon Jésus, votre sœur bien-aimée Cléophas, en ce jour et chaque fois que Je l'appelle à le faire.

Enfants bien-aimés, l'urgence à laquelle Je vous appelle est de prier ! Prenez votre arme qui est le Saint Rosaire. C'est maintenant votre moyen maintenant de prier contre ce qui est enflammé contre vous, la guerre du mal contre le mal, un soulèvement à cause de l'avidité de l'Homme.

Préparez-vous Mes enfants, préparez-vous maintenant ! Si vous ne tenez pas compte de Mon Message de prier, prier, prier – en solidarité avec vos Prêtres, vos Religieuses – le Saint Rosaire… Cela doit être maintenant l'appel d'urgence : prier. Car la troisième guerre mondiale est sur le point de commencer !

Mon Cœur maternel pleure pour tant de personnes qui vont périr ! Les trois quarts de la Terre disparaîtront, et c'est dans ce qui restera dans ce quart que Dieu choisira le *Reste* !

Dans cette guerre, la créature et la création seront dévastées ! Je vous le demande avec urgence, avec la supplication de mon Cœur de Mère ! Nous n'avons plus de temps mais nous devons nous préparer, préparer les Âmes, en vivant chaque jour unis à mon Cœur Immaculé. Il est d'une importance vitale que vous

vous concentriez sur mon Cœur Immaculé et que vous vous prépariez en encourageant la dévotion à mon Cœur Immaculé les *Cinq Premiers Samedis* et autant que vous pourrez jusqu'à ce moment crucial où l'homme se dressera contre l'homme !

L'humanité ne verra plus comme les autres voient l'humanité mais comme une menace à leur avidité ! Vous l'avez vu à petites doses, maintenant c'est la grande dose. Seules vos prières peuvent éviter ce mal ! Beaucoup d'entre vous qui peuvent jeûner et prier, accentuez ce moment de jeûne et de prière des premiers vendredis et des premiers samedis !

Je suis votre Mère Céleste qui prie en ce jour avec beaucoup d'entre vous qui prient et consolent Mon Cœur Immaculé et le Sacré Cœur de Jésus. Bientôt vous célébrerez la Résurrection que vous connaissez sous le nom du Saint Dimanche de Pâques, mais beaucoup d'entre vous ne verront pas ce jour car la *guerre du mal contre le mal* a commencé ! Vous, mes enfants, vous êtes devenus une menace pour le malin, et il a attiré beaucoup de fidèles à sa cour et leur a donné l'arme pour qu'ils s'anéantissent les uns les autres, comme une nation anéantira une nation, et beaucoup marchent sur ce chemin de perdition ![116]

Je suis ici avec vous pour traverser ce moment avec vous. Je vous aime tendrement. Je suis la Mère de Dieu, la Mère qui souffre miséricordieusement pour vous, la *Médiatrice de toute Grâce*, *Co-Rédemptrice* et *Avocate* attendant ce moment où Je pourrai dispenser Ma Grâce, mais vous ne priez pas Mes enfants bien-aimés comme Je l'ai fait savoir ! Seule une poignée d'entre vous prient les trois mille « *Je vous salue Marie…Sainte Marie, Mère de Dieu…* » pour qu'ils s'accomplissent ! Je vous bénis et vous remercie et Je vous assure de ma protection maternelle ! Je vous aime tous tendrement, Moi votre *Avocate* au Ciel qui vous rappelle, et qui intercède pour vous dans votre dernière heure d'agonie. Amen. » *(Samedi Saint, 15 avril 2017)*

---
[116] Mt 7,13

74. FAIRE RÉPARATION EN JEÛNANT ET EN PRIANT POUR CONSOLER LE SACRÉ CŒUR DE NOTRE SEIGNEUR

« Mes enfants bien-aimés, combien Mon Cœur Immaculé désire être aimé par tous les Hommes ! Le Sacré-Cœur de Jésus est lésé par l'ingratitude et l'abandon de Mes fidèles et par le manque de prière de Mes fidèles pour consoler le Sacré-Cœur de Jésus, Notre Seigneur, et Mon Cœur Immaculé !

Aujourd'hui, Je vous demande, chers enfants, de faire réparation en jeûnant et en priant pour consoler le Sacré-Cœur de Notre Seigneur.

Je te demande, Ma petite qui est à Moi et à Mon Jésus, Cléophas : souffriras-tu jusqu'à l'heure de la Divine Miséricorde pour consoler le Sacré-Cœur de Jésus vivant avec vous dans tous les Tabernacles du Monde et abandonné dans tant de Tabernacles ? » *(Premier vendredi, 7 juillet 2017)*

75. SES ENFANTS DÉCHUS QUI ONT ABANDONNÉ LA FOI

Archange Saint Michel :

« Je suis Saint Michel Archange connu de vous, Celui qui se tient en la Présence de Dieu, ici devant vous sur l'ordre de Notre Très Sainte et Bienheureuse Mère, dont nous célébrons aujourd'hui l'anniversaire avec toute l'Église catholique.

Je viens te demander, petite de Dieu, fille bien-aimée – Cléophas – de la Sainte Vierge Marie, toi notre sœur bien-aimée, d'endurer la souffrance qui viendra sur toi et qui a déjà commencée[117], jusqu'à l'heure de la Miséricorde Divine de ce

---

[117] Iveta avait déjà dans la souffrance

jour, en réparation de toutes les offenses et de l'ingratitude que Notre Sainte Mère reçoit de tous ses enfants qui ont abandonné la foi. Ce sont les offenses dont l'Immaculée est terriblement offensée, et Dieu qui le voit, est sur le point de châtier le monde d'un lourd châtiment qui a déjà commencé et qui s'intensifie ! ».. *Il fait une pause, et Il sourit.*

« Aujourd'hui, enfants bien-aimés, jeûnez – toi petite de la Sainte Mère et du Seigneur Jésus, Cléophas, et toi, bien-aimé du Bien-aimé, Félix Xavier – jusqu'à l'Heure de la Divine Miséricorde. Ce jeûne sera offert pour votre Saint-Père. C'est un poids immense qui s'abat sur Lui du fait de toutes les fausses accusations au sein de la Hiérarchie !

Je serai avec vous. Je ne vous quitterai pas ! Invoquez Ma Présence lorsque vous sentez un danger ou quelque interférence ! À l'heure de la Miséricorde Divine, Notre Sainte Mère viendra recevoir les mérites de cette souffrance et les portera au Trône de Dieu pour racheter les Âmes et vous gagner du temps pour que vous puissiez vous préparer ! L'aiderez-vous ? » *(Nativité de la Sainte Vierge Marie, 8 septembre 2017)*

76. QUELLE TRISTESSE CE SERAIT SANS CES PRIÈRES

L'Archange Michel parle.

« Enfants bien-aimés de Dieu, Je suis saint Michel, le défenseur des Élus de Dieu, qui se tient en la Présence de Dieu ici devant vous, également le serviteur de Marie, toujours Vierge, *Mère de Dieu*, *Médiatrice de toute Grâce*, *Co-Rédemptrice* et *Avocate* qui attend cette proclamation – mais qui est ainsi au Ciel, intercédant pour votre Monde.

Elle est venue maintenant devant vous pour recueillir ces souffrances comme prières pour la rançon des Âmes de l'Église universelle et de l'Église domestique. Oh ! dans quel état se trouve l'Église catholique... et pourtant vos prières et celles de tous les fidèles s'élèvent pour racheter des Âmes pour Dieu. Je suis ici devant vous, pour vous donner le message de Notre Sainte Mère... ».

Notre Dame parle.

« Ma fille bien-aimée, petite qui est à Moi et à Mon Jésus, Cléophas. Oh ! comme tu es devenue une agréable odeur en offrant tout de toi-même pour l'Église catholique, universelle et domestique ! Aujourd'hui, tes prières et celles de Mon bien-aimé du Bien-aimé, ton mari Félix Xavier et ceux qui ont prié sur la Sainte Montagne du Mont Batim-Ganxim s'élèvent pour payer la rançon des Âmes de l'Église universelle et de l'Église domestique.

Quelle tristesse sans ces prières, car vos bergers se sont égarés et conduisent beaucoup de Mes enfants à la perdition ! Seules vos prières Me soutiendront et Me permettront de ramener ces Âmes à Dieu. Si vous saviez combien vos prières sont précieuses et combien cette souffrance est précieuse ! Je te remercie, Mon bien-aimé du Bien-aimé, d'avoir donné ton « Oui » et ton consentement même si tu avais du mal à comprendre. Tu n'as pas toujours à comprendre, mais seulement à tout abandonner à Mon Cœur Immaculé. Ce qui n'est pas de Dieu, Je l'écraserai !

Je suis *l'Immaculée Conception* et tout ce qui est confié à Mon Cœur Immaculé et qui n'est pas dans *l'ordre* de la Grâce et de la Vérité, sera détruit ! Tel est le pouvoir qui M'a été confié.

Aujourd'hui aussi, c'est l'anniversaire de cette petite, et c'est très important que vous compreniez que, lorsque vous revenez du Saint Sacrifice, vous prononciez vos vœux, vos vœux de baptême. Vous le comprendrez dans les jours à venir. C'est bon de vous souvenir de ce que Dieu a fait pour vous !

Ma petite qui est à Moi et à Mon Jésus, Je te remercie d'avoir répondu à Ma demande, même si tu souffres à cause des ténèbres de ton doute. Viendront maintenant de nombreux moments connus comme la *nuit profonde* de votre Âme, enfants bien-aimés. Lorsque vous confiez tout à Mon Cœur Immaculé, aucun mal ne vous sera fait, et même dans ces nuits sombres, votre marche sera comme si vous marchiez dans la Lumière, car la vérité marchera toujours devant vous, comme la Lumière de Jésus, Mon Divin Fils.

Je vous aime tendrement, Je suis la *Mère de Dieu*, votre Mère Céleste avec tous les Anges et les Saints et la Très Sainte Trinité qui habite dans Mon Cœur Immaculé. Je souhaite donner une Bénédiction à toi et à travers toi, Ma petite qui est Mienne, sur les Âmes pour lesquelles tu as prié et pour lesquelles tu prieras jusqu'à la dernière heure de ce jour. Reçois cette Bénédiction "IN NOMINE PATER ET FILIUS ET SPIRITUS SANCTUS AMEN".

Dieu le Père te remercie, Dieu le Fils te remercie, le Saint-Esprit Mon Chaste Époux te remercie ; Saint Joseph Mon Chaste Époux te remercie et tous les Anges et Saints te remercient, Je te remercie Ma fille bien-aimée, Je suis toujours à portée de main.

Ne sois pas inquiète, ne sois pas troublée, Je t'aime tendrement ! Amen. »

*

Ce message est destiné à tous ceux qui se sont réunis sur le Mont Batim-Ganxim (Inde).

« Mes enfants bien-aimés, Je vous remercie de vous être souvenus et de commémorer ce jour. En mémoire de ma première Visitation, vous êtes montés sur cette Montagne pour prier et remercier Dieu pour Moi, – un Don pour vous – votre Mère Céleste, toujours là à vous attendre et à vous aider.

Seulement, priez pour vos Bergers. Je désire ardemment que de nombreux Saints Sacrifices soient élevés sur cette Montagne et vous verrez le fruit par lequel Je pourrai sauver les pécheurs les plus endurcis et aussi sauver ceux qui ne croient pas à l'intérieur de la foi de l'enseignement catholique ; pourtant ils sont mes enfants ! Je les aime tendrement. Je remercie tous ceux que l'on appelle les non-catholiques qui montent sur cette Sainte Montagne. Je suis leur Mère et Je les aime et J'intercéderai pour eux aussi ! Je vous bénis en ce jour et Je promets d'être toujours avec vous.

Elle marque une profonde pause et pousse un soupir...

« Je remercie tous ceux qui ne peuvent pas venir, mais qui se sont souvenus – mes Fils choisis, les Religieux et les laïcs – et qui ont prié en mémoire de ce jour de ma visitation sur cette Sainte Montagne. Vous comprendrez le plan salvifique de Dieu pour votre Monde dans les jours à venir.

Venez, mes chers enfants, venez nombreux, et faites des processions en récitant le Saint Rosaire !

Je vous aime tendrement, Je suis la *Mère de Dieu*, votre Mère Céleste, la *Médiatrice de toute Grâce*, *Co-Rédemptrice* et *Avocate* au Ciel : cela sera connu comme le dernier dogme, le cinquième dogme[118] sur Terre, par vos prières ! Amen. » (*Anniversaire de la première Visitation de Notre Sainte Mère sur le Mont Batim, 24 septembre 2017*).

---

[118] "Maternité divine" proclamée au Concile d'Éphèse en 431, la Bienheureuse Vierge Marie étant conçue "sans aucun préjudice pour sa virginité, qui est restée inviolée même après sa naissance" (Concile du Latran, 649), Immaculée Conception (voir Constitution "Ineffabilis Deus" du 8 décembre 1854), et Assomption de Notre Sainte Mère proclamée par le Pape Pie XII le 1er novembre 1950 dans son Encyclique "Munificentissimus Deus". Le cinquième dogme proclamera qui est Notre Sainte Mère *pour nous*.

77. VOTRE MONDE EST DEVENU UN MONDE D'HOLOCAUSTE

L'Archange Michel s'incline en signe de salutation devant nous et il parle.

« Enfants de Dieu, vous êtes comme de l'encens qui encense maintenant le trône de Dieu et apaise la colère de Dieu, cela pour donner au Ciel le temps de racheter les Âmes de l'esclavage du péché.

Je suis Saint Michel, qui se tient en présence de Dieu ici et maintenant devant toi, Ma petite "qui est à Moi et à Mon Jésus". Je parle au nom de Notre Sainte Mère, dont Je suis le serviteur ! Pour moi, tu es ma sœur bien-aimée Cléophas.

J'apporte le message qu'Elle veut confier à travers toi à tous Ses enfants bien-aimés. Elle est ici pour recevoir les mérites de cette souffrance. Elle continuera jusqu'à l'heure de trois (3) heures, l'heure de la Miséricorde Divine.

Il prononce maintenant Son message.

« Ma fille bien-aimée Cléophas, Ma petite qui est à Moi et à Mon Jésus, combien tu as aimé avec l'Amour de Dieu qui est en toi. Combien ta souffrance est grande aujourd'hui ! J'ai été proche de toi, bien que par moments il ne t'ait pas été accordé de savoir que Je suis là. C'est une telle souffrance ! Aujourd'hui, Je viens devant toi pour te remercier de ton « oui » et de ta fidélité à souffrir en tant qu'Âme victime unie à Mon Divin Fils Jésus, votre Sauveur, votre Rédempteur, Moi, comme *Co-Rédemptrice*, Je rachète Mes enfants, à travers cette souffrance !

Les enfants qui te sont connus sont ceux qui ont la vocation du Saint Amour Matrimonial, dans les mariages d'aujourd'hui. Des mariages catholiques dans l'Église domestique, dont les valeurs se désintègrent ! Aujourd'hui, tu as racheté tant de ces mariages en sauvant les enfants qui étaient menacés d'être avortés ! Avortés parce que l'on pense comme le monde, avec des valeurs insuffisantes dans des mariages catholiques !

La vie est menacée, elle est même utilisée comme holocauste, comme sacrifice à Satan ! Aujourd'hui, vous devez comprendre que ces enfants devaient être avortés, et que tu as souffert les tourments de l'intelligence et de l'anxiété de ces femmes, mes filles bien-aimées, qui ne comprennent pas la valeur de la Vie et combien elle est précieuse en elles ! Ce sont de futurs Prêtres et religieuses qui auraient été tués ce jour-là !

Des valeurs insuffisantes parce qu'elles se sentent mal aimées, non désirées, parce qu'on leur fait comprendre qu'il y a une anomalie en elles, mais au lieu de se tourner vers Dieu, elles se tournent vers l'abomination qui est la mise à mort de ces enfants, connue sous le nom d'avortement, comme moyen rapide de se débarrasser de cet enfant et elles ne comprennent pas qu'elles offensent Dieu, notre Père qui est le donneur de cette vie !

Enfants bien-aimés comme Je vous aime, tournez-vous vers Moi ! Je suis votre Mère, votre Mère Céleste, même lorsque vous êtes dans la détresse de cette manière, tournez-vous vers Moi ! Je vous aiderai ! Ne commettez pas une telle abomination dont vous paierez le prix jusqu'à votre dernier souffle sur Terre. Quelle réparation est nécessaire ! ! ! »

Maintenant Elle S'arrête et Elle pleure ! Elle pleure... Oh Mère !... des larmes, des larmes de sang qui roulent sur ses joues... telle est la douleur en Elle... les pleurs... et l'angoisse de sauver ces enfants !...

« Je vous remercie, mes chers enfants, d'avoir choisi de ne pas avorter ces enfants mais de les embrasser comme une croix, une joyeuse croix... et la Grâce vous sera accordée ! Aux pères de ces enfants, aux pères terrestres, vous n'êtes qu'un instrument ! Embrassez cet enfant dans votre vie aujourd'hui ! Dieu vous donnera tout ce dont vous avez besoin. Son Amour est suffisant, et Sa Grâce vous aidera dans tous les besoins de ces enfants. Ne donnez pas votre consentement à une telle abomination ! ! ! Votre monde est devenu un monde d'holocauste de ces enfants ! Ne suivez pas ce conseil ni ce mauvais chemin qui ne mène qu'en Enfer, où Satan vous attend !

Je t'aime tendrement, Je te remercie. Amen. »

Elle me sourit...

« Je Suis la *Mère de Dieu*, Je Suis ta Mère Céleste, la Mère de tous les enfants de Dieu, la Mère de toute l'humanité, intercédant pour vous dans votre vocation fidèle à la Sainte Compréhension Matrimoniale du mariage catholique, comme *Co-Rédemptrice*, *Médiatrice de toute Grâce*, pour vous accorder les Grâces qui vous manquent, et *Avocate* devant le Divin Juge quand vous continuez à L'offenser en embrassant les voies du monde, afin que vous vous détourniez de ce chemin et que vous embrassiez Son joug qui est léger et sans fardeau ! Je suis là pour vous guider ; votre Mère Céleste qui vous aime tendrement ! Amen. »

Maintenant Saint Michel répète « Amen ». Il voit et Je vois maintenant des Âmes qui montent – les Âmes de ces fausses-couches vers le Ciel, parce que plus tôt ce jour, il m'a été accordé la grâce de faire un baptême spirituel en leur donnant les noms des Saints, le nom de Notre Sainte Mère comme Marie, Joseph, Jean, Magdala, Jacinthe, Catherine, David, Jacob. Amen.

La vision se termine... La souffrance continue jusqu'à l'heure de la Miséricorde Divine à 15h. (Premier vendredi d'octobre, 6 octobre 2017)

2018 : ELLE SEULE COMME MÉDIATRICE ET MÈRE DE DIEU – LA FEMME QUI EST REVÊTUE DU SOLEIL, QUI ÉCRASERA LA TÊTE DE SATAN À LA FIN – PEUT VOUS CACHER ET VOUS SAUVER

78. BEAUCOUP TOMBENT DANS LES TÉNÈBRES PARCE QU'ILS NE COMPRENNENT PAS CES MOMENTS

Je vois maintenant Notre Dame arriver avant l'heure de la Miséricorde Divine et Elle vient recevoir cette Souffrance pour le Saint Père et voici maintenant que l'Archange Gabriel, mon deuxième Ange Gardien[119], nous apporte le 'Message', Ses Paroles :

« Mes enfants bien-aimés, si vous compreniez combien vous me consolez et consolez Notre Seigneur en priant pour le Saint-Père, vous le feriez plus fréquemment en ces temps où la persécution augmente et où la terrible puanteur du schisme dans l'Église catholique se répand comme une traînée de poudre, comme les humains l'appelleraient. Et beaucoup tombent dans ce piège, sans même s'en rendre compte et sans discerner ! Ceux qui prétendent même avoir du discernement – n'en ont pas – car ils tombent dans les ragots et dans la tendance à appartenir, et marchent sur le chemin de la perdition[120]. Priez, enfants bien-aimés, priez pour rester obéissants ! Priez pour leurs Âmes, priez pour leur conversion ! »

... puis Elle s'arrête et me regarde.

« Je désire avec un grand désir, Ma petite qui est à Moi et à Mon Jésus, Cléophas, te remercier de t'être soumise à ce genre d'obéissance au pied levé, bien que Je comprends que tu n'aies pas compris la vision qui t'a été présentée lors du Saint Sacrifice du Saint Père, mais tu en as reçu la compréhension en la présentant à ton époux, mon bien-aimé du Bien-Aimé, Félix Xavier, dont le discernement était clair car il était en prière et Je le remercie infiniment d'avoir prié pour le Saint-Père avec une telle ferveur et une telle diligence, en élevant cette prière, le Saint Rosaire et les Je vous salue Marie – les trois mille Je vous salue Marie.

---

[119] L'Archange Gabriel a été donné à Iveta comme deuxième Ange Gardien pour l'aider dans la souffrance : Iveta peut lui donner la lourde souffrance
[120] Mt 7,13

Quelle merveilleuse odeur d'encens et de prière s'est élevée pour le Saint-Père ! Et maintenant, unis à cette souffrance, vous achèterez beaucoup de force, si seulement vous comprenez combien il est important pour vous de rester cachés et en prière. Vous êtes souvent tentés d'appartenir et d'aller au-dehors pour faire connaître la Parole de Dieu. Cela arrivera, mes petits. Faites-le seulement comme Je l'ai demandé !

Je vous remercie encore une fois, Mon bien-aimés du Bien-aimé, d'avoir maintenant répondu avec diligence à Ma demande de prendre soin de ces Messages et de les mettre en ordre. C'est d'une grande importance car la lumière du jour diminue, l'obscurité augmente, et beaucoup tombent dans l'obscurité parce qu'ils n'ont pas la compréhension de ces moments ! Apprends-leur, Mon bien-aimé du Bien-aimé, comment comprendre Mon message qui leur a déjà été communiqué dans le livre qui titre : « *The Mercy of God and the call to return to the harbour of Truth* ».

Ici, ils comprendront qu'il faut rester obéissant et fidèle au Saint Magistère et au chef de l'Église catholique, Sa Sainteté, Mon Fils élu et bien-aimé – aujourd'hui le Pape François I. Il souffre aux mains des fidèles, et souffre beaucoup – pour toutes les fausses accusations et les fausses charges qui s'élèvent contre lui, pour l'éloigner du siège de Pierre et préparer maintenant celui qui va totalement égarer Mes enfants, l'antipape ! C'est son amour du pouvoir qui se manifeste maintenant.

Soyez attentifs à rester dans la prière. Pratiquez le silence afin d'entendre l'Esprit de Dieu vous conduire et non l'Esprit de ce Monde et le père du mensonge[121] et de la tromperie, l'esprit de l'antichrist !

Je vous aime tendrement, Je suis la *Mère de Dieu*, votre Mère céleste, la *Médiatrice de toute Grâce*, *Co-Rédemptrice* et *Avocate* au

---

[121] Jean 8,44

Ciel. Par vos prières, cela se réalisera ! Priez seulement, mes chers enfants, priez seulement ! »

Maintenant Elle sourit et Sa tenue est celle d'une Reine. Elle a une couronne sur la tête, avec les douze Apôtres avec les croix dessus – la Couronne de la Médiatrice de toute Grâce. Sa robe s'étend hors de Son manteau extérieur et est tenue par les Anges.

Le manteau recouvre entièrement l'Église catholique. Elle nous tient tous en Elle, l'Église universelle. La robe qui s'étend, ce sont ceux qui se sont consacrés aujourd'hui à Son Cœur Immaculé et qui sont protégés sous Sa robe, protégés ! Les Anges viennent et l'apportent autour de nous et se tiennent comme des gardes.

Le Rosaire est dans Sa main droite et le Scapulaire de la Médiatrice de toute Grâce *est dans Sa main gauche, drapé autour de son doigt du milieu et 'Jésus' est suspendu dans Son Cœur Immaculé, et le Calice a 'Jésus' suspendu au-dessus, et en dessous sont les deux clés de Pierre.*

Elle sourit et S'incline devant nous en conclusion de Son salut final.

Notre autel revient et maintenant Je vois la Médiatrice de toute Grâce *complètement comme Elle Se dépeint dans cette vision. La vision se termine. (Vendredi après le Mercredi des Cendres, 16 février 2018)*

79. AUJOURD'HUI, IL Y A UNE TELLE PAUVRETÉ DUE À LA CARENCE DE PÈRE

Saint Michel parle :

« Enfants bien-aimés de Dieu, Je suis Saint Michel qui se tient à la Présence du Seigneur, Notre Dieu, ici devant vous, sur l'ordre de Notre Mère Céleste, qui Se tient à côté de Moi et qui désire que Je vous apporte ces Paroles. »

Iveta : J'ai des difficultés dans mon cœur.

« Je suis Son serviteur, enfants bien-aimés de Dieu. Cette heure, connue comme l'heure de la Divine Miséricorde, maintenant qu'elle se termine pour ce continent, est encore l'heure de la Miséricorde par l'intercession de Notre Sainte Mère comme *Médiatrice de toute Grâce, Co-Rédemptrice* et *Avocate* qui a tenu dans Ses bras le Corps sans Vie de Son Fils, Notre Sauveur, maintenant présent devant vous dans Son Cœur Immaculé. »

... et maintenant les paroles de Notre Dame. Elle parle :

« Mes enfants bien-aimés, Je vous remercie de veiller en prière avec Moi, en ce jour appelé vendredi, le deuxième vendredi du Carême, ce temps saint en mémoire de la rédemption de l'homme pour comprendre ce que Dieu a donné pour eux, pour vous, pour nous !

Je te remercie, Ma petite qui est à Moi et à Mon Jésus, pour ce jour : où tu endures cette souffrance pour l'Église domestique, c'est-à-dire la petite église dans chaque famille. Le chef de l'Église domestique est le mari, le père.

Aujourd'hui, il y a une telle pauvreté due à la carence de père, un tel manque d'amour de la figure paternelle pour son foyer ! Ses responsabilités se sont déplacées vers les voies du *monde*, laissant une pauvreté dangereuse dans son foyer. L'abus est si répandu ! La violence contrôle la nature dominante de son autorité, mais ce n'est pas la voie de Dieu ! Il doit gouverner sa maison en tant que prêtre, prophète et roi de sa maison. En gardant sa famille dans la connaissance de Dieu, comme prophète. Roi, comme ayant la domination sur sa femme – qui est sa reine – et sur ses enfants, avec amour, et non avec malice, et non avec le fouet de sa langue, et non avec le fouet de sa main pour être utilisé à coups de poings ! Cela brise et déchire les familles aujourd'hui, du fait d'un tel manque d'Amour !

Je viens demander à cette petite de souffrir aujourd'hui afin que Je puisse payer la rançon de certains des foyers qui sont déchirés par ce genre de pauvreté et de restaurer ces familles dans l'ordre de la Grâce et de la Vérité – les familles catholiques !

Je viens demander à Mes enfants bien-aimés, Mes fils bien-aimés qui sont Miens d'aimer leurs épouses et leurs enfants avec l'Amour que Jésus, Mon Divin Fils montre pour Son Église[122], un amour sacrificiel ; et d'être des pourvoyeurs pour leurs familles, mais surtout d'être des pourvoyeurs pour garder la Vérité, la Vie et le Chemin des enseignements de l'Église catholique !

La volonté d'un père est la continuation de la *Culture de la Vie* telle qu'elle est maintenant connue, les voies de Dieu, pour les générations à venir ! La détérioration des familles, par manque de cela, conduira à la culture de la mort et à la mort de la famille avec une puanteur horrible !

Mon adversaire leur fournit des outils de toutes sortes pour détruire la famille et pour être des maris infidèles à leurs épouses, entraînant ainsi leurs épouses dans l'infidélité au sacrement du Saint Mariage, l'Amour Matrimonial ! Je viens vous supplier Mes fils, Mes fils bien-aimés, chef de famille et modèle de votre foyer.

Je viens aussi appeler dès maintenant les pères nourriciers : les veufs remariés et les pères nourriciers qui ont adopté des enfants. Je vous remercie d'avoir assumé ce rôle de figure paternelle pour ces enfants qui seraient abandonnés et Je vous demande de tout confier à Mon Cœur Immaculé chaque jour : toute votre famille ! De cette façon, Je vous aiderai. Je vous demande également de Consacrer vos familles à Mon Chaste Époux sur Terre, Saint Joseph qui était le Père nourricier, la figure paternelle pour Jésus sur Terre. Il vous aidera à élever votre famille pour qu'elle habite la future Église dans la *Culture de la Vie*.

Je vous aime tendrement. Je suis profondément et gravement préoccupée par les inquiétudes qui entourent les familles

---

[122] Ép 5,25

aujourd'hui. Mais Je suis ici comme Votre Mère, Votre Mère Céleste, pour apporter la force et la Grâce de Dieu à chaque famille, pour vous fortifier contre les attaques de l'adversaire, Mon adversaire, l'adversaire de Dieu, qui est contre Sa petite Église, l'Église domestique. Saint Michel est là pour vous défendre. *(St Michel fait un signe de tête pour dire « oui » à Notre Dame)*

Vous devez réciter Son chapelet et invoquer Sa Présence quand vous en voyez le besoin.

Je vous aime tendrement, Je suis la *Mère de Dieu*, Je suis votre Mère céleste, la Mère de tous les enfants de Dieu, la *Médiatrice de toute Grâce, Co-Rédemptrice* et *Avocate* qui intercède pour vous aujourd'hui et chaque jour lorsque vous M'invoquez sous ce titre pour vos besoins devant le Trône de Dieu.

J'attends d'être ainsi proclamée sur la Terre pour pouvoir dispenser les Grâces qui vous sont nécessaires en ce terrible, terrible, terrible temps de persécution contre l'Église domestique. Par vos prières, cela se réalisera sur Terre ! Continuez à prier pour cette intention connue sous le nom de *Cinquième Dogme*, diligemment les enfants ! Amen. » *(Premier vendredi du Carême, 23 février 2018)*

80. LA VOIE DU MONDE EST DEVENUE LA DOCTRINE ET LE PRÉCEPTE DES FAMILLES D'AUJOURD'HUI

Saint Michel parle :

« Je suis Saint Michel qui se tient à la Présence de Dieu, maintenant ici devant vous, sur l'ordre de Notre Sainte Mère, dont Je suis le serviteur, la Vierge Marie.

Cette compréhension que j'apporte devant vous, est la compréhension de la Divine Justice. Si vous obéissez, vous récolterez les récompenses du Salut éternel. Si vous désobéissez et marchez dans les voies de la douleur qui offensent Dieu, vous récolterez pour vous-mêmes les peines de la damnation éternelle. Je parle ainsi à tous les enfants de Dieu qui sont nommés : femmes, mères ».

Maintenant Il parle (ce sont les paroles de la Sainte Mère) :

« Mes enfants bien-aimés, Ma petite qui est à Moi et à Mon Jésus, Cléophas, bien-aimée de Moi et de Jésus, et toi, bien-aimé du Père, Félix Xavier, comme vous êtes agréables par votre révérence et votre réponse à venir devant Moi pour prier en cette heure de la Divine Miséricorde. C'est la prière qui fait défaut dans chaque foyer et c'est Mon adversaire qui en est la cause. Il est entré par la porte d'entrée pour semer la discorde et la perturbation dans les familles et pour accuser les mères, qui se sont jetées dans ses stratagèmes et ses intrigues, en entrant dans le monde et ses voies en voulant gagner le pain quotidien ! Ce n'est pas l'ordre de Dieu ; les soutiens de famille sont les chefs de famille ! C'est cela qui s'est produit et qui a entraîné un manque de respect envers leurs époux qui, à leur tour, sont devenus perturbés et ne savent plus quel est leur rôle et ont apporté la violence dans les foyers !

Aujourd'hui, Mes filles bien-aimées, vous qui êtes connues comme mères, vous vous habillez avec immodestie – et il vous manque de l'innocence par laquelle vous êtes revêtues de Ma Grâce. Beaucoup d'entre vous Me déshonorent même, et ne comprennent pas que Je suis votre modèle ! En cela, Je ne viens pas de Moi-même, mais le Père M'a désignée comme votre Modèle et la Mère de tous les enfants de Dieu.

Si vous vous inspirez de Moi dès maintenant, vous apporterez l'harmonie et vous apprendrez la patience – dont vous avez grand besoin – et le pardon ! Lorsque vous vous enveloppez de rancune, vous apportez le chagrin et vous égarez vos enfants. Cette génération s'habille maintenant de perversité et d'une terrible iniquité, et embrasse les voies du monde, comme le modernisme et le socialisme. C'est devenu la doctrine et le précepte des familles d'aujourd'hui !

Aujourd'hui, cette petite souffre pour les mères qui désirent revenir à *l'ordre de Nazareth*. À elles, Je transmettrai Mes Grâces pour qu'elles reviennent à l'ordre de la vie familiale. Et même si elles prient, leurs enfants pour lesquels elles omettent de prier et de les confier nommément à mon Cœur Immaculé, eux, Je les protégerai contre l'iniquité de la doctrine actuelle – terriblement saturée – du père du mensonge[123] et du père de ce monde. Bien que son heure soit venue, sachez qu'il n'a aucun pouvoir sur le Père de Jésus[124]... le Père Éternel qui M'a désignée comme la *Mère Éternelle*.

Enfants bien-aimés, retournez au *Port de la Vérité* et adoptez les Voies de Dieu ! À toutes les mères : Ne succombez pas aux voies du monde, ne cherchez pas les choses de ce monde ! Contentez-vous de ce que vous avez, et tout ce dont vous avez besoin vous sera donné. Vous ne manquerez de rien si vous cherchez d'abord le Royaume de Dieu ![125] Tout le reste vous sera confié, ce qui est nécessaire pour que vous puissiez glorifier Dieu. Amen.

Je suis la *Mère de Dieu*, Je suis la Mère de toutes les mères, Je suis votre Mère céleste, *Médiatrice de toute Grâce*, *Co-Rédemptrice* et *Avocate* au Ciel intercédant pour vous lorsque vous M'invoquez sous ce titre qui est Mien. J'attends d'être ainsi proclamée sur la Terre, et grâce aux prières de Mes enfants bien-aimés qui prient fidèlement pour cette intention qui est Mienne, elle se réalisera sur la Terre !

Je vous aime tendrement, Je suis là pour vous aider à revenir à Dieu et à l'ordre de la famille de Dieu. Amen. »
(Premier vendredi du Carême, 9 mars 2018)

---

[123] Jean 8,44
[124] Jean 19,11
[125] Mt 6,33

81. DANS BEAUCOUP D'ORDRES SE SONT INFILTRÉS LES ENSEIGNEMENTS DE L'UNIQUE RELIGION MONDIALE

Maintenant, la Vierge parle :

« Mes enfants bien-aimés, vous M'êtes toujours une odeur agréable lorsque vous priez. Vous consolez Mon Cœur Immaculé ; mais, Mes enfants bien-aimés, vous êtes souvent distraits par les choses de ce monde et les préoccupations des gens qui sont dans le monde. Vous devez prier pour eux ! Vous devez moins parler des choses de ce monde et vous plonger dans la prière. Le Saint Rosaire est de la plus haute importance ! Ne récitez pas de prières vides, comme des mots vides devant Moi, car Je ne peux pas faire descendre de Grâces sur vous. Le Rosaire seul est la prière la plus efficace dont votre Monde a besoin aujourd'hui !

Vous demandez l'échange avec Mon Cœur, et pourtant vos cœurs sont préoccupés par les affaires de votre monde et non par la Parole de Dieu.

Je te remercie, Ma fille bien-aimée d'avoir répondu à Ma demande. Même si de lourds fardeaux te sont imposés – ce qui n'est pas la manière de faire de Dieu – l'aide viendra ! Tu dois être ouverte pour accepter l'aide et ignorer les fautes des autres, comme Dieu ignore les fautes qui sont en toi. Ne te crois pas plus justes que les autres !

Ma fille bien-aimée, aujourd'hui tu souffres pour l'Église universelle, pour toutes les Mères Supérieures, les Supérieures, et les Postulantes, les Novices qui entreront pour devenir Épouses du Christ. Il y en a cependant beaucoup qui sont déjà entrées, qui ne sont pas appelées par Mon Divin Fils. Elles viennent pour fuir le monde, elles viennent parce qu'elles ont été trahies par les hommes. Il serait préférable pour elles de rester dans le monde et d'y vivre la virginité. Dans cet appel, on est appelé à un saint état de virginité, on est gardé pour être les Épouses du Christ.

Une telle Âme doit se comprendre comme en étant une qui est appelée à prier pour le monde et à ne pas se préoccuper des affaires du monde. Aujourd'hui, dans de nombreux Ordres comme on en est venu à les connaître, les enseignements de *l'unique religion mondiale* se sont infiltrés dans l'esprit même des élues, appelées à être des Religieuses, Épouses du Christ, et ont apporté une terrible confusion !

La pratique du mouvement du nouvel âge s'est introduite parce que beaucoup cherchent à suivre divers ordres. Il est bon pour eux de suivre la direction des Fondateurs et des Fondatrices. Là, on leur a déjà expliqué et fait savoir quels étaient leurs devoirs, et cela dans chaque Ordre. Cela changera lorsque la Russie sera consacrée à mon Cœur Immaculé, dans les mille ans de Paix, l'ère de Paix que J'ai promise, ce que Je ferai connaître Jeudi Saint. C'est-à-dire que Moi et mon Jésus, le *Rédempteur* et Moi en tant que *Co-Rédemptrice*, nous mettrons en lumière ce que cette ère de Paix contiendra et comment cette Joie de l'Évangile vivant sera vécue par les Religieux et les laïcs. »…

… Maintenant, Elle s'arrête, et Elle pleure. On La voit à genoux, priant à l'heure où les Religieuses doivent prier, individuellement devant Jésus. Elles sont absentes à la prière, parce qu'elles sont parties pratiquer l'infidélité à Dieu et les abominations, tandis que Notre Sainte Mère prend leur place.

« Quant à ceux qui n'appartiennent pas à cet appel, l'adversaire, dans cet appel, se moque de Dieu. Ce sont celles qui cherchent à se marier et qui cherchent à devenir Prêtres pour consacrer Jésus : il ne peut jamais en être ainsi ! L'un, réservé au Sacrement du Saint Mariage, est pour ceux qui sont appelés à cette vocation, et pour la continuité de la race humaine. Quant à l'appel au Sacerdoce et à la suite du Divin Rédempteur en tant que Grand Prêtre et à la consécration de la

Sainte Eucharistie, cela est pour les hommes – seuls appelés à cette vocation à servir Dieu, de sexe masculin [126] »

Notre Dame pleure et se tait.

« Comme J'aime tendrement mes enfants. Je désire aider celles qui sont appelées à cette vocation d'Épouses du Christ de Mon Divin Fils Jésus, et qui sont dans la confusion. Si elles veulent tout confier à Mon Cœur Immaculé chaque matin, Je les aiderai – comme J'ai aidé la pieuse Marie de Magdala qui était tombée, à rester sainte comme Épouse du Christ, qui s'est donnée après s'être repentie. C'est Moi qui l'ai formée et amenée au Seigneur pour qu'elle accepte d'être une Vierge, une Vierge Consacrée et Son Épouse.

Quant aux Mères Supérieures qui ont été appelées et nommées à ces postes et aux Supérieures qui enseignent et aux Prieures qui enseignent l'ordre de la Grâce et l'ordre de cet appel : Soyez sur vos gardes contre l'iniquité ! Vous devez consacrer beaucoup de temps à la prière. Confiez tout à mon Cœur Immaculé ! Il y en a beaucoup parmi vous qui ne sont pas à leur place ! Vous devez être sur vos gardes contre cela dans vos murs. Vous êtes préoccupées par les affaires qui sont extérieures ; cependant Satan est entré !

Vous devez comprendre ce moment de trouble parmi vous. Vous cherchez le voleur[127] qui pourrait venir de l'extérieur et pourtant il est dans vos propres murs ! Quand vous voyez et quand vous entendez parler d'abominations parmi celles qui sont dans vos Ordres, portez-les devant votre Père spirituel, devant le Prêtre. Elles viendront devant vous toutes, car vous êtes leurs Mères spirituelles ; mais vous devez les amener devant le Père spirituel pour qu'elles soient délivrées et même

---

[126] Ndt : le texte anglais dit : « as in male »
[127] Jean 10,10

exorcisées et si elles ne désirent pas être délivrées, vous devez les traiter comme des personnes qui ne sont pas appelées et les laisser partir, sinon il y aura beaucoup de mal et de désaccord à l'intérieur des Ordres.

Ne sollicitez pas, comme on fait dans la publicité, pour un tel appel ! Cet appel est un appel, car l'Esprit Saint de Dieu les guidera vers vous. Vous, en tant que supérieures, avec vos Religieuses qui ont été formées et vos novices, devez prier pour cela, pour qu'elles viennent à vous ! C'est ainsi que vous serez en sécurité, sachant que ce sont celles qui sont appelées qui viendront à vous, et que la paix demeurera à l'intérieur des murs des Saints Ordres.

Nous vivons une époque où, à cause du manque de prière, de nombreuses personnes qui ont été appelées et ont été tentées, sont tombées dans la tentation, et n'ont pas répondu à l'appel ; mais elles apprennent maintenant à être des vierges consacrées et n'ont pas encore embrassé l'appel à être des Religieuses. Cet appel sacré est un appel qui doit être compris comme un pilier qui soutient le monde, sans lequel la colère de Dieu, qui est enflammée et débordante, serait arrivée bien avant ce jour. C'est votre prière et celle des fidèles qui se lèvent maintenant ! La prière doit être pratiquée avec vigilance ! Comme Je vous aime, comme Je prie pour vous !

Je suis ici en tant que *Co-Rédemptrice* et *Médiatrice* pour vous couvrir de Ma Grâce, Grâces après Grâces[128], que vous perdez à cause des divers soucis de ce monde. Pourtant vous ne devez vous préoccuper que d'une seule chose : la prière. Priez, Mes Épouses bien-aimées du Christ de Mon Divin Fils.

Je vous revêts de Mon Vêtement Immaculé et vous présente devant Mon Divin Fils, lorsque l'heure vient pour vous d'être Son Épouse.

---
[128] Jean 1,16

Je vous aime tendrement, Je vous remercie pour les nombreuses personnes qui ont répondu et qui restent fidèles, sans compromis avec les voies du monde. C'est Moi, la *Mère de Dieu*, Je suis la Mère des Religieuses, Je suis votre Mère Céleste qui vous aime tendrement, la *Médiatrice de toute Grâce, Co-Rédemptrice* et *Avocate* au Ciel.

Priez pour votre Saint-Père, aujourd'hui le Pape François I, qui est durement préoccupé avec cette lourde croix en union avec le Pape Benoît XVI qui est lui aussi durement préoccupé. Votre prière est nécessaire pour lui aussi et pour les intentions de mon Cœur Immaculé afin que Je sois proclamée *Médiatrice de toute Grâce, Co-Rédemptrice* et *Avocate*. Cela se réalisera, si vous priez à cette intention ! Je vous aime tendrement. Amen. »

Saint Michel sourit maintenant, s'incline devant nous. « Je vous protégerai car vous m'invoquez. Continuez de cette manière avec diligence ! Beaucoup de choses arrivent maintenant. Ne vous laissez pas aller, ne vous préoccupez pas des affaires du monde extérieur. Vous êtes appelés à la vie semi-monastique, embrassez-la avec joie ! Je suis ici avec vous sur l'ordre de Notre Sainte Mère. Saint Michel. Amen. » *(Deuxième vendredi du Carême, 16 mars 2018)*

82. BEAUCOUP DE SÉMINARISTES SONT VENUS DE SATAN POUR DEVENIR SES PRÊTRES !

Saint Michel parle.

« Bien-aimés enfants de Dieu, Je viens devant vous aujourd'hui à la demande de Notre Mère Céleste qui est présente ici, qui a prié avec vous, pour faire connaître Son désir. Je suis son serviteur ! Je suis Saint Michel qui Se tient à la Présence de Dieu, maintenant ici devant vous. Comme vous êtes une odeur agréable pour Dieu tandis que vous observez ce temps pour comprendre votre rédemption que Notre cher

Sauveur a gagné pour vous au prix de Son Précieux Sang[129] et de Sa souffrance ignominieuse pour réconcilier la créature avec le Créateur. Pourtant, les créatures se sont endurci le cœur et rejettent ce prix de la Rédemption ! »

Il fait une pause et prononce maintenant le message de Notre Sainte Mère :

« Je vous remercie d'avoir répondu à Ma demande d'être venus prier devant Moi et Mon Jésus à l'heure de la Divine Miséricorde ».

Aujourd'hui, Je viens faire connaître la douleur de mon Cœur Immaculé. Cette douleur concerne Mes Fils bien-aimés qui ont rejoint la synagogue de Satan[130] et qui enseignent cette doctrine dans les Séminaires. La fumée de Satan est entrée dans les Séminaires et beaucoup de Séminaristes ne sont pas venus de l'appel de Jésus, le Grand Prêtre, pour suivre Ses traces, mais de Satan comme ses prêtres ! De nombreux professeurs, qui sont eux-mêmes des Prêtres, enseignent une doctrine anti-Dieu. Ils ont abandonné les enseignements de l'Église catholique pour apporter ce que l'on appelle le mouvement du nouvel âge, l'unique religion du monde, les *changements* – comme ils l'appellent – nécessaires pour ces temps ; ces temps avec l'idée qu'il ne faut pas défendre la vérité comme cela a été le cas depuis le début de cette Institution, connue sous le nom de Séminaire.

En obéissance, le au Saint Père, aujourd'hui sur le siège de Pierre, l'Évêque de Rome, Mon fils bien-aimé, qui a été choisi, agonise pour des crimes aussi horribles, Sa Sainteté le Pape François I ; en union avec le Pape caché émérite Benoît XVI, qui pleure aussi avec Moi pour eux ! Ils s'élèvent avec l'idée de renoncer au célibat, à propos de ce que Mon Divin Fils Jésus a révélé comme Grand Prêtre, pour embrasser

---
[129] 1Pi 1, 18-19
[130] Ap 2,9 : « ceux qui disent qu'ils sont Juifs et ne le sont pas. »

l'idée que les Prêtres devraient être mariés, et que les femmes peuvent être ordonnées comme Prêtres. Ce n'est pas le cas ! C'est la synagogue de Satan qui se prépare pour *l'unique religion mondiale* !

Sachez et comprenez maintenant que ces temps sont en train de s'accomplir. Ces séminaires se présenteront comme s'ils se tenaient pour la vérité, même dans les temps de persécution où Mes séminaires seront dans *l'Église souterraine*, dans des endroits où personne ne voudrait vivre. Pourtant, Je serai avec eux et ils garderont l'ordre du Grand Prêtre Jésus-Christ et resteront dans l'obéissance au Siège de Pierre, même quand il sera infiltré par l'anti-pape et ceux qui le suivent. Amen. »

Elle s'adresse maintenant à tous Ses enfants :

« Mes enfants bien-aimés, sachez et comprenez qu'il sera temps pour vous de quitter vos églises et de prier à la maison, lorsque vous entendrez la doctrine qui sera prêchée contre Mon *Immaculée Conception*, contre la Divinité de Jésus présent dans la Sainte Eucharistie comme Vrai Dieu et Vrai Homme. Lorsque cela sera souillé, éloignez-vous de ces églises ! Ce sont les églises qui resteront ouvertes comme synagogues de Satan.

Mes Prêtres viendront vers ceux à qui Je les enverrai, et Je serai avec eux. Vous devez prier comme Je l'ai fait savoir. Ceci aura lieu lorsque celui qui est assis sur le siège de Pierre aujourd'hui, le Pape François I, s'enfuira vers *l'Église souterraine*. Mais mon Église ne sera pas sans Pierre, le rocher. Vous devez seulement croire ! Beaucoup d'entre vous, là où vos églises sont fermées, feront des communions spirituelles. Jésus viendra pour être avec vous de cette manière et en temps voulu, mes Prêtres viendront vous donner le Saint Sacrifice et l'Eucharistie Consacrée.

N'ayez pas peur, Je vous le ferai savoir une fois de plus ! Ces moments sont maintenant tout proches !

Priez, priez beaucoup, enfants bien-aimés, comme Je l'ai fait savoir, pour que Je sois proclamée *Médiatrice de toute Grâce, Co-Rédemptrice* et *Avocate* sur la Terre pour vous assister et être avec vous en ces temps et pour dispenser les Grâces dont vous aurez besoin.

N'ayez pas peur, même si le martyre est l'appel pour vous ! Restez fidèles à Jésus ! Il ne vous abandonnera pas ! Il vous accueillera au Ciel si le martyre est votre lot de souffrance. Portez vos croix avec fidélité et confiez tout à Mon Cœur Immaculé. Je vous assisterai quand vous M'appellerez et J'intercéderai pour vous quand vous M'appellerez sous le titre de *Médiatrice de toute Grâce, Co-Rédemptrice* et *Avocate* au Ciel. J'attends d'être ainsi proclamée sur la Terre ; par vos prières cela se réalisera ! Amen. » *(Troisième jeudi du carême, 22 mars 2018).*

83. LA PLUS GRANDE FAUTE PRÉSENTEMENT EST L'AVORTEMENT QUI PARADE DEVANT LE SEIGNEUR

Jésus se jette sur une pierre, un gros rocher, et là Il S'agenouille, et une lumière brille. C'est la lumière de l'Ange qui lui apporte la Coupe[131]*, mais en proie à l'angoisse, paradent devant Lui tous les péchés et les souffrances qu'Il doit subir pour nous.*

Le plus grand péché en ce moment est l'avortement qui parade devant le Seigneur... et l'euthanasie vient devant Lui. L'homme joue à Dieu ! C'est l'horrible puanteur de l'impureté... maintenant tous les péchés paradent devant Dieu et Jésus-Christ crie au Père :

« Père, si Tu veux, que cette Coupe s'éloigne de Moi »[132]... *puis Il baisse la tête...* « Mais non pas comme Je veux, mais comme Tu veux, s'il faut que Je boive de cette coupe. »

---
[131] Mt 26,39
[132] Mt 26,39

Alors Il se lève et titube et transpire, c'est une sueur de peur, et Il vient vers ses apôtres et Il les trouve profondément endormis. Il S'écrie : « Pierre, tu dors ? » Il n'y a pas de réponse de Pierre... « Repose-toi » et Il recule en titubant et retombe sur le rocher. Cette fois, l'Ange est plus près de Lui, tenant juste la Coupe, et le Seigneur crie à nouveau « Père » avec les mêmes mots « Que cette coupe s'éloigne de moi » *mais Il ajoute maintenant ici :* « Si Je dois en boire... que ce ne soit pas Ma volonté qui se fasse, mais la tienne », *et Il tombe. Maintenant, Sa sueur change. Elle a un ton de sang sur tout le visage et elle tombe sur le sol.*

Jésus semble effrayé et Il va et vient et continue à venir comme un ivrogne, en titubant !

« Êtes-vous encore endormis ? » *leur dit-Il* « L'heure est proche où Je vais être livré entre les mains des pécheurs[133] ». *Pierre regarde à peine le Seigneur, il essaie d'ouvrir les yeux et il voit le Seigneur comme s'Il saignait, mais il ne peut rien faire. Il est tellement accablé. Et ils retombent dans le sommeil. Tandis qu'il secoue Jacques et Jean ; mais ils ne peuvent pas se lever.* « Le Seigneur, le Seigneur ! » *dit-il*, « Regardez le Seigneur, quelque chose ne va pas avec le Seigneur ! »

Il ne comprend toujours pas ce qui se passe.

Le Seigneur s'en va et tombe à nouveau sur le rocher, et Il est maintenant silencieux pendant un moment. Il y a un silence ; mais le bruit – des gardes, des soldats – se rapproche. Les soldats raillent, se moquent et rient en marchant – un horrible bruit de peur.

Maintenant, Je vois tant d'Anges gardiens de tous ceux qui prient. Et Jésus parle à mon Âme.

« Ma fille »

Iveta : Comment puis-je T'aider, Seigneur ?

---
[133] Mt 26,45

« Sache que J'ai vaincu ce moment qui arrivera à tous Mes enfants bien-aimés. C'est ainsi qu'ils viendront lorsque la loi martiale sera mise en œuvre partout dans le monde, sur la Terre. Les premiers – seront ceux qui suivent une culture de mort et ont embrassé Satan comme leur dieu. Ce sont toutes les lois de l'antichrist et les lois de l'antipape !

Mon Pierre est dans l'angoisse : ne crains pas ! Je suis avec toi, Mon Pierre ! Je ne t'abandonnerai pas ! Je promets que les portes de l'Enfer ne prévaudront pas contre mon Église[134]. Je parle maintenant de mon Église que Je maintiendrai comme *l'Église souterraine*. Jusqu'au moment que Je ferai connaître… Amen, Amen ». *(Jeudi Saint et Vendredi Saint, 29-30 mars 2018)*

84. QUE DOIS-JE TE FAIRE ?

Jésus parle d'Âme à mon Âme. Il parle aux Prêtres.

« Mon Prêtre, mon Bien-aimé, Moi qui suis le Bien-aimé de Mon Père, prépare tes brebis ! Beaucoup d'entre vous affronteront eux-mêmes ce moment. Sachez que Je suis avec vous et que Je l'ai vaincu pour vous. Votre Couronne vous attend au Ciel. Vous comprendrez quand Je serai élevé[135], comme Je vous l'ai fait savoir. Restez unis et proches de ma Sainte Mère qui co-rachète avec Moi.

Ton sang est le sang nécessaire pour que mon *Reste* se mette en marche. Ton sang est nécessaire pour purifier mon Épouse, l'Église catholique ! Ton sang est nécessaire, uni à Moi pour racheter les Âmes de l'esclavage cruel du diable, Mon adversaire Satan lui-même qui a attiré beaucoup de Mes Prêtres à le suivre dans sa cour.

---

[134] Mt 16,18
[135] Jean 12,32

Je suis Jésus de Nazareth, le Grand Prêtre qui souffre aujourd'hui comme Je l'ai fait cette première nuit, Jésus de Nazareth. Amen. Amen. » *(Jeudi Saint et Vendredi Saint, 29-30 mars 2018)*

*

Le Visage de Jésus est tellement gonflé et Ses yeux sont gonflés... mais Il ne proteste pas ! Ils lui attachent une corde autour du cou et Le pendent, puis ils coupent immédiatement la corde et Il tombe...

Iveta : Oh ! Oh ! Oh !... Pleurant....

C'est une torture horrible... Ils discutent entre eux pour savoir s'ils doivent Le prendre maintenant ou attendre les soldats parce qu'il peut y avoir des gens dans les rues. Jésus est allongé sur le sol et ils prennent la corde autour de son cou et en attachent une autre autour de sa poitrine, Le soulèvent et Le jettent à terre. Il n'y a pas de lumière dans la cave, sauf celle des lanternes.

Maintenant le Seigneur à moi, d'Âme à Âme :

« Ma Petite ? »

Iveta : Oui, Seigneur.... pleurant....

« Merci de t'être réveillée, et toi, Mon bien-aimée du Bien-aimé. Je suis Lui qui souffre maintenant pour tous les péchés. Merci d'accueillir Ma Miséricorde. Comprends-tu cette souffrance ? C'est ce qu'ils font à ceux qui n'ont pas de voix !

Ce sont les criminels, non pas dans vos cellules de prison mais dans vos hôpitaux, qui prennent la vie des innocents, qui prennent les vies maintenant sous la loi de la culture de mort ; connue de vous sous le nom d'euthanasie, vous privant de la souffrance pour Ma Justice, qui est Mon Amour ! Ma Justice n'est pas comme la Justice injuste sur terre de ceux qui jugent injustement – acquittant les coupables et condamnant les justes !

Ma justice est pour ceux qui se repentent et embrassent Ma Miséricorde. »... *et maintenant il y a silence.* « Je suis Jésus de Nazareth qui souffre en ce jour. »

Puis Jésus me montre. « Beaucoup de mes Épouses, oui Ma petite, des Religieuses » *Il me montre...* – « ont commis le délit d'impureté contre leur vœu de chasteté, et il y a beaucoup de Prêtres impliqués dans de tels actes diaboliques et ils commettent ce délit de mettre à mort ce petit bébé en vertu de la loi de l'avortement. » *Et Jésus dit :*

« Que dois-Je vous faire ? Mon Amour n'est-il pas suffisant, pour que vous M'abandonniez pour mes ennemis... mais vous laissez Satan entrer en vous ? »

« Sachez que même maintenant, si vous vous repentez et si vous vous attachez à Ma Sainte Mère, Elle vous nourrira à nouveau, Elle qui est co-rachète pour vous avec Moi. »

.... et puis Je vois ces nombreux Anges, des Anges Gardiens. Maintenant, Je vois aussi des Anges Gardiens de Prêtres et de Religieux. Je veux dire par là qu'ils ne sont pas comme des Anges ordinaires, comme des petits Anges. Ils ont des Archanges comme Anges gardiens – ceux qui sont appelés par Dieu à cette vocation de Prêtre et de Religieux.

Ils ont tous formé un cercle autour de moi et ils prient. Certains lisent leur office et l'offrent. Certains lisent le Livre saint, la Bible, la Parole de Dieu. Certains prient le Rosaire, et d'autres louent simplement Dieu comme le font les charismatiques. Mais ils prient, et ils prient maintenant pour les religieux/ses et les Prêtres.

Cette souffrance s'applique principalement en cette heure pour eux.

Et Jésus parle à nouveau :

« Beaucoup d'entre vous m'abandonneront. Vous M'abandonnerez, comme ceux qui M'ont abandonné cette nuit ! Sachez que J'ai prié pour vous. Repentez-vous et revenez à Moi ! Revenez en embrassant l'Amour de ma Sainte Mère qui vous nourrira pour vous ramener à Moi. Beaucoup d'entre vous Me renieront. Ne craignez rien ! Repentez-vous seulement et revenez à Moi par l'intermédiaire de Ma Sainte Mère qui co-rachète avec Moi ».

Lorsque Jésus dit que beaucoup de Prêtres Le renieront, il s'agit de ceux qui s'habillent comme le commun des mortels et ne portent pas de col romain.

« Mais Je vous aime, mes Prêtres. Je meurs aujourd'hui pour vous réconcilier avec votre humanité. Ma Divinité en vous est suffisante ; mais pourtant votre humanité prend le dessus ! Repentez-vous seulement ! Éloignez-vous des vices du monde qui vous sont tendus comme des pièges par Mon adversaire à travers la Hiérarchie. Satan lui-même pose des pièges, comme des collets !

Je suis Jésus de Nazareth, le Grand Prêtre, qui souffre maintenant souffre. Je remercie tous ceux d'entre vous qui prient en solidarité avec cette petite cette nuit. Le matin vient où la nuit se transformera en lumière et ils feront, même en plein jour, ce qu'ils M'ont fait.

N'ayez pas peur ! Je les ai vaincus. Restez fidèles comme vous l'avez été, en vous souvenant que votre Couronne vous attend au Ciel quand Je suis élevé.

Je suis Jésus de Nazareth, Vrai Dieu et Vrai Homme, Je vous aime tous Mes enfants bien-aimés Amen, Amen ». *(Jeudi Saint et Vendredi Saint, 29-30 mars 2018 Vendredi Saint)*

85. QUAND TOMBE LA TÉNÈBRE ET SE LÈVE LA PERSÉCUTION SE LÈVE

La foule hurle et crie à haute voix « Nous n'avons pas d'autre Roi que César[136] ! C'est Barabbas que nous voulons libérer[137] ! »... et dans la foule se trouvent ceux qui sont fidèles de Jésus et ils crient « Non il est innocent ! Pas ce meurtrier au lien de Jésus de Nazareth ! »

Alors, Pilate a peur de la foule et il s'approche de Jésus et il dit : « Alors tu es un Roi.[138] »…. Et Jésus répond : « Tu le dis. » Pilate dit : « Est-ce que je t'ai livré pour être condamné ? C'est ton propre peuple…. »

Maintenant Pilate est assis là, pendant que Jésus est en silence, se demandant quoi faire. Alors il sort et prend son siège, son siège de jugement, et Jésus parle d'Âme à Âme.

« Ma petite, Ma fille bien-aimée, Cléophas, tu vois, il en sera ainsi dans les jours à venir. Ma Mère a fait savoir que la lumière du jour est courte. Quand l'obscurité tombera et que la persécution surgira, ils condamneront les justes – c'est-à-dire vous Mes fidèles, Mes Prêtres et acquitteront les coupables ! Des hommes iniques marcheront tandis que les justes seront condamnés ! Ils porteront un faux témoignage contre vous. Vous qui promettez dans votre alliance à Moi, votre Dieu, souffrant en mémoire de ce premier Vendredi Saint, connu de vous.

Je suis votre récompense, complète ! Restez dans Ma Lumière ! Embrassez Ma Sainte Mère. Elle vous aidera à traverser ces moments. Je t'aime. Jésus de Nazareth, Vrai Dieu et Vrai Homme, le Grand Prêtre. Amen. Amen. » *(Vendredi Saint, 30 mars 2018 Vendredi Saint)*

---

[136] Jean 19,15
[137] Jean 18,40
[138] Jean 18,37

86. JE VOUS DEMANDE D'ACCUEILLIR LE SACREMENT DE LA RÉCONCILIATION

Jésus parle :

« Ma petite, Cléophas Ma fille bien-aimée, comprends que l'heure est venue pour toute l'humanité. À cause des graves offenses commises contre Dieu le Créateur et du manque de repentance des hommes pécheurs ! Et vous Mes fidèles, que Je remercie et que J'aime tant, beaucoup d'entre vous seront traités de cette manière : Ils vous mettront dans des cellules de prison et vous fouetteront ! Ils infligeront de grandes tortures à votre corps. C'est pour cela que Je vous demande d'embrasser le Sacrement de la réconciliation et de Me recevoir dignement afin que Je puisse être pleinement en vous, en endurant tout cela avec vous. J'ai déjà vaincu ce moment !

Ne vous inquiétez pas ! Votre couronne vous attend dans toute l'éternité où vous vous réjouirez quand Je serai élevé. Je suis Jésus de Nazareth, votre Rédempteur – et Je vous demande d'embrasser Ma Sainte Mère comme *Co-Rédemptrice*, qui vous préparera comme Elle M'a préparé, qui priera pour vous, qui prie maintenant comme Elle l'a fait la *première* nuit et le *premier* matin du Vendredi Saint – Vrai Dieu et Vrai Homme. Amen. Amen. » *(Vendredi Saint, 30 mars 2018)*

87. VOUS ÊTES DE PETITS VASES DE CO-RÉDEMPTION

Je vois d'innombrables Âmes qui font le "chemin de croix", unies à nous à cette heure, en l'offrant. Si elles savaient qu'elles l'offrent pour la conversion de tant de leurs proches ! Et Jésus porte Sa croix en marchant ; la croix frappe Son front, et enfonce la couronne d'épines plus profondément dans Son front....

Iveta : Ah Ha !!!!!.... pleurant Ah !!!.... forts sanglots.... pleurs.... le sang sort de sa Tête Sacrée.... pleurs.... et Jésus parle d'Âme à mon Âme :

« Ma petite, Cléophas ? »

Iveta : Oui, Seigneur, je suis là. Je ne sais pas ce que je peux faire. Ah !!!.... maintenant je me vois avec Sainte Maman, à Sa droite, marchant avec Elle. Le Seigneur parle : « Comprends-tu ce moment ? »

Iveta : Non, Seigneur, je suis si ignorante.... en pleurant – comment puis-je.... Ah !!!.... sanglotant....

« Je vous remercie d'endurer cela, avec Moi et Ma Sainte Mère. De cette façon, vous êtes de petits vases de Rédemption, Moi le *Rédempteur*, Ma Mère la *Co-Rédemptrice* et vous tous co-rachetez avec Elle – ceux qui prient en ce moment, qui M'honorent dans cette souffrance avec un grand amour pour Moi et Mes Plaies Sacrées, que J'endure et que J'endurerai maintenant jusqu'à ce que Je sois élevé. Ce n'est pas fini pour vous ! Cela commence pour vous ! Sachez que J'ai parcouru ce chemin ! » *(Vendredi Saint, 30 mars 2018)*

88. BEAUCOUP DE MES FIDÈLES M'ONT QUITTÉ POUR UNE RELIGION APPELÉE 'L'UNIQUE RELIGION MONDIALE'.

Iveta : Je vois le Vatican. Il y a des gens dehors qui plaisantent. Et autour et à l'intérieur, il y a une telle division. Ils ne sont pas avec le Saint Père. Un grand pourcentage n'est pas avec le Saint-Père !

« Tu comprends ce que Je te montre ? »

Iveta : Non Seigneur.

« Vois-tu comment ils sont divisés, ceux que tu vois sous l'ombre des ténèbres sont de Mon adversaire. Ils M'appartenaient autrefois, mais maintenant ils appartiennent au rang des francs-maçons. »

Iveta : Non Seigneur… Ahh !

« Oui, ma fille, c'est ainsi qu'ils M'ont trahi – et parmi vous il y en a aussi ! Beaucoup de Mes fidèles M'ont quitté pour une religion appelée « *L'Unique Religion Mondiale* ». Ils croient en tout et ils ne croient en rien ; parce qu'il n'y a pas d'autre Dieu que le seul vrai Dieu qui a créé le Ciel et la Terre. J'étais présent à ce moment-là et Je retourne à Lui lorsque Je suis élevé en mémoire de ce Premier Vendredi – que vous connaissez maintenant sous le nom de Vendredi Saint. Accrochez-vous à ma Sainte Mère, Elle ne vous quittera pas ! C'est Mon plus grand Amour et même cela, vous le comprendrez dans quelques instants. Je Me suis vidé ! Ne vous accrochez pas à l'amour des créatures, elles vous abandonneront ! L'heure vient où, comme le prédit le Livre Saint que vous connaissez sous le nom de Bible, vous serez trahis par ceux de votre propre maison[139].

Je suis Jésus de Nazareth, Vrai Dieu et Vrai Homme, le Grand Prêtre. Je vous aime Amen, Amen ».

*

Maintenant Il marche et Il marche, et Il titube comme s'Il allait tomber et l'un des soldats, de loin, saisit un homme qui descend. Il s'appelle Simon, un Cyrénéen[140]. Mais il dit : « Je n'ai rien à faire ici, Je ne fais que passer en ville ».

« Oui, mais tu as l'air capable, viens j'ai un travail pour toi ». *Et il laisse tout alors qu'on le traîne vers Jésus. Simon regarde Jésus*

---
[139] Mt 10,36
[140] Mt 27,32

et dit : « Qu'est-ce que c'est que tout ça, Je porte cette croix ? Mais Je n'ai pas fait de mal. »

« Pas à cause de ton mal », ils crient « Aide-Le ! »

Simon dit : « Avez-vous entendu ce que la foule crie, qu'Il est un Roi. Il n'a pas besoin de mon aide ! » Alors Jésus le regarde, et Simon se transforme et, du fond de son cœur, il dit : « Désolé, Je vais t'aider ». Et il porte la croix avec le Seigneur.

……Sainte Maman : dans Ses yeux douloureux, une larme s'échappant ici et là, cache toutes Ses larmes.

Iveta : Ah ! …. pleurant…. Ah !….

Sainte Maman sourit à Simon en le remerciant. « Vous êtes sa Mère ? » Simon demande d'Âme à Âme, et Elle acquiesce…. en pleurant…. « Je vais l'aider ». Ah !!! pauvre Femme…. et il pense à sa mère….

Jésus parle d'Âme à Âme :

« Ma petite à Moi, Cléophas? »

Iveta : Oui, Seigneur, me voici.

« Est-ce que tu vois et est-ce que tu comprends? Je désire que Mes enfants bien-aimés entourent leurs aînés. Prenez soin d'eux, ne les mettez pas dans des maisons où ils vont les tuer !

Oui, beaucoup de Mes religieuses dirigent de telles maisons, c'est-à-dire qu'elles les font fonctionner, prenant soin de ces personnes âgées pour vous. Comment expirez-vous vos péchés ? C'est par l'amour et le soin de ces personnes ! Je les remercie, mais l'heure vient, où même elles ne pourront plus les maintenir en vie, car dès qu'un médecin sera requis et qu'elles devront être hospitalisées, elles seront supprimées, car elles sont un fardeau pour le système de l'antichrist. Leur souffrance est d'une grande valeur – si vous compreniez seulement combien d'Âmes elles rançonnent ! Certains ne savent même pas comment souffrir ; votre Amour est nécessaire ! Vous, mes fidèles, visitez ceux qui ont été abandonnés par leurs proches ; car tel est l'enseignement des voies de ce monde !

Il t'est donné, Ma petite qui est à Moi, Cléophas, Ma bien-aimée, de préparer ceux qui viendront, et que tu secoueras : Je les ferai connaître. Tu ne prépares qu'avec l'aide de ma Sainte Mère et de mon Père nourricier qui intercédera du Ciel pour obtenir les dons et les grâces nécessaires pour cela, son homonyme. Le St Joseph Community Center, connu par Dieu comme St Joseph's Charity Organization. « Organisation » dans le sens de ce qui paraît devant l'homme, mais devant Dieu ce sont simplement vos actes d'Amour et de Miséricorde !

Je suis Jésus de Nazareth, vrai Dieu et vrai homme, le Grand Prêtre. Oui, même la maison de retraite du clergé doit être comprise dans cet ordre de préservation, en donnant de la dignité à ceux qui sont âgés. Car Dieu a créé dès le début un but pour chaque créature et Dieu fixera l'heure qui a été écrite où Je viendrai comme un voleur[141] et demanderai à cette Âme de venir à Moi. Amen, Amen. » *(Vendredi Saint, 30 mars 2018)*

89. L'UNE DES SEPT COUPES DE FLÉAU SERA LE FLÉAU DÉVASTATEUR QUI S'ABATTRA SUR VOUS !

…..……Ils marchent maintenant. Alors qu'ils marchent, Véronique, comme on l'appelle désormais, retire son voile et court vers Jésus. Ils essaient de la faire reculer mais c'est inutile. Elle semble avoir une force surnaturelle que même les gardes ne peuvent retenir.

---
[141] Ap 16,15

« Laissez partir la folle ! Voyons ce qu'elle prépare. Nous l'aurons. » Elle court vers Jésus et le Seigneur la regarde avec son visage défiguré et elle vient sous la croix et elle appuie son voile sur son Visage pour l'essuyer....

Iveta : pleurant.... Quel acte d'amour !

Ils la fouettent, mais cela ne semble pas la toucher. Elle est la moins concernée de tous.... les sanglots.... la souffrance. Elle doit supporter.... pleurant.... Elle sourit et Jésus lui fait un signe de tête pour dire « Quel Amour ! ». *Elle saisit son voile, le tient ferme et l'embrasse, et elle y voit Son visage dessus. Jésus me parle d'Âme à Âme :*

« Ma petite à Moi, Cléophas »

Iveta : Oui, Seigneur Ah !!!.... pleurant....

« Vois-tu ce moment ? Fais savoir à Mes enfants bien-aimés que c'est de cette façon qu'ils doivent aider Mes pauvres. Ils ont été battus et jetés sur le bord de la route. Lavez-les et donnez-leur une mort digne. C'est ainsi que vous devez me professer votre fidélité.

....Tu vois combien sont drogués ou ont des vices divers. Quand tu les vois, montre-leur l'Amour – Mon Amour, comme Je te l'ai fait connaître. Habille-les, donne-leur à manger et essuie leurs larmes. Entendez-les crier ! Vous serez en mesure de racheter beaucoup d'Âmes ! Nombreux sont ces enfants bien-aimés dans votre propre foyer ! Ne les abandonnez pas ! Aimez-les simplement comme Je vous ai aimés. C'est par ton amour qu'ils comprendront Ma Miséricorde et reviendront à Moi.

Je suis Jésus de Nazareth, Vrai Dieu et Vrai Homme, le Grand Prêtre. Oui, Mes fils élus, même parmi vous, il y a ceux qui ont des dépendances à divers vices à cause des tentations. Beaucoup portent des fardeaux à travers des liens. Vous qui avez connu Mon Amour, montrez-leur la fidélité par votre Amour pour eux et sortez-les de leur misère. Amen, Amen ».

*

D'Âme à Âme, Jésus parle. Rédempteur à la Co-Rédemptrice :

« Mère, Mère, veux-tu... » *Maman me regarde et Elle dit* : « Oui ne parle plus, Mon Fils bien-aimé, Mon Divin Fils ne parle plus, Je vais T'aider ». *Elle me regarde pour me dire à nouveau :*

« Vois-tu maintenant ? ta souffrance est leur rançon, leur donnant la grâce de dire non à cette abomination de tuer des innocents en vertu de la règle de l'avortement. »

D'Âme à Âme, Jésus me parle à nouveau :

« Fille bien-aimée, Ma petite qui est Mienne, Cléophas et à Ma Mère Bien-aimée, Ma Sainte Mère qui te tient dans Ses bras en ce moment et à tous Mes enfants bien-aimés, Prêtres, Religieuses, et tous mes fidèles qui s'opposent à ce meurtre des innocents, Je vous remercie ! Je vous remercie ! Votre récompense sera grande au Ciel ! Ne succombez pas à un tel mal. Oui, de nombreuses nations l'ont adopté comme règle de vie. Une telle règle n'est pas une règle de vie, mais une *règle de mort*, de mort éternelle !

Je vous préviens, vous toutes les autorités et ceux qui sont en position d'autorité : vous vous condamnez vous-mêmes en embrassant une telle règle, comme une règle de vie.

Ce sang, vous allez en payer le prix, vous et votre famille ! L'une des sept coupes de fléau[142] sera le fléau dévastateur qui s'abattra sur vous ! Vous n'échapperez pas à Ma colère ni au cri de cet innocent qui vient devant Mon Père.

---
[142] Ap 15, 5-7

Il est bon pour vous de vous repentir et de dénoncer un tel mal !

Je suis Jésus de Nazareth, Vrai Dieu et Vrai Homme, le Grand Prêtre qui prie pour eux, le *Rédempteur* avec la *Co-Rédemptrice* ; et unis à la *Co-Rédemptrice* tous ceux qui sont unis à cette petite, comme de petits vases de co-rédemption. Amen, Amen. » *(Vendredi Saint, 30 mars 2018)*

90. BEAUCOUP NE SUIVENT PAS LA RÈGLE DE LEURS FONDATEURS ET FONDATRICES

Maintenant, Jésus parle d'Âme à Âme :

« Ma fille bien-aimée Ma petite qui est à Moi, Cléophas, et à Ma Mère bien-aimée, Ma Sainte Mère. Comprends-tu les moyens nécessaires pour faire comprendre la Constitution des Saints Ordres dédiés à Mon Sacré Cœur déchiré de douleur et au Cœur Immaculé de Ma Mère percé d'épines et d'épées ?

Mes Prêtres, qui M'ont dit leur 'oui' et qui embrassent maintenant les voies de ce monde, égarent Mes brebis et Mes petits agneaux. Mes Épouses qui M'ont dit leur 'oui', qui maintenant Me renie, qui ne sont pas appelées à la vocation du Saint Mariage, le Sacrement du Mariage, se mettent maintenant à devenir des épouses d'hommes ! C'est parce qu'elles n'ont pas renoncé à leurs tentations, mais elles ont choisi leurs tentations comme source de leur bonheur – ce qui apportera une grande misère à l'Église domestique. Oh ! elles ont déjà apporté une grande peine à l'Église universelle et il y a beaucoup de Mes Prêtres qui crient au Saint-Père de leur permettre de se marier !

Et même mes Religieuses veulent devenir Prêtres ! Il ne doit jamais en être ainsi ! Ce n'est pas la volonté de mon Père qui M'a envoyé pour instituer ce mode du caractère sacré de la Sainte Chasteté. Beaucoup ne suivent pas la règle de leurs Fondateurs et Fondatrices ! Ils ont conçu leur propre règle et suivent leurs propres dispositifs, et ont apporté la division ! Beaucoup prennent les règles d'autres Ordres qui ne sont pas les règles de leurs Fondateurs et Fondatrices telles qu'elles ont été connues. Ceux à qui Mon Esprit a dicté comment cela devrait être, sont dans la confusion quant à ce qu'ils doivent faire ! Beaucoup ne prient pas mais suivent la mode d'appartenir au socialisme. Leur vocation à prier est de la plus grande nécessité maintenant pour l'humanité, pour que l'homme se repente !

C'est cette prière qui fait défaut, et le fardeau est tombé sur Mes fidèles qui prient, et Je les en remercie aujourd'hui. Tant qui sont unis à cette petite qui est Mienne prient, et Je les bénis tous. J'écouterai leur prière et Je prêterai l'oreille à leur cri de supplication. Je faciliterai leurs besoins selon la Volonté de Notre Père. Quand Je serai élevé, Je répandrai sur eux mon Esprit.[143] » *(Vendredi Saint, 30 mars 2018)*

91. MES PRÊTRES BIEN-AIMÉS : SI L'UN D'ENTRE VOUS TOMBE ET NE SE REPENT PAS, BEAUCOUP DE BREBIS TOMBENT ET ABANDONNENT LA FOI !

Maintenant, ils dépouillent Jésus. Ils ont jeté Sa croix à terre.... quelle douleur, pleurant... Le Sang a séché sur son vêtement, à l'intérieur de Ses Saintes Blessures, et lorsqu'ils enlèvent Ses vêtements, ils tirent sur la chair et les blessures sont de nouveau à vif. Sainte Maman fait signe avec douleur et court, et Jean et Marie de Magdala la retiennent. La souffrance du Seigneur est douloureuse et brutale ; une brutalité que vous ne connaissez pas... pleurant... personne ne pourrait endurer cette souffrance et vivre. Ils mourraient... seulement dans la puissance et l'amour de Dieu dans le Seigneur Jésus ! Dieu Lui-même est si immense qu'Il ne peut être mesuré... alors que Jésus Se tient debout et les attend, ils rassemblent

---

[143] Ac 2,33

les clous et le marteau. Trois soldats de chaque côté sont choisis par le soldat qui donne les ordres pour clouer.

Jésus parle d'Âme à Âme :

« Ma fille bien-aimée, Cléophas, vois-tu ce que Je suis sur le point de subir ? Tel est Mon Amour pour toi et pour tous Mes enfants que Mon Père M'a donnés. Je ne perdrai aucun d'entre eux. Veux-tu m'aider à faire connaître Mon Amour à ceux qui ne le connaissent pas encore, afin qu'ils se repentent et se dépouillent de tout ce qui les tient en esclavage et en otage par mon adversaire – en particulier Mes Prêtres, afin qu'ils quittent les voies de ce monde et embrassent les voies de la pauvreté et du zèle pour les Sacrements à instituer en faveur de Mes enfants qui le désirent ardemment. »

... et Jésus s'adresse à ses Prêtres :

« Mes Prêtres bien-aimés, vous qui suivez dans Mes pas, sachez et comprenez maintenant, que si l'un d'entre vous tombe et ne se repent pas, beaucoup de brebis qui vous ont été confiées tombent et abandonnent la foi : dix mille.... fuient la foi !

J'ai souffert ce premier Vendredi Saint. Aujourd'hui, cette petite endure cette souffrance en mémoire de ce premier Vendredi Saint, unie à Moi et à Ma Sainte Mère qui souffrira longtemps après que la Mienne soit terminée ».

Maintenant Je vois le Vatican, et Jésus me montre comment ils vont tout dépouiller, tout comme « Mon Corps a été dépouillé ». Ils dépouilleront quand le sacrilège désolation[144] prendra le siège de Pierre ; mais sachez que Je suis votre récompense, et que Mon Pierre sera toujours avec vous jusqu'à la fin des temps ! Certains sauront ce qu'il lui advient, et d'autres devront croire que Je ne vous laisserai pas sans Mon Pierre.

---
[144] Marc 13,14

Priez pour le Saint-Père, Mon bien-aimé, qui souffre gravement et est souvent rempli d'une peur qui le fait trembler à propos des événements à venir, priez pour Mon Pierre caché : Mon Pierre d'aujourd'hui qui est assis sur le siège du premier Pierre, que vous connaissez sous le nom de Sa Sainteté le Pape François I, et Mon Pierre caché qui prie, souffre et comprend les moments qui vont bientôt arriver à l'Église, l'Église catholique, et combien Il doit encore souffrir, lui que vous connaissez sous le nom de Pape émérite Benoît XVI, Sa Sainteté, qui est en train de révéler vraiment l'état de sainteté dans lequel J'appelle Mes Pierre à Me servir, en renonçant à leur humanité comme à leur tentation.

Par votre prière, Mes chers enfants, Je vous appelle à prier pour eux : ils tiendront lieu de piliers de l'Église, Mon Église.

Je suis Jésus de Nazareth, le Grand Prêtre qui nomme avec Mon Esprit le Pierre régnant depuis le premier jusqu'à ce jour, et le ferai jusqu'à la fin des temps. Amen, Amen. » *(Vendredi Saint, 30 mars 2018)*

92. SEULE LA FEMME VÊTUE DE SOLEIL PEUT VOUS CACHER ET VOUS SECOURIR !

Les foules raillent et applaudissent, et Jésus révèle à nouveau :

« Sachez et comprenez, mes enfants bien-aimés, que Je vous parle à tous à travers cette petite qui est à Moi, votre sœur bien-aimée Cléophas. C'est ainsi qu'ils vont railler, et applaudir à chaque effort qu'ils font ; et unis à eux sont les fidèles, qui étaient autrefois connus comme de fervents catholiques, pour renier Mon Pierre. Restez fidèles à Lui, soyez attentifs à ses Paroles ! Il vous révélera ces temps et vous comprendrez quand l'heure sera venue de fuir les villes vers les montagnes[145] et ceux de Mon *Reste*[146] dans Mon refuge où

---
[145] Luc 21,21
[146] Ap 12,17

Ma Mère vous attend[147]. Elle vous portera tous à travers ces moments ; ceux qui souffriront le martyre et ceux qui iront dans le *Reste*. Elle seule, comme *Médiatrice* et *Mère de Dieu*, la Femme vêtue du Soleil[148], qui écrasera la tête de Satan[149] à la fin, peut vous cacher et vous sauver !

Je suis Jésus de Nazareth, le Grand Prêtre. J'ai conquis ce moment pour vous par ma souffrance, Amen. Amen. »

Maintenant il y a de la confusion. Vous voyez tout le monde, en particulier ceux qui arrivent dans la ville, s'interroger et se moquer. Pierre se tient à l'écart et regarde Jésus. Certains apôtres ont fui, ils quittent même le pays ; mais d'autres se cachent et regardent, et d'autres encore sont dans la Chambre Haute et ne veulent pas ouvrir la porte. En ce moment de désespoir, Je vois Judas pendu et son sang tombe sur le sol[150].

Jésus parle à Notre Sainte Mère :

« Mère, Mère, ne laisse pas Mes enfants que Mon Père M'a donnés[151] tomber dans le désespoir. Augmente leur espérance et leur fidélité en Moi. Augmente leur amour pour Moi comme Tu l'as pour Moi. Amen, Amen ».

Elle acquiesce et Lui fait signe de ne pas parler.

Une autre zone s'ouvre alors, et Je vois les 'Nations Unies', comme on les appelle ; on croit qu'il s'agit d'une entente de maintenir la paix, mais on y signe des traités pour s'allier à la Russie dans la troisième guerre mondiale.

La vision se ferme et le document est enroulé. (Vendredi Saint, 30 mars 2018)

---

[147] Ap 12,6
[148] Ap 12,1
[149] Gn 3,15
[150] Ac 1,18
[151] Jean 17,6

93. MÈRE... D'ABORD TU PRÉPARERAS MES ENFANTS DANS CES TEMPS DE GRANDE PERSÉCUTION

« Mère voici ton fils[152] ». « Fils, voici ta Mère » *Il tombe... en pleurant...*

D'Âme à Âme, de Rédempteur à Co-Rédemptrice :

« Mère, Je Te laisse derrière. Si Je pouvais T'épargner ce moment, Je le ferais ; mais c'est pour cela que Tu es venue au monde et que Tu M'as mis au monde dans ton sein virginal comme *l'Immaculée Conception* et la *Mère de Dieu*. C'est Moi. Veux-Tu être Mon *Avocate* en faveur de ceux-ci, afin de les racheter à Moi, qui souffre et qui doit souffrir encore un peu ?

Mère, Je souhaite que, même lorsque Tu Me reviendras au Ciel, Corps et Âme, Ton rôle soit de préparer Ma Seconde Venue, mais d'abord Tu prépareras Mes enfants en ces temps de grande persécution contre Mon Église pour cette génération qui, autrement, serait maudite par Mon Père. Mais J'ai souffert cette nuit et ce jour pour eux.

« Je T'aime. »

Maman acquiesce.

« Je T'aime aussi, Mon Fils. »

« Amen, Amen. » *dit Jésus.*

Il y a un silence.... Ses lèvres sont desséchées, mais ce n'est pas pour cela qu'Il va crier....

« J'ai soif, J'ai soif ! »[153]

---
[152] Jean 19, 25-27
[153] Jean 19,28

Un des gardes Le voit et L'entend, il court plonger l'hysope dans le vin aigre et l'apporte à Jésus. Mais Jésus n'y goûte pas. Il le sent et S'en détourne ; c'est d'Âmes qu'Il a soif !

D'Âme à Âme, Il me parle maintenant :

« Ma fille bien-aimée, souffrant en ce moment avec Moi en ce jour en mémoire de Mon premier Vendredi Saint qui vous est connu : J'ai soif d'Âmes ! Restez unie à Ma Sainte Mère qui *co-rachète* comme *Co-Rédemptrice* et vous avec Elle et avec tous Mes enfants bien-aimés qui prient en ce moment. Ils ne prient pas pour vous mais avec vous. Ils ont formé une belle couronne pour consoler le Cœur Immaculé de Ma Mère. Je désire qu'ils prient de cette manière dans les jours à venir, lorsqu'ils entendront parler de persécutions, de guerres, de tremblements de terre et de famines. Tout cela doit avoir lieu, mais grâce à leurs prières, aux vôtres par l'intermédiaire de Ma Sainte Mère, de nombreuses Âmes échapperont aux griffes de Satan, Mon adversaire !

Je vous aime, Je suis Jésus de Nazareth, Vrai Dieu et Vrai Homme, le Grand Prêtre qui souffre pour Mes Prêtres – et vous devez en faire autant – connus comme les Religieux ! Amen. Amen. » *(Vendredi Saint, 30 mars 2018)*

94. JE SUIS CELLE À QUI DIEU A DONNÉ TOUT POUVOIR, TOUTE GRÂCE

Maintenant, le rouleau s'ouvre, l'Archange Gabriel le tient et se tient au-dessous de Notre Sainte Mère. Il parle :

Je tiens maintenant le parchemin avec les mots de Notre Sainte Mère, la *Mère de Dieu*, Notre Mère Céleste et Elle parle :

« Mes enfants bien-aimés ici présents devant moi, Ma petite qui est à Moi et à Mon Jésus, Cléophas, et Mon bien-aimé du Bien-aimé, Félix Xavier, son époux, Je vous remercie d'avoir répondu à ma demande, de souffrir pour votre monde qui afflige mon Cœur Immaculé jusqu'à des moments de saignement et de larmes de sang qui montent dans mes yeux Immaculés, et qui tombent par cette souffrance sur ceux qui désirent sortir de la norme grave et démoralisante dans laquelle cette nation, le Canada, plonge ses enfants, des enfants qui ont appartenu à Dieu et qui ont maintenant embrassé Satan comme leur chef et leur roi ! Mais vous, mes enfants bien-aimés, vous ne serez pas blessés !

Faites seulement ce que Je vous ai demandé ! Confiez tout à Mon Cœur Immaculé et il est d'une importance vitale que vous sachiez – comme la respiration l'est pour vous et vos Âmes – qu'il s'agit spécialement de la Consécration chaque matin à Mon Cœur Immaculé.

Ne quittez pas vos maisons sans vous consacrer à mon Cœur Immaculé ! Vous et tous ceux que vous aimez – tous ceux que Je vous ai confié – doivent être placés dans mon Cœur Immaculé, tous ceux dont le nom vous est venu à l'esprit, surtout les mères qui amènent maintenant leurs enfants, qui seront exposés à de si graves dangers ! Moi seul Je peux aider ! Vraiment, Je suis la seule à pouvoir aider ! Car Dieu M'a donné le pouvoir et M'a accordé toute grâce, tout pouvoir et tous les dons !

La Cour céleste des légions d'Anges, dont le Prince est saint Michel, est à Ma disposition pour se présenter devant vous lorsque vous appelez à l'aide par Mon intercession.

J'attends la proclamation du *cinquième dogme*, où il Me donnera le pouvoir de protéger tous les enfants de Dieu consacrés à Jésus par Mon Cœur Immaculé.

Enfants bien-aimés, ne vous préoccupez pas de bavardages ; la prière est importante ! ».

.... Elle élève maintenant les perles du Rosaire.

« C'est la seule arme pour votre temps et une prière si puissante ! Si vous compreniez sa valeur, vous réciteriez continuellement le « *Je vous salue Marie…Sainte Marie, Mère de Dieu…* », même en parlant à quelqu'un. Écoutez, en récitant « *Je vous salue Marie…Sainte Marie, Mère de Dieu…* » et en parlant très peu !

Enfants bien-aimés, ne soyez pas troublés, ne soyez pas inquiets ! Je suis ici avec vous. Invoquez seulement Ma Présence ! Cet Archange qui se tient à Ma droite, Saint Michel a le pouvoir de détruire toute puissance maléfique qui a été lancée sur vous et qui sera lancée sur vous. Par "lancé", Je veux dire, qui sera dirigé pour vous causer du mal mais qui ne peut faire aucun mal, car le bouclier de Dieu se tient autour de vous et autour de ceux qui invoquent mon manteau Immaculé. C'est un bouclier où Satan ne peut pénétrer !

Sachez que Je suis la Femme vêtue de Soleil[154] et que J'écraserai la tête de Satan ![155]

Mon Cœur Immaculé triomphera à la fin et la Russie sera consacrée à Mon Cœur Immaculé, et l'ère de la paix descendra sur votre monde. Maintenant vous devez passer par ces moments et Je suis Celle à qui Dieu a donné tout Pouvoir, toute Grâce, tous les Dons pour diriger ce moment et protéger les enfants de Dieu qui passeront par ces moments – parmi lesquels le *Reste* sera choisi ! Votre foi est vitale ! Sachez-le : vous devez prier pour ce Don ; spécialement Mes Fils choisis et les Épouses du Christ, connues comme les Religieuses, les Religieux, qui doivent prier pour ce Don !

---

[154] Ap 12,1
[155] Gn 3,15

Je viendrai recevoir cette souffrance dans sa plénitude, Ma petite qui est à Moi et à Mon Jésus, à l'heure de la Miséricorde Divine demain, connu sous le nom de Premier Vendredi [du mois].

Je suis la Mère de Dieu, *Médiatrice de toute Grâce, Co-Rédemptrice* et *Avocate* au Ciel, attendant d'être proclamée sur Terre et cela se fera avec vos prières.

Je vous aime tendrement. Je vous remercie infiniment d'avoir répondu de cette manière pour être unis à Mon Jésus et à Moi qui suis Co-Rédemptrice avec le *Rédempteur* Jésus, Vrai Dieu et Vrai Homme. Amen. » *(Premier jeudi, 6 septembre 2018)*

95. IL N'Y A PAS BEAUCOUP D'ÂMES VICTIMES

.... tant de bébés déformés... tant de dommages sont causés par cette drogue... « Je vous salue Marie…Sainte Marie, Mère de Dieu… »... *la légalisation de cette drogue est le culte de Satan et le sacrifice des enfants à naître... comportement satanique... Sainte Marie... protégez-nous, Sainte Maman... protégez ces enfants...* « Je vous salue Marie…Sainte Marie, Mère de Dieu… »

Beaucoup d'entre eux seront utilisés comme holocaustes pour le culte satanique, des bébés prématurés... « Je vous salue Marie… Sainte Marie, Mère de Dieu… »

La légalisation de cette drogue entraîne des conséquences terribles pour l'humanité... c'est Satan qui prend le pouvoir maintenant... « Je vous salue Marie…Sainte Marie, Mère de Dieu… »

Avec elle, toutes les autres drogues vont arriver au pouvoir comme médicaments pour éliminer tant d'enfants de Dieu. Ils seront asservis à ce pouvoir du mal.

Sainte Maman parle :

« Mes enfants bien-aimés, sachez et comprenez ce moment qui est en train de se produire. C'est le règne de Satan qui s'installe sous le déguisement de la légalisation de cette drogue. Beaucoup d'entre vous vont s'y soumettre.

Sachez que lorsque vous vous y soumettrez, vous deviendrez l'avocat de Satan ; vous vous soulèverez contre vos proches et vos parents ; et les parents contre leurs enfants – s'entretuant les uns les autres[156]. Je vous préviens de cela ! Je suis la *Mère de Dieu*, Je suis votre Mère céleste. Vous Me laissez impuissante lorsque vous choisissez Satan comme père et votre mère, et ses avocats, les anges déchus, pour être vos aides. Ils vous détruiront, membre par membre, et vous utiliseront comme sacrifice pour le culte satanique. C'est la volonté libre que Dieu vous a donné ; maintenant vous devez choisir Dieu ou Satan comme votre Dieu.

À la fin, Mon *Cœur Immaculé triomphera*, car Satan sera détruit et l'ère de la paix descendra sur votre Monde. Sachez, chers enfants, que Dieu est toujours gagnant.

Il peut sembler qu'Il perde la bataille, mais Il vous a donné la volonté libre pour choisir entre Lui et Satan qui veut être comme Dieu, mais il ne l'est pas ! Il n'a aucun pouvoir sur Dieu ; il a seulement le pouvoir que Dieu lui a donné pour un temps. Maintenant vous devez réaliser que vous entrez dans une ère de grave danger et de ténèbres, où les Âmes de l'humanité seront souillées, et sur lesquelles seront écrites les lois de Satan, ceux qui choisiront Satan comme leur dieu, renonçant à Dieu !

---

[156] Marc 13,12

C'est seulement par la souffrance, comme celle de cette petite qui est à Moi et à Mon Jésus, que de telles Âmes peuvent être sauvées ; mais il n'y a pas beaucoup d'Âmes victimes, même Mes Prêtres ne veulent pas être des Âmes victimes et Je les appelle maintenant à devenir des Âmes victimes pour sauver des Âmes ! Ne craignez pas la souffrance, vous avez vu votre Maître, dans les pas duquel Mes fils Élus bien-aimés sont appelés à marcher. Sachez et comprenez que la souffrance vous atteindra même si vous ne choisissez pas de devenir des Âmes Victimes. Telle est l'heure présente !

Beaucoup de Mes églises vont fermer. Par ceci, vous pouvez comprendre les églises – l'Église catholique – qui M'honorent comme leur Mère, La *Mère de Dieu* et comme la Mère de toute l'humanité par laquelle Dieu choisit de racheter et de sauver Ses Enfants ! C'est Mon heure de Pouvoir qui se fait jour, comme *l'Immaculée Conception* qui écrasera la tête de Satan[157], mais vous devez choisir entre Satan et Dieu. C'est alors que Je deviens votre Mère céleste, car tout Pouvoir, toute Grâce, M'ont été confiés pour sauver Mes enfants de l'esclavage de l'ennemi de Dieu, Satan lui-même.

À la fin, Mon Cœur Immaculé triomphera et l'ère de paix descendra sur votre Monde et le règne du Cœur Immaculé et du Sacré-Cœur de Jésus s'épanouira pour mille ans de Paix[158].

Je suis la *Mère de Dieu*, la *Médiatrice de toute Grâce*, *Co-Rédemptrice* et *Avocate* au Ciel qui attend d'être proclamée sous ce titre ; par vos prières cela se réalisera, afin que Je puisse sauver d'avantage d'Âmes qui s'asservissent aux cultes sataniques, embrassant Satan comme leur dieu !

« Qui est semblable à Dieu ?

---

[157] Gn 3,15
[158] Ap 20,2

Nul autre que Toi ! Nul autre que Toi, Ô Dieu ! Ô Dieu, Ô Dieu !

« Nul autre que Toi », s'écrie saint Michel, qui est ton compagnon lorsque tu L'invoques. Il t'aidera à combattre ces forces des ténèbres. Il est l'Ange Puissant de Dieu, Mon serviteur comme Il Se nomme Lui-même, serviteur de *l'Immaculée Conception*, que Je suis.

Je vous aime, Mes enfants bien-aimés. Je suis votre Mère Céleste.

Je suis impuissante lorsque vous ne M'invoquez pas. J'ai besoin de votre consentement pour vous embrasser et vous délivrer de l'esclavage du monde satanique et de Satan lui-même ! Il n'a aucun pouvoir sur Moi, l'Immaculée Conception. C'est Moi, votre Mère céleste qui vous aime tendrement, la *Mère de Dieu*, Je vous le rappelle Amen. » *(Premier Jeudi du mois, 6 septembre 2018)*

2019 : JE SUIS LE MÉDIATEUR
ENTRE VOUS ET MON PÈRE,
MAIS MA MÈRE EST LA MÉDIATRICE
ENTRE VOUS ET MOI

96. SAINT JOSEPH EST CELUI QU'IL FAUT INVOQUER ET PRIER AU MOMENT DE LA MORT

Notre Dame parle :

« Mes enfants bien-aimés, Je vous remercie infiniment, en particulier Ma petite qui est à Moi et à Mon Jésus, de souffrir pour les frères et sœurs qui paient la Divine Justice et de Me permettre d'offrir cette souffrance pour expier le temps qu'ils doivent passer au Purgatoire. Comprenez-vous, auprès de Moi, il y a Saint Joseph, Mon Chaste Époux sur terre, maintenant au Ciel. Son Royaume doit être compris sur terre comme le « silence ». C'est Lui qu'il faut invoquer et prier, à l'heure, à l'heure finale du passage de la terre à la Résurrection, ce qu'on appelle le moment de la mort, mourir à la terre, s'élever dans la Résurrection. C'est à Lui qu'est donné ce privilège spécial d'amener Lui-même les Âmes à Jésus, le Divin Sauveur et d'intercéder pour elles à ce moment-là. Dans les jours à venir, J'expliquerai cette compréhension dans le Royaume de Saint Joseph. Amen.

Maintenant, enfants bien-aimés, Je désire aussi, avec un grand désir, remercier Mon bien-aimé du Bien-aimé, Félix Xavier, une fois de plus, pour M'avoir assisté en aidant cette petite qui est à Moi et à Mon Jésus, Cléophas, son épouse, alors qu'elle subit cette souffrance qui portera des fruits, des fruits éternels pour ramener les Âmes à Dieu et dans l'éternité avec Dieu.

Je désire d'un grand désir faire savoir que la prochaine souffrance, qui frappera cette petite qui est à Moi et à Mon Jésus, sera pour l'Église universelle et domestique, pour la grande tempête qui se lève à cause du péché de Sodome. Elle souffrira beaucoup, mais Je serai avec elle à travers tout cela. »... *(Premier Vendredi du Carême, 15 mars 2019)*

97. CECI EST LA MANIÈRE DE PENSER HUMAINE QUI A EMBRASSÉ L'IDÉE D'ÊTRE COMME DIEU – LA VOLONTÉ DÉMONIAQUE

Jésus fait un geste des mains pour voir... les soldats conduits par Judas. Celui-ci s'avance droit vers Jésus, mais il leur a déjà dit que Celui qu'il embrasserait est Celui qu'ils doivent arrêter[159] pour Le mettre en sûreté. C'est ici que le mot schisme apparaît.

Jésus parle d'Âme à Âme :

« Fille bien-aimée à Moi, Ma petite Cléophas : Moi le Maître, Je te remercie de t'être immolée en Moi. Sache et comprends maintenant ce baiser avec lequel Judas Iscariote Me trahira : il croit Me sauver de la volonté de Dieu qu'il ne comprend pas. Voilà ce que vous devez comprendre : le "schisme dans Mon Église" aujourd'hui !

Ce sont ceux qui trahiront le Saint Père, Mon Pierre, car ils ne comprennent pas la Volonté de Dieu. De cette manière, vous comprendrez aussi que lorsque Je serai élevé et que Je rendrai Mon dernier souffle demain - il s'agit là de ce Premier Vendredi Saint - vous verrez le rideau se déchirer[160] – il s'agit du *Grand Schisme* ! Il n'y en a jamais eu de tel, et il n'y en aura jamais plus ! C'est la trahison de Mon Pierre, et ce faisant ils Me trahissent ! C'est la pensée humaine qui a embrassé l'idée d'être comme Dieu – la volonté démoniaque – et pourtant ils ne savent pas ! Ceux-ci sont Mes fidèles - autrefois le monde les voyait et parlait d'eux comme tels. Aujourd'hui, ils trahissent l'Église catholique avec un baiser comme Judas. Ce serait bien pour eux qu'ils ne soient jamais nés[161] ! Amen, Amen. »

Judas arrive en marchant, et va directement vers Jésus et L'embrasse. Le Seigneur le regarde et dit :

---
[159] Mt 26,48
[160] Mt 27,51
[161] Mt 26,24

« C'est par un baiser que tu Me trahis, Judas[162] ». *Et Judas ne comprend pas ce que Jésus dit, il pense sauver Jésus de sa folie de mourir, et c'est cette folie même qui est la Volonté de Dieu et c'est Judas qui entraîne le Seigneur sur ce chemin qui mènera à la Résurrection, et Judas regarde Jésus maintenant, alors que les soldats viennent L'arrêter.*

Et Jésus parle d'Âme à Âme avec Judas : « Pourquoi as-tu fait cela ? »

Judas parle au Seigneur, d'Âme à Âme : « Tu as dit qu'ils allaient Te tuer et que le Fils de l'Homme sera livré et mis à mort et ressuscitera le troisième jour. Je ne veux pas que cela T'arrive ! Tu ne sais pas de quoi Tu parles. Tu dois être en proie à quelque folie ! »

Et Judas regarde Jésus comme s'il Lui faisait du bien, et Jésus parle à Judas en disant : « Judas, combien Je t'ai aimé ! Même maintenant. ». *Et alors c'est comme si quelque chose se rompait, comme un cordon, comme un cordon ombilical de la Mère à l'enfant, et Jésus ne peut plus parler à Judas et Judas ne peut plus entendre le Seigneur. Et alors qu'ils sortent du Jardin des Oliviers, Judas regarde Jésus et ils Le battent, et Judas ne sait pas quoi faire ! Il essaie de les arrêter, mais il ne peut pas.* « Passe ton chemin », *lui disent-ils,* « nous t'avons payé ».

... et la vision se termine pour moi, et la souffrance commence à monter sur mon corps, la souffrance de tant de personnes qui trahiront le Saint Père, l'Église catholique !

... Beaucoup de faux témoins se lèvent comme ceux qui ont dit : « C'est Lui qui a dit de détruire le temple et qu'Il le relèverait en trois jours[163] ! ».

Ils marcheront contre le Saint-Père sans se rendre compte qu'ils répandent un fléau dévastateur de mensonges et de tromperie, tout cela au nom de la 'Vérité' et en disant que le Saint-Père blasphème

---
[162] Luc 22,48
[163] Marc 14,58

Dieu. Ils ont déjà été entraînés dans la compréhension et la croyance qu'il est l'antichrist, et que le Pape caché est l'antipape. Beaucoup sont confus ! Ils croient que le Pape caché, le Pape émérite Benoît XVI, est un bon Pape et il pourrait être 'l'antipape' ?

Jésus parle d'Âme à Âme :

« Comment se fait-il que celui que vous appelez 'bon Pape', Mon Pape caché, qui souffre tant pour Mon Église, Mon Épouse, qui aide et se tient aux côtés de Mon Pierre qui souffre de grandes angoisses à cause de vos fausses accusations ? Peut-il en être ainsi ? Le vrai Pape peut-il authentifier le faux ? C'est impossible ! Vous apportez maintenant la condamnation sur vous-mêmes et sur vos enfants que vous élevez pour vivre comme de vrais Catholiques dans avec l'idée de vivre la culture de la Vie, pourtant vous avez abandonné ce qui est fondamental, le Rocher, sur lequel J'ai construit Mon Église[164]. Ma Parole tient[165] ! Elle ne peut jamais être annulée ! 'Tu es Pierre. Sur cette Pierre, Je construirai Mon Église et les portes de l'Enfer ne prévaudront pas contre toi. Je suis avec toi jusqu'à la fin des temps[166]'. Ne comprenez-vous pas que vous, les fidèles qui M'aimez, vous Me trahissez maintenant par un baiser en trahissant mon Pierre – Le Schisme !

Je suis Jésus de Nazareth, Vrai Dieu et Vrai Homme trahi entre les mains des pécheurs, souffrant cette nuit, pour ce qui doit arriver au monde entier à cause du Schisme dans l'Église catholique, Mon Épouse. Amen, Amen. »

La vision se ferme pour moi.

... Sainte Maman !

« Ma fille, Je suis avec toi. Maintenant tu vas te reposer jusqu'à ce que Je te réveille et que Je marche avec toi pour voir

---
[164] Mt 16,18
[165] Mt 24,35
[166] Mt 28,20

ce que Notre aimable Sauveur, Mon Divin Fils Jésus endure à cause de ce Schisme dans l'Église, l'Église catholique.

Je suis la *Mère de Dieu*, Je suis votre Mère céleste qui vous porte en ces moments. Amen. » *(Jeudi Saint, 18 avril 2019)*

98. CECI EST LE SCHISME, LE GRAND SCHISME !

Ils donnent des coups de pied à Jésus et Le prennent. Mon corps ressent cette douleur... Ah !... Seigneur... Je ne vois ni n'entends, Je sens seulement la douleur dans mon corps...

... Certains d'entre nous, lorsqu'ils frappe les Pasteurs, fuiront dans des endroits semblables à des cellules nauséabondes. Il n'y aura pas de choix. Maintenant vous devez comprendre que ce moment de fausses accusations et de fausses charges ne viendra pas de ceux qui ne croient pas. C'est l'esprit d'orgueil, les Âmes rebelles pleines de vanité et de jalousie qui tueront frère contre frère, mère contre fille, sœur contre sœur, père contre fils[167]. Ils penseront qu'ils font bien, ils toléreront les abominations et les personnes abominables, mais ils ne toléreront pas ceux qui croient au Pape régnant, aujourd'hui Sa Sainteté, le Pape François I en union avec le Pape émérite Benoît XVI.

Voilà ce qu'est la division, la culture de la mort et pourtant ils pensent qu'ils apportent la culture de la Vie. En ceux-là, Mon Saint Esprit n'habitera pas ! C'est du zèle pour la loi, les ordonnances et les préceptes, mais pas d'amour ! C'est seulement l'amour qui apportera la Miséricorde et la Justice, mais ils n'embrasseront pas cet Amour ! C'est par une fausse notion d'amour et d'autojustification qu'ils marcheront ! Ils vous traîneront hors de vos propres maisons et vous battront à mort ! Ils vous lapideront même en croyant qu'ils se débarrassent de tous ceux qui croient en l'antichrist et en l'antipape, qui ne sera pas encore sur le siège de Pierre – mais en croyant que c'est lui. Quel moment horrible !

---

[167] Luc 12,53

... Ils ont ramené Jésus d'Hérode à Pilate.

« Tu vois ma fille », *dit Jésus d'Âme à Âme :*

Maintenant, Sainte Maman sait que Je suis terrifiée. Elle met Son manteau autour de moi, et maintenant Je peux voir et entendre ce qu'Elle vit en ce moment même.

« Tu vois comme J'ai été silencieux devant Hérode[168] et qu'il ne M'a pas lapidé mais M'a renvoyé à Pilate ; ils ne te donneront même pas la chance d'aller devant les juges, ils se feront juges eux-mêmes et ils tueront les innocents et acquitteront les coupables comme tu le verras dans peu de temps quand Pilate se lavera les mains[169] et Me condamnera et libérera les coupables ! Telle est la froideur du cœur, tel est le manque de foi, et ce ne sont pas ceux qui ne Me connaissent pas, ce sont ceux qui disent Me connaître, les fidèles ! C'est cela le Schisme, le *Grand Schisme* !

Je suis Jésus de Nazareth, souffrant ici gravement pour les Âmes tièdes qui ont détourné leur regard de Moi et de Mon Père qui est aux Cieux ! Amen. Amen. » *(Jeudi Saint, 18 avril 2019)*

99. VOUS DEVEZ VENIR À ELLE, PUIS À MOI : C'EST LA VOLONTÉ DE MON PÈRE

Jésus parle d'Âme à Âme alors qu'Il est emmené :

« Ma petite, comme j'aimerais que beaucoup Me consolent comme tu le fais. S'ils savaient à quel point Je les aime ! Ils valent beaucoup plus que ce en quoi ils se sont fourvoyés. Ils se sont réduits à une valeur moindre que celles des animaux ! Même maintenant, s'ils se tournent et embrassent la croix que J'ai conçue pour eux en union avec Moi, ils se relèveront !

---

[168] Luc 23,9
[169] Mt 27,24

Sache maintenant, ma fille, qu'ils te traîneront ! C'est ainsi que Je parle à l'Église militante. Beaucoup d'entre vous seront lacérés ainsi, battus pour Me renier ! »... *et là, Ô Seigneur !... Ah... une larme tombe de Jésus pleine de sang Ah !... en pleurant... Ah !... Seigneur Je la recueillerais et Je l'aspergerais sur les Âmes pour lesquelles Tu veux que Je prie...* "S'ils savaient que Me renier serait la mort éternelle, et pourtant ils l'embrassent par peur des hommes ! ".

Je suis Jésus de Nazareth, ici souffrant pour chacun de Mes enfants ».

Et maintenant, ici, Il présente quelque chose de tout à fait différent.

« Je suis le Médiateur entre vous et Mon Père, mais Ma Mère est la Médiatrice – Médiatrice entre vous et Moi. Comprenez cette manière : Vous devez venir à Elle et ensuite à Moi, c'est la volonté de Mon Père ! C'est ici que vous comprendrez la Consécration et l'Amour que J'ai pour Ma Sainte Mère, Amour que vous devez embrasser, vous tous Mes enfants bien-aimés comme cette petite et son époux, Mes bien-aimés qui sont Miens, Moi qui Suis le Bienaimé de Mon Père, Jésus de Nazareth, Amen, Amen. » *(Jeudi Saint, 18 avril 2019)*

*

Jésus parle d'Âme à Âme : « Ma petite qui est Mienne, Cléophas ».

Iveta : « *Oui, Seigneur* ».

« Vois-tu, tu portes maintenant Ma souffrance unie à Ma Sainte Mère. On l'appelle la *'souffrance cachée'*. C'est ainsi que Mon *Église souterraine* portera la souffrance. Bien souvent, certains de ses membres seront traînés dehors, et ils devront en témoigner et souffrir ! Vois-tu comment ils Me saluent ? C'est la moquerie de ceux qui ont rejoint les forces.

Ils ont divisé les Militants de l'Église et, dans la hiérarchie aussi, ils se sont séparés, formant une 'nouvelle église'. Il n'y a pas de 'nouvelle église', Je ne suis pas divisé ! Je suis uni à Mon Père et Mon Père à Moi et à Mon Épouse[170]; votre Saint-Père en porte maintenant la Croix, Lui, Mon Bienheureux qui est Mien, Mon Pape, Mon Pierre, comme Je l'ai demandé le premier jour, lorsque J'ai prononcé le nom de Pierre, en lui disant qu'il serait celui à qui Je donnerai les clés de Mon Église et sur qui Je bâtirai Mon Église.[171]

Vois-tu comment ils se moquent de Moi ? Ce sont ceux qui dans ce qu'on appelle le 'Mouvement charismatique', n'honorent pas Ma Mère - selon Mon Cœur, mais pas avec Amour ! Ce n'est qu'un nom, pourtant il y en a qui, vraiment dans ce mouvement charismatique, honorent Ma Mère et ont une dévotion pour Elle, en Me louant, en L'acclamant, en M'adorant et en se consacrant à Son Cœur Immaculé pour M'appartenir. Son Cœur Immaculé co-rachète avec Moi. Son Cœur Immaculé recevra toutes les Grâces que Mon Père M'a accordé et les Dons que Je vous ai fait connaître.

Maintenant, lorsque J'expirerai et que Je retournerai vers Mon Père et votre Père[172], c'est Elle qui vous portera, vous et Mon Église. Ainsi, si vous vous consacrez à son Cœur Immaculé, vos cœurs seront circoncis de tout mal[173]. Elle peut couper le prépuce le plus épais du mal qui étouffe votre cœur pour l'empêcher de recevoir Ma Grâce à travers Elle, et Elle vous présentera à Moi, Moi qui suis *l'Avocat* entre Moi et Mon Père et Elle entre vous et Moi, Moi qui suis le Divin Juge au Ciel ; Elle, Mon *Avocate* sur terre pour vous amener à Moi, et qui vous préparera malgré toutes vos fautes, même après que Je sois mort pour vous ; et pourtant vous continuez sur le chemin de la perdition[174] !

---
[170] Ép 5,25
[171] Mt 16,18
[172] Jean 20,17
[173] Dt 30,6 - Jr 4,4
[174] Mt 7,13

Si vous revenez en arrière et vous consacrez à Son Cœur Immaculé, vous comprendrez qu'Elle vous préparera et fera même pencher la balance en appelant des Âmes Victimes - comme cette petite qui est Mienne, votre sœur bien-aimée Cléophas - à souffrir pour vous ; elle qui souffre maintenant aujourd'hui pour tant de gens qui se tourneront et reviendront à travers Son Cœur Immaculé, et en l'embrassant comme leur Mère, leur Médiatrice et *Avocate*, qui co-rachètera pour eux !

Jésus de Nazareth, Amen. Amen. » *(Jeudi Saint, 18 avril 2019)*

*

Jésus parle maintenant d'Âme à mon Âme :

« Tu vois ma fille : C'est ce qu'ils font avec les cordes dans ce schisme généralisé de Mon Église. Comment pouvez-vous prendre la moelle de l'os ? En se séparant, ils s'excluent eux-mêmes et ils deviennent comme des os vides. La moelle existe dans Mon Pierre, la ligne de Vie et de Sang qui donne la Grâce sacramentelle de Mon Église catholique, Mon Épouse.

Ils ont commencé à tellement se moquer de lui dans la hiérarchie, ils se moquent de lui à chaque instant. Peu importe ce qu'il dit, leur décision est prise – comme vous entendez la foule, les Pharisiens, les Sadducéens, les Scribes et tous ceux que J'ai guéri et à qui J'ai rendu la santé – ils ont même détourné leur visage et ont fermé leurs oreilles, en voyant mais ils ne voulaient pas voir, en entendant mais ils ne voulaient pas entendre[175] ! J'ai dit déjà ces mots : ils voient, mais ils sont comme ceux qui ne peuvent pas voir, ils entendent mais ils sont comme ceux qui ne peuvent pas entendre, et en persévérant ils ne peuvent pas percevoir !

---
[175] Mc 8,18

Comprenez-vous maintenant le schisme ? Ils ont persévéré avec diligence, ils savent tout de Moi, ils connaissent les voies, mais ils ne comprennent pas la Miséricorde et l'Amour, et ils n'ont pas la Foi ! La Foi naît avec la Miséricorde et l'Amour dans chaque Âme. Quand vous ne privez pas l'Âme de l'Amour pour Dieu - dans la petitesse où vous vous humiliez, et vous ne vous grandissez pas pour jouer à Dieu - et que vous vous aimez les uns pour les autres, dans la Miséricorde qui pardonne, alors vous grandirez dans la foi et deviendrez riches en Amour ! C'est alors que Moi et Mon Père viendrons habiter dans votre Âme[176]. Nous demeurerons en vous et vous en Nous ! C'est dans cette foi que vous naîtrez à une Vie nouvelle[177] avec Moi et Mon Père, et là Ma Mère sera avec vous. Par Son Cœur Immaculé, vous passerez à travers tout cela et vous vous débarrasserez de tout ce qui vous étouffe et vous bloque hors de la Vraie Foi et de l'Amour, en embrassant Ma Miséricorde !

Jésus de Nazareth, sur le point d'être condamné par tant de gens... » *et Jésus verse une larme Ah !... C'est une compréhension des Âmes tièdes qui ne changeront pas. Amen, Amen. (Jeudi Saint, 18 avril 2019)*

100. CECI CONCERNE CEUX QUI RÉCLAMENT LA DÉMISSION DE MON PIERRE, POUR LE DÉTRÔNER

« Qui voulez-vous que Je libère : Barabbas (Je ne peux même pas prononcer son nom, Je frissonne intérieurement rien qu'en regardant la scène) ou Jésus, le roi des Juifs. Et ils crient "Nous n'avons pas d'autre Roi que César[178], relâche Barabbas !".

---
[176] Jean 14,23
[177] Jean 3,3
[178] Jean 19,15

« Je ne veux pas de Son Sang, - leur dit Pilate - de cet Homme innocent : Je ne trouve aucune faute en Lui. » « Que son sang retombe sur nous et sur nos enfants. » »[179]

Maintenant, Jésus parle d'Âme à Âme :

« Comprends-tu ceci, Ma petite qui est Mienne, Cléophas ? »

Iveta : « Non Seigneur... pleurant..., je ne suis qu'une enfant, qu'est-ce que c'est ? »

Jésus parle :

« Il s'agit de ceux qui réclament la démission de Mon Pierre, pour le détrôner ! Ce sont ceux qui l'appellent l'antichrist, l'antipape ! Ils ne comprennent même pas ce qu'ils disent. Ils veulent son sang sur eux, sur leurs enfants. Ils marchent sur le chemin de la perdition[180] comme Ma Mère l'a fait savoir. C'est le venin mortel, car la Russie n'a pas été consacrée à Son Cœur Immaculé à temps, venin qui a maintenant pénétré dans les Élus et les fidèles ! Vous devez comprendre et rester fidèles, ceux qui sont véritablement consacrés au Cœur Immaculé de Ma Mère, Ma Sainte Mère, qui souffre tant pour votre monde maintenant !

Jésus de Nazareth Amen. Amen. » *(Jeudi Saint, 18 avril 2019)*

101. TOUTES LES IRRÉVÉRENCES DANS LESQUELLES JÉSUS EST REÇU

Jésus ne fait aucune protestation. Comme un Agneau conduit à l'abattoir en silence, pas même un bêlement[181] ! Maintenant, Jésus est amené, et tandis qu'ils Le préparent à recevoir Sa croix, la croix est sortie.

---

[179] Mt 27,25
[180] Mt 7,13
[181] Is 53,7

Sainte Maman est de nouveau à l'arrière. Par « de nouveau à l'arrière », Je veux dire que j'avais vu cette vision dans les années passées où Elle rassemblait, essuyant Son Sang sur Son Vêtement, et l'épouse de Pilate descend et Lui donne des serviettes, La regarde et dit : « Ton fils ? » ... Ah ! ... Et Sainte Maman lui demande de ne pas pleurer sur Lui mais sur ses enfants, sur elle-même et sur les femmes et leurs enfants et Elle continue à essuyer. Elle ramasse tous ses morceaux de Chair et les met dans un petit sac qu'Elle fait à partir d'un pli de Son Vêtement, et le range dans Sa Ceinture pour conserver cette Chair.

Maintenant, Sainte Maman me parle.

« Ma petite qui est à Moi et à Mon Jésus, Cléophas, qui souffre aujourd'hui pour tant d'Âmes, tu ne comprends pas ce que J'ai fait. C'est ce qui arrive lors de nombreuses communions sacrilèges par toutes les irrévérences avec lesquelles Jésus est reçu : des Fragments tombant sur le sol, Jésus laissé à l'abandon par ceux qui ne veulent pas Le recevoir, laissé sur les bancs et jeté par terre dans l'incrédulité ! C'est ainsi que J'envoie Mes Anges pour Les rassembler, comme tu l'as fait autrefois[182]. Vous étiez comme des Anges, pour subir la réparation que vous deviez faire, la réparation nécessaire par des prières, pour de telles offenses ! Maintenant cette offense est répandue, et la condamnation[183] s'abattra comme la persécution ! Ici aussi comprenez que c'est le mal que j'avais prédit que la Russie répandrait ses erreurs, et que le laxisme naîtrait dans l'incrédulité vis-à-vis de la Vraie Présence de Jésus dans la Sainte Eucharistie comme Vraie chair et Vrai Sang !

Marie de Nazareth, co-rachetant avec le *Médiateur* comme *Médiatrice*. Amen » *(Jeudi Saint, 18 avril 2019).*

---

[182] Il arrivait souvent que Félix et Iveta trouvent dans certaines églises des morceaux de la Sainte Eucharistie jetés par terre avec incrédulité et qu'ils les ramassaient avec un grand respect.
[183] 1 Co 11,29

102. L'ÉGLISE SOUTERRAINE EST PRÉPARÉE POUR LE RESTE FIDÈLE

Sainte Maman est soutenue par Marie de Magdala et Saint Jean l'Apôtre. Il y a beaucoup de femmes derrière Elle. C'est comme un petit groupe de fidèles, au milieu de la foule qui crie « Crucifie-Le !», et Jésus embrasse la croix à bras ouverts. Ils la posent sur Son épaule droite.

Jésus me parle d'Âme à Âme : « Ma petite à Moi, Cléophas, comprends-tu maintenant ? »

Iveta : Non Seigneur, je comprends que je dois porter ma croix ; car je ne comprends plus. »

« Oui, dans la fidélité tu dois porter ta croix[184], et c'est ce que Ma Sainte Mère déposera sur ton épaule dans les moments de ton exil sur terre, pour être unie à Moi. Maintenant, sache et comprends, *l'Église souterraine* est préparée pour le *Reste*[185] qui demeure fidèle, et non pour ceux qui ont embrassé le chemin du schisme, le mal généralisé des anciens fidèles qui avait embrassé Ma croix – c'est-à-dire reçu la Grâce sacramentelle de l'Église – et qui maintenant trahissent ! Car ils jouent l'égalité avec Dieu et exploitent les voies de Dieu, pour être rabaissés dans une manière de penser humaine et démoniaque, en se félicitant de construire une 'nouvelle église'. Et cela, Je le permettrai, mais votre foi sera maintenant mise à l'épreuve contre ces personnes et non contre les incroyants, pour rester fidèle à Mon Pierre, le Pape régnant aujourd'hui, le vrai Pape selon Mon Cœur, Mon Sacré Cœur et le Pape caché. Vous devez comprendre cela de l'antipape, de la façon dont il prendra sa place !

Et les prières du Pape caché sont pour vous, l'Église militante maintenant, car quelqu'un se lèvera pour construire

---
[184] Mt 16,24
[185] Ap 12,17

une 'nouvelle église' et il sera l'antichrist ! Ne laissez pas la peur vous gouverner, sachant tout cela ! Adoptez seulement Mes voies en vous consacrant au Cœur Immaculé de Ma Mère. Son Saint Cœur régnera et triomphera de tous Mes adversaires en ces temps !

Et le plus important est la proclamation du *Cinquième Dogme*, tel qu'il a été connu : qu'Elle soit proclamée *Médiatrice de toute Grâce*, *Co-Rédemptrice* et *Avocate* pour dispenser les Grâces nécessaires à Mon *Reste*, Mon vrai *Reste*, pas la 'nouvelle église' – cela n'existe pas ! Oui, le Ciel et la Terre passeront, mais Mes Paroles ne passeront pas[186], pas même le plus petit point[187] !

Je suis Jésus de Nazareth qui souffre maintenant pour le Grand Schisme dans l'Église, portant cette croix, priant pour que beaucoup renoncent à cette fausseté et reviennent à la Vérité. C'est Moi, dans Mon Église catholique toujours debout sur la Pierre Solide sur laquelle Je l'ai construite[188], et elle restera debout ! Amen. Amen ! Maintenant, repose-toi ma fille, ton corps est fatigué. » *(Vendredi Saint, 19 avril 2019)*

103. PRENEZ COURAGE, J'AI DÉJÀ PARCOURU CE CHEMIN !

Maintenant, Jésus me parle d'Âme à Âme :

« Toi, Mon *Reste*, l'Église militante comme on en est venu à être connu : Reste fidèle ! Reste fidèle ! Ce qu'ils M'ont fait jusqu'à cette heure et à l'heure qui conduira à Ma Résurrection, ils vous le feront ! Mais prenez courage, J'ai déjà parcouru ce chemin, il vous suffit de Me suivre ! Et maintenant, vous devez comprendre, vous tous, les Saints Ordres et ceux qui Me

---
[186] Mt 24,35
[187] Mt 5,18
[188] Mt 16,18

restent fidèles : parmi vous, il y a ceux qui feront de même : ce qu'ils M'ont fait, ils vous le feront, Je l'ai déjà fait savoir.

C'est le grand châtiment, la catastrophe de la perte de conscience de l'humanité qui conduira au règne de l'antichrist et de l'antipape, mais Je suis avec vous dans tout cela.

Dans *l'Église souterraine,* vous exercerez votre ministère et vous porterez le fruit de la Terre Nouvelle et des Cieux Nouveaux[189], du Nouvel Ordre, de *l'Ordre de Mon Sacré-Cœur et du Cœur Immaculé de Ma Mère,* pour Mes Prêtres et Mes Épouses. Vous comprendrez cela en ces temps, vous apprendrez ce qui concerne l'amalgamation et Je serai avec vous à travers tout cela, et ainsi sera Mon Pierre. Jésus de Nazareth, Amen, Amen ».

Jésus parle d'Âme à Âme alors qu'Il s'approche du sommet :

« Tous les nombreux journaux qui répandent les méchants mensonges sur Mon Pierre détruisent l'intelligence des innocents, de leurs enfants et ils augmenteront leur tromperie, car Je le permettrai et ils s'endurciront dans leur orgueil tandis que les consciences s'émousseront à chaque instant et qu'avec chaque mensonge, ils ne connaîtront pas la vérité quand elle sera devant eux. C'est le Grand Schisme, comme il n'y en a jamais eu ! Je l'ai fait savoir clairement. C'est pire pour les Âmes des enfants de Dieu qui ont choisi de suivre le chemin de la perdition, pire que les effets de la troisième guerre mondiale, si elle devait se produire !

Jésus de Nazareth, Vrai Dieu, Vrai Homme, maintenant prêt à être crucifié, Amen. Amen. » *(Vendredi Saint, 19 avril 2019)*

---

[189] Ap, 21,1

104. QUE CETTE SAINTE ÉGLISE SOIT RECONSTRUITE ET ME SOIT CONSACRÉE SOUS LE TITRE DE « MARIE, MÈRE DE L'ÉGLISE, NOTRE DAME DU MONT GANXIM-BATIM »

Notre Dame parle :

« Mes enfants bien-aimés, Mes Fils choisis bien-aimés, Mes filles choisies bien-aimées, comme vous êtes une odeur agréable pour Moi ! Vous vous êtes rassemblés en si grand nombre. Si seulement vous compreniez ce moment ! Vous êtes la force qui ira de l'avant en ces heures de ténèbres contre la culture de la mort pour construire la *culture de la vie* telle que Dieu l'a voulue depuis le début.

Je désire d'un grand désir vous remercier immensément. Et vous tous qui M'avez été fidèles depuis le premier moment où Je suis descendu sur cette Sainte Montagne et l'ai réclamée pour Dieu : Vous comprendrez ce jour ! Soyez patients avec votre Mère céleste, car J'ai beaucoup à vous révéler.

Je m'adresse maintenant au Pasteur de ce diocèse, Mon fils élu et bien-aimé, l'Archevêque, Sa Grâce l'Archevêque Filipe Neri Ferrao : Je te remercie infiniment de M'avoir accueillie, même si Je savais que tu ne serais pas présent ici - ainsi qu'au Pasteur du Diocèse connu, au Ciel, comme le Diocèse sœur de Goa, Sa Grâce Mgr Alwyn Barreto : Je suis consciente de votre présence nécessaire ailleurs, mais c'est le devoir de votre Mère céleste de vous accueillir et de vous faire prendre conscience de Sa présence qui descendra sur cette Sainte Montagne. Sans votre permission, cela ne serait pas possible. Je vous remercie infiniment et Je désire maintenant avec un grand désir placer un joug sur votre épaule.

Ce joug : Je désire avec un grand désir que cette Sainte Église, - autrefois un Tabernacle de Dieu plein et vivant ramenant les Âmes à Dieu - qui se trouve dans un état de semiruines, soit reconstruite et Me soit consacrée sous le titre de 'Marie, Mère de l'Église, Notre Dame du Mont Ganxim-Batim'.

Je vous le promets, Mes fils Élus bien-aimés : Je ne laisserai pas ce fardeau sur vos épaules, Je demande à tous mes enfants bien-aimés maintenant présents ici et à tous ceux qui regardent ce moment à travers des appareils électroniques devenus disponibles de porter ce joug comme Simon de Cyrène l'a fait. Avec votre aide, cette Église sera reconstruite, et vous comprendrez cette signification dans les jours à venir. »

Maintenant, Elle fait une pause et Elle parle à nouveau :

« Mes enfants bien-aimés, comme votre Mère céleste, Je vous préviens maintenant d'un grand mal qui déchire le for interne de l'Église catholique se déguisant sous l'apparence de vivre la nature orthodoxe de l'Église catholique, tout en se désolidarisant du Saint-Père, le chef de l'Église catholique. Comment pourrez-vous alors voir, enfants bien-aimés ? Cela, Je le dis à Mes fidèles et Mes fils et filles choisis, également impliqués dans ce mouvement appelé *(Iveta : Mère, je ne peux pas prononcer ce mot,)* schisme *(Iveta : Je ne suis pas sûre)*. Ne t'inquiète pas, continue, tu vas comprendre. *(Iveta : Ok.)*

Je vous assure que le Pape actuel n'est ni l'anti-Pape ni l'antichrist. Celui-ci vient bientôt et s'assiéra sur le trône de Pierre comme un sacrilège de la désolation[190]. Son règne doit se réaliser pour que la puissance et la gloire de Dieu soient connues. Mais ne craignez rien, Je suis avec vous ! Je marcherai avec vous, Je courrai[191] avec vous et Je vous porterai pour traverser ces moments de ténèbres ! Confiez seulement tout à Mon Cœur Immaculé ! Amen.

Maintenant, Je désire ardemment que vous priiez pour votre Saint Père, Mon Fils choisi bien-aimé, Sa Sainteté le

---

[190] Marc 13,14
[191] Ap 12,6

Pape François I en union avec le Pape émérite Benoît XVI, le Pape caché qui prie pour votre monde. Je suis consciente que vous avez prié pour eux. Continuez de la sorte ! Cela Me plaît beaucoup et vous recevrez de nombreuses bénédictions pour les générations à venir. Amen. »

Puis, Elle fait une pause et s'adresse à l'autre[192] :

« Maintenant, Je désire avec un grand désir faire savoir que le puits, qui contenait l'Eau sainte pour porter prodiges et guérisons, d'abord spirituelles puis physiques, doit être béni à nouveau par Mes Fils choisis bien-aimés ici présents, car les eaux ont été trafiquées. Dieu ne trompe pas et ne peut être trompé ! Sachez et comprenez que ce puits est dédié à Saint Jean Baptiste. Telle est la conversion des pécheurs qui viendront boire de cette eau. Et le Gardien en est Saint Michel, mais à moins que Dieu n'en donne l'ordre, il ne peut rien faire, sinon veiller dans la souffrance, comme Je le fais. » *(25ᵉ anniversaire de la première visite de la Vierge, Batim, Goa, Inde, 24 septembre 2019)*

105. « COMPRENEZ-VOUS L'ÉGLISE EN MON CŒUR IMMACULÉ ? »

Maintenant, Elle fait une pause et Elle parle à nouveau.

« Mes Fils choisis bien-aimés, sur vous repose le poids de cette terrible obscurité. Mais ne craignez rien ! Connaissez et comprenez le pouvoir que Dieu vous a confié ! Vous vous tenez dans le rang le plus élevé de l'homme. Votre fonction est d'un niveau supérieur. Ne faites pas de compromis ! Sachez seulement que vous avez le pouvoir d'exorciser tous ces enfants des esprits des ténèbres et de les amener dans l'esprit de la lumière. Sachez et comprenez aussi que vous devez saisir

---

[192] L'autre mal

la Grâce sacramentelle qui vous a été accordée et confiée par Jésus Mon Divin Fils le Grand Prêtre, sur les traces duquel vous marchez, pour assumer cette Mission et guider l'Église en union avec le Saint Père. Restez-Lui fidèles !

Et vous, sur vous, Mes chères filles choisies, les Épouses du Christ, repose un poids très lourd pour faire advenir et enseigner les enfants de l'Église domestique, pour les amener à comprendre la Volonté de Dieu selon la culture de la vie, contre tout ce qui leur est prêché par la culture de la mort. Vous comprendrez ces moments. Amen. »

Iveta : « Maintenant, Elle semble revenir en arrière. »

Notre Dame : « Comprends-tu l'Église en Mon Cœur Immaculé ? »

Iveta : « Non Mère, comment le pourrais-je ? Je ne suis qu'une enfant. »

« Je protégerai l'Église. Je suis la Mère de cette Sainte Église confiée par Dieu à toute l'humanité. Et en ce moment même, Je place un autre joug sur l'épaule du Pasteur de ce diocèse. Lorsque cette église sera reconstruite, Je désire ardemment qu'elle soit confiée à la garde de l'ordre connu sous le nom d'Ordre des Carmes. La compréhension de ceci est simple : Le Scapulaire de la Médiatrice de toute Grâce a son origine dans le Scapulaire des Carmes, qui est Mon Vêtement.

Je vous supplie maintenant, Mes fils et filles choisis et aimés, de vivre un amour plus profond, pour venir sur cette montagne et administrer les soins pastoraux nécessaires pour les brebis qui viendront, qui sont en détresse et ont besoin de votre aide. M'aiderez-vous ?

Je vous aime tendrement. Je suis votre Mère céleste. Je vous aiderai. Amen. »

« Je désire maintenant avec un grand désir remercier tous Mes enfants bien-aimés présents ici pour comprendre que vous avez marché dans la fidélité pendant un quart de siècle avec Moi, et pourtant il y a beaucoup à accomplir, et il en adviendra ainsi, car Dieu ne manque jamais à Sa promesse d'amour, et à Sa promesse d'apporter l'amour à tout homme. Comme Mère de toute l'humanité, Je vous aime tous et Je vous remercie infiniment !

Je suis la *Mère de Dieu*, toujours présente, rappelant encore une fois à toutes les mères défaillantes de consacrer leurs enfants par leur nom chaque matin, de les confier à Mon Cœur Immaculé. Je prendrai soin d'eux. Sachez seulement que Je peux le faire en ces jours-ci. Je vous aime tendrement. Je suis la *Mère de Dieu*, *Médiatrice de toute Grâce*, *Co-Rédemptrice* et *Avocate* au Ciel, attendant d'être ainsi proclamée sur terre. Amen. »

Iveta : « Maintenant Elle se lève, mais Elle laisse derrière Elle le miracle du soleil, afin que beaucoup puissent en témoigner. »

Saint Michel, Archange, défendez-nous en ce jour de combat, soyez notre protecteur contre la méchanceté et la perfidie du démon. Que Dieu lui commande, nous vous en supplions et vous, ô Prince de la milice céleste, par la puissance de Dieu, précipitez en Enfer, Satan et tous les autres esprits mauvais qui parcourent ce monde à la recherche de la perte des Âmes, Amen.

Au nom du Père, du Fils et du Saint-Esprit, Amen. » (25ᵉ anniversaire de la première visite de la Vierge, Batim, Goa, Inde, 24 septembre 2019)

2020: LORSQU'ELLE SERA PROCLAMÉE, J'OUVRIRAI LES VANNES DU CIEL POUR QUE TOUS MES ENFANTS BIEN-AIMÉS SOIENT CAPABLES DE SUBIR CETTE SOUFFRANCE DE LA PERSÉCUTION DE MON ÉGLISE

106. UN FLÉAU PLUS DÉVASTATEUR S'ABATTRA SUR GOA POUR LA PURIFIER

Notre Dame parle :

« Mes enfants bien-aimés, Je vous remercie infiniment d'être venus devant Moi aujourd'hui, à cette heure, l'heure où vous choisiriez de vous reposer et, oui, toi la petite qui est à Moi et à Mon Jésus, Cléophas, sur toi repose un poids très lourd, le poids du péché qui se manifeste partout...

Le Vatican en mon Cœur Immaculé, comme Je vous l'ai fait savoir lors de ma visite au Mont Ganxim, Batim doit être compris de cette manière : Il y a une épidémie généralisée... - *"...pas ce mot encore, Mère, schisme, schisme..."*. Allez ma fille, tout va bien, ils comprendront - ... qui se développe à un rythme rapide pour renverser le Saint Père. La prière, beaucoup de prière est nécessaire pour le soutenir en ces heures, cette compréhension est vitale. Oui, Je suis très heureuse et pourtant perplexe, car beaucoup se demandent pourquoi ils doivent prier de cette manière. C'est comme s'ils ne voyaient ni ne comprenaient ces moments où beaucoup prient à cette heure même. Et les voici devant Moi, à travers leurs Anges Gardiens, avec des bougies allumées, en train de prier pour le Saint-Père. Cela Me plaît beaucoup !

Je désire maintenant, avec un grand désir, faire connaître la compréhension suivante : "Batim se trouve dans l'ombre de Fatima". Ce que vous voyez maintenant comme une perturbation[193], car Jésus a dit : "Les pauvres seront toujours avec vous, mais pas Moi"[194]. Vous devez comprendre cela maintenant : Que la fumée de Satan est entrée même dans la hiérarchie. La prière est nécessaire ! Vous devez vous tenir diligemment dans la prière et dans un amour unifié pour Moi ! Vous voyez ce pour quoi Je priais : que Goa soit consacré à Mon

---
[193] Ce qui est arrivé sur le Mont Batim
[194] Jean 12,8

Cœur Immaculé comme Je l'avais fait savoir. Mais il n'en a pas été ainsi, et maintenant elle subit les erreurs de la Russie. Oui, même sur mes Terres Saintes ! Sachez et comprenez que la prière est nécessaire ! Le Saint Sacrifice doit être élevé ! Des processions doivent avoir lieu ! Cela brisera la force qui causera de grands bouleversements sur la Terre que Dieu a choisie pour manifester Sa Gloire, le Plan salvifique de Dieu pour votre monde. Ceci doit être compris de cette manière : L'Ère Eucharistique ! »

Elle fait une pause et les larmes coulent...

« Mes enfants bien-aimés, Je désire avec un grand désir vous faire connaître ceci : Si le Saint Sacrifice n'est pas élevé comme Je l'ai demandé, pas seulement le Premier Samedi mais de nombreux Saints Sacrifices, pour expier les offenses commises contre le Sacré-Cœur de Jésus et contre Mon Cœur Immaculé, la peste[195] avec laquelle Dieu a jadis frappé la montagne de Ganxim-Batim et les villages environnants, une peste plus dévastatrice s'abattra sur Goa pour la purifier ; et pourtant le plan de Dieu se réalisera ! Afin qu'il n'en soit pas ainsi, Je vous demande d'être assidus dans votre prière devant Moi. Je suis là à vous attendre. N'ayez pas peur ! Ne soyez pas troublés ! Ne soyez pas anxieux ! Aucun mal ne vous arrivera, ce n'est que par la prière que Nous pouvons renverser le mal ! La prière que Je désire ardemment est le Saint Rosaire. Il liera les forces des ténèbres. Oui, même dans vos familles, vous devez prier beaucoup de chapelets ! Amen. » *(Fête de Marie Mère de Dieu, 1er janvier 2020)*

107. CETTE SOUFFRANCE DEVAIT LE FORTIFIER COMME PAPE RÉGNANT

« Mes enfants bien-aimés, Je vous remercie infiniment d'avoir répondu généreusement à ma demande dans tous les domaines. Pourtant, il y a une chose qui vous distrait. Ce sont les devoirs de

---

[195] Une peste bubonique qui s'est produite autour de l'année 1750.

votre vocation[196]. Ils semblent être accablants et vous gérez plus que vous ne le devriez. Il est bon que vous priiez maintenant ensemble sur ces questions et que vous arriviez à un accord, jusqu'à ce que vous permettiez que vienne de l'aide. Et servez dans cette Vigne qui est à Moi pour le Seigneur. Toi, mon bien-aimé du Bien-aimé, Je te remercie pour tout ce à quoi tu réponds. Et Ma Promesse tient, Je suis avec vous à travers tout cela ! Même dans tes moments de fatigue, tu es capable de faire plus qu'une personne bien portante ferait. Sachez et comprenez : C'est ma Grâce qui intercède à tout moment, mais ne vous laissez pas distraire ! Ce qui est le plus vital maintenant, c'est ce que Je vais faire connaître à travers ces souffrances : cette Petite qui est à Moi et à Mon Jésus, ton épouse que tu as donnée si librement pour souffrir, pour racheter des Âmes. Et en cela, tu souffres aussi avec elle. Cela, Je l'ai fait savoir. »

« Je désire maintenant avec un grand désir faire connaître, la souffrance qu'elle a enduré le Mercredi des Cendres, comme on le connaît maintenant, qui commence le saint temps de votre rédemption pour toute l'humanité. S'ils veulent seulement l'embrasser et se repentir, cette rédemption est à eux par la Miséricorde de Mon Divin Fils Jésus, le *Rédempteur* et Moi, la *Co-Rédemptrice*. Il y a pourtant ces nombreux petits vases - qui sont si peu nombreux- connus sous le nom d'Âmes victimes – comme petits vases co-rachetant avec Moi, et Moi qui suis la *Co-Rédemptrice*, avec le *Rédempteur*. Se comprend là ce qui a été dit : pour « combler ce qui manque dans les souffrances de Jésus » le *Rédempteur*[197]. Pourtant, on pourrait dire : comment peut-il en être ainsi ? Cela a été voulu par Dieu que vous portiez une part des souffrances. Amen.

Maintenant, Mon bien-aimé du Bien-aimé. Oui, tu dirais : « Mère, tu as été distraite ». Non, c'est dans un but précis que J'ai

---
[196] Les travaux administratifs liés au Centre communautaire Saint-Joseph de Foymount.
[197] Col 1,24

parlé de cette manière. Voici comment comprendre la souffrance endurée pour le Saint Père. Cette souffrance, comme Je l'avais fait savoir, est la souffrance pour le terrible outrage, le sacrilège et l'indifférence des fidèles, tant dans l'Église universelle que dans l'Église domestique, pour le mal du Schisme qui déchirera l'Église et la conduira à la ruine - qu'il faut comprendre comme sa purification - qui marquera les jours de l'Église souterraine. La souffrance endurée par cette petite était pour le Saint-Père, le Pape régnant aujourd'hui qui est devenu... *(Iveta : Je n'arrive pas à prononcer ce mot... Je ne vois pas bien car j'ai un poids sur l'œil droit et j'essaie de lire avec l'œil gauche. Je reviendrai plus tard, si Dieu me le permet... un autre mot pour la haine... il est devenu...)* celui qui est haï par les fidèles dans l'incompréhension de ce qu'il dit, de comment il vit et de ce qu'il fait. Et pourtant il est Jésus et marche sur les traces du Seigneur : il est le Vicaire du Christ Jésus.

Cette souffrance devait le fortifier, le consoler et lui donner la grâce d'avancer avec amour et fidélité dans sa vocation de Pape régnant. » *(Vendredi après le Mercredi des Cendres, 28 février 2020)*

108. TRÈS BIENTÔT LE SAINT ESPRIT VOUS SERA ENLEVÉ, ET VOTRE PROPRE ESPRIT APPARAÎTRA COMME S'IL ÉTAIT LE SAINT ESPRIT !

Maintenant Elle fait une pause et parle à nouveau. Maintenant, Elle parle :

Je vois : Tant de gens, tant de gens partout, comme sur le globe, dans le monde – des petites poches. Et Je veux dire par là qu'ils étaient autrefois sous le Manteau Immaculé de la Vierge et qu'ils étaient sous sa protection, maintenant il y a comme un demi-Manteau, le Manteau est déchiré[198].. Ce sont ceux qui se sont éloignés du Saint-Père, et maintenant Je vois de grands centres de congrès partout et des

---

[198] Jean 19,24

stations de radio. Il semble que ce soient des gens aisés qui ont formé des forces contre le Saint-Père. Je parle ici de laïcs et de ce que l'on considère comme les futurs séminaristes issus de ces groupes.

Aujourd'hui, Notre Dame rachète les nombreux participants aux congrès qui ne savent pas quel chemin prendre, mais qui, en les voyant et en les entendant, ils ont l'intention d'embrasser ce chemin qui les mènerait à la perdition. Aujourd'hui, dans cette souffrance, la Vierge rachètera ces Âmes, en leur donnant la grâce de discerner davantage, de connaître et de comprendre leur vérité. Leur vérité est que ce Saint Père n'est pas le Pape valide ; il est soit l'antipape, soit l'antichrist. Eux-mêmes ne sont pas sûrs de qui il est !

La vision se termine, et Notre Dame pleure. Et Elle parle. Et tandis qu'Elle parle, les larmes qui tombent sur Son vêtement blanc se transforment en taches de sang sur Son vêtement ; mais sur Ses joues, elles coulent comme des larmes transparentes – comme de l'eau, comme nos larmes ! Mais quand elles tombent sur son vêtement, elles sont comme du sang !

Maintenant Elle parle :

« Mes enfants bien-aimés, quel moment douloureux que de voir tant d'entre vous, consacrés à Mon Cœur Immaculé, déchirer maintenant Mon Cœur Immaculé et l'affliger ! Et Je pleure ! Je pleure pour que vous retourniez au port de la Vérité, l'Église catholique, au Saint-Père, aujourd'hui Mon Fils bien-aimé et choisi, l'Évêque de Rome, votre Saint-Père, le Pape François I. Combien de fois il a l'impression de ne pas pouvoir continuer, et pourtant c'est Moi qui intercède comme *Médiatrice de toute Grâce*, en lui donnant toute la force nécessaire pour tout mener à bien.

Sachez et comprenez : Ce chemin que vous prenez - ceux qui l'ont déjà choisi, si vous ne revenez pas – : vous marchez sur le chemin de la perdition[199] – vous et vos enfants ! Il n'y a

---
[199] Mt 7,13

pas d'autre voie ! Vous ne comprenez pas les voies de Dieu ! Vous avez fait Dieu à votre image et à votre ressemblance[200]. Et c'est pour cette raison que vous vous considérez au-dessus de la loi de Dieu, et que vous répandez ce terrible mal qu'est le Schisme ! ».

Iveta : Voilà encore ce mot. Je crois que j'ai bien compris, oui ? Maman hoche la tête. Merci Maman.

« Ne Me crois-tu pas, ma fille ? »

Iveta : Je crois, Maman, aide-moi dans mon incrédulité. J'ai regardé mon mari pour voir si j'avais raison, au lieu de croire Maman.

« Ceux-ci seront maintenant connus sous le nom de 'schismatiques'. Comme vous faites de la peine à mon Cœur Immaculé ! Mes enfants bien-aimés, vous êtes devenus des 'schismatiques' et vous conduisez maintenant les autres sur le chemin de la perdition. Très bientôt, le Saint-Esprit vous sera enlevé et votre propre esprit apparaîtra comme s'il était le Saint-Esprit ! Soyez sur vos gardes contre une telle iniquité qui vient de l'orgueil ! Ne vous considérez pas au-dessus de la loi ! Car Dieu vous a épargnés, vous et vos enfants, pour faire advenir la beauté d'être fidèles aux enseignements de l'Église Catholique, mais pas d'une manière discriminatoire, en vous mettant à part et en vous séparant de la Vérité, comme si vous étiez plus saints que vous ne l'êtes ! Dieu seul est saint et Dieu seul déclare qui est saint à travers l'Église catholique !

Enfants bien-aimés, Je languis de vous voir revenir ! Amen.

Sache et comprends maintenant, Petite qui est à Moi et à Mon Jésus : Tu vas endurer cela pendant la période de vingt-quatre heures, -il s'agit de souffrances. Aujourd'hui, c'est pour l'Église domestique ; le jour suivant, ce sera pour l'Église

---

[200] Gn 1,27

universelle. Je te ferai connaître dans ta souffrance pour qui elle sera, pour qui tu seras tourmentée. Car de cette façon, les Âmes que tu rachèteras, si elles ne choisissent pas – celles qui suivent le chemin comme 'schismatiques', dans ce *schisme* – elles abandonneront complètement la Foi et deviendront des avocats de Satan. C'est pour cette raison maintenant que Mon adversaire te tourmentera ! Mais Je suis avec toi à travers tout cela - tout comme ils l'ont fait pour Jésus à Gethsémani.

Je vous aime tendrement. Je vous remercie, Mon bien-aimé du Bien-aimé, pour tout ce que tu fais et, oui, pour parvenir et y travailler. Quand ce sera terminé, tu comprendras sa signification. Ne t'inquiète pas des moyens financiers. Tout sera pris en charge. Fais seulement ce que J'ai fait connaître !

Je vous remercie infiniment. Je suis la Mère de Dieu. Je vous aime tendrement, la *Médiatrice de toute Grâce*, *Co-Rédemptrice* et *Avocate* au Ciel, attendant d'être ainsi proclamée sur terre. Amen. Votre Mère céleste qui vous aime tendrement. Amen. » *(Vendredi après le Mercredi des Cendres, 20 février 2020)*

109. CE SONT LES PREMIÈRES *DOULEURS D'ENFANTEMENT* DE LA GRANDE APOSTASIE

Notre Dame S'incline en signe de salutation et parle :

« Mes enfants bien-aimés, Je vous remercie infiniment de ce que vous priez, de ce que vous priez le Saint Rosaire devant Moi, de ce que vous me présentez vos demandes en ces temps de crise. Petite qui est à Moi et à Mon Jésus, Je te remercie infiniment de t'offrir comme victime en union avec Moi, la *Co-Rédemptrice*. Et nous sommes unis, toi co-rachetant comme victime, unie à Moi comme *Co-Rédemptrice* ! Et nous sommes unis et nous demeurons dans le *Rédempteur*, pour compléter ce que Jésus a fait savoir qu'il « manquait »; pourtant rien ne manque[201], petite qui est à Moi et à Mon Jésus. C'est ainsi que nous participons au Saint Sacrifice. Aujourd'hui, ce Saint Sacrifice a été suspendu partout[202]. Pourtant, Mes fils Élus et bien-aimés l'élèvent d'une manière qui doit être comprise comme *l'Église souterraine* - ceux qui sont en silence.

Je te remercie également, Mon bien-aimé du Bien-aimé, de permettre à ton épouse de se donner de cette manière. Ne sois pas troublés ! Ne t'inquiété pas ! Je vous ai fait connaître tout ce qui se réalise ; et que tout ce que J'ai fait connaître se réalise. Oui, c'est vrai, ce sont les premières *douleurs d'enfantement* de la *Grande Apostasie*. Beaucoup vont tomber, ceux qui sont connus comme des catholiques « borderline » ! Ils ne savent pas quel chemin prendre. Priez pour eux ! Eux aussi sont Mes enfants ! Mon Cœur est douloureux !

Sachez et comprenez que la souffrance que cette petite endure aujourd'hui est pour l'autre poumon de l'Église catholique, connu sous le nom de Rite Oriental et pour leurs Patriarches. Sachez et comprenez qu'ils sont dans les coulisses en désaccord avec le Saint-Père, désirant le renverser. Et beaucoup embrassent ce schisme et deviennent des schismatiques. C'est le pouvoir de l'orgueil, l'orgueil spirituel – le plus dangereux pour l'Âme ! Aujourd'hui, Je viendrai au secours des indécis et de ceux qui sont des deux rites, Latin et Oriental, qui ne savent pas de quel côté se tourner. Je viendrai recevoir cette souffrance aux premières heures du premier jour, à minuit du premier mars, à la fin de ce jour. »

*

« Je vous aime tendrement ! Je suis la Mère de Dieu, *Médiatrice de toute Grâce, Co-Rédemptrice* et *Avocate* au Ciel, intercédant pour votre monde. Pour ceux qui M'invoquent sous ce titre, fais

---

[201] Col 1,24
[202] Parce que les églises étaient fermées pendant le confinement du printemps 2020 en raison de l'épidémie de Covid-19.

connaître la 'Médaille' qui a été confiée à tous mes enfants qui la possèdent : qu'ils l'embrassent continuellement lorsqu'ils sont dans le doute. De cette façon, ils invoquent Mon intercession.

Fais savoir aussi qu'ils doivent former de petits cénacles et monter prier le Rosaire sur Ma Sainte Montagne, le Mont connu sous le nom de Mont Ganxim-Batim. Si les portes de l'église sont fermées, ils peuvent former de petits cénacles et s'asseoir et prier devant Ma Statue de Notre Dame, *Médiatrice de toute Grâce, Co-Rédemptrice* et *Avocate*. Je ne vous abandonnerai pas, Mes chers enfants ! N'ayez pas peur, c'est un moment de grande consolation ! La consolation : vous avez maintenant le pouvoir d'intercéder pour les Âmes afin de les ramener à Dieu. C'est le moment de votre foi en action, croyez seulement ! Votre foi est là maintenant – qui met en mouvement selon l'ordre de la Grâce et de la Vérité - Jésus habitant en vous ! Oui, faites de nombreuses communions spirituelles ! Je ferai connaître cette manière aussi ! Il existe de nombreuses formes de communions spirituelles ; et c'est simple. Invitez seulement Jésus dans votre cœur ! Amen.

Je vous aime tous tendrement, Je vous remercie infiniment ! Je suis votre Mère Céleste qui intercède pour vous et par vos prières, il adviendra que Je sois proclamée sur terre comme *Médiatrice de toute Grâce, Co-Rédemptrice* et *Avocate*, et le Ciel ouvrira les vannes de la Grâce qui coulera pour vous, pour combattre en ces temps-là21. Amen. » *(Vendredi après le Mercredi des Cendres 28 février 2020)*

110. VOUS DEVEZ FAIRE CONNAITRE LE REMÈDE QUI A DEUX SENS

« Mes enfants bien-aimés, comme Je vous remercie de répondre par la prière en cette crise. Ceux qui sont présentement tièdes enflamment maintenant ceux qui sont en prière, qui craignent les hommes pour se lever, et ils voient le mal derrière tout cela - c'est mon adversaire !

Levez-vous, enfants bien-aimés, levez-vous avec Moi en récitant le Saint Rosaire ! Et Nous mettrons rapidement fin à ce mal que Dieu a permis pour que vous compreniez : Les premières *douleurs d'enfantement* de la *Grande Apostasie*.

Priez pour votre Saint-Père ! Priez pour vos Évêques ! Priez pour vos Cardinaux ! Priez pour vos Prêtres ! Priez pour vos Religieux, qui sont devenus indifférents et qui, au lieu de vous conduire à la prière, ont eux-mêmes fermé les portes par peur de ce virus. Mais Je suis avec vous qui M'avez appelée, et Je suis même avec ceux qui ne M'ont pas encore appelée, et Je suis avec ceux qui prient pour eux. Je vous remercie, mes chers enfants ! C'est ainsi : Ce sont les œuvres de Miséricorde[203] que vous embrassez : aimer même vos ennemis et prier pour eux[204], prier pour le salut de leurs Âmes ! Amen. »

Maintenant Elle fait une pause et Elle parle.

« Mes enfants bien-aimés, petite qui est à Moi et à Mon Jésus, Cléophas, Mon bien-aimé du Bien-aimé, Félix Xavier, Je vous aime. Je vous aime et Je vous remercie infiniment d'avoir répondu présent pour prier avec Moi, pour veiller. Jésus ne vous abandonnera pas, Moi non plus ! C'est maintenant que vous devez commencer la mission !

... Sachez et comprenez maintenant que vous devez déjà prendre le médicament qui a deux sens que Je vous ai fait connaître. Un médicament qui était utilisé dans les temps anciens pour les toux comme la tienne *(Iveta se mit à tousser soudainement)* et les virus en période d'épidémie.

Le premier sens est d'ordre spirituel. Le sel béni et l'eau bénite doivent être bénis avec les prières de l'Église pour chasser et délivrer des mauvais esprits. La seconde est le

---

[203] Mt 25, 35-36
[204] Mt 5,44

fruit de Dieu donné comme médicament : l'oignon – rouge par nature, avec une teinte que l'on pourrait appeler mauve, un mauve profond (violet) – et le miel. Il faut les utiliser maintenant pour combattre cette terrible angoisse !... Sachez et comprenez que les proportions sont de cette manière :

Le sel béni est une pincée comme vous l'appelleriez, ou un peu, ou quelques grains. L'eau bénite, c'est une cuillère à soupe, ou un trait comme une bonne dose. Le miel, en proportion de l'oignon. L'oignon – la petite proportion est de cinq cuillères à soupe, la moyenne est de sept et la grande est de douze. Le tout doit être mis ensemble et conservé toute la nuit. Lors de sa préparation, il faut réciter le 'Je crois en Dieu', l'Acte de foi, la foi catholique. Pour le terminer, il faut le porter à ébullition, une ébullition, pendant laquelle on récite le 'Je crois en Dieu', le 'Notre Père', trois 'Je vous salue Marie', le 'Gloire soit au Père' et le 'Salve Regina'. Ce 'sirop' doit être pris trois fois dans la journée de vingt-quatre heures. Cependant, si l'on ressent un essoufflement important, il faut le donner immédiatement – une cuillère à soupe, les enfants un quart de cuillère à café. Sachez et comprenez maintenant que tout ceci n'est que Mère Nature, dont Je suis la Reine, pour que vous le sachiez !

Je vous aime tendrement, Je suis la Mère de Dieu, *Médiatrice de toute Grâce, Co-Rédemptrice et Avocate*, vous demandant en même temps de demander au Saint-Père de Me confier toute l'humanité. Je suis la *Mère de toute l'Humanité*. Dans cette crise, il faut comprendre que Moi seule je peux aider !

Je suis votre Mère céleste qui vous aime tendrement. Je remercie tous Mes enfants bien-aimés de prier par l'intercession de Mon Titre, *Médiatrice de toute Grâce, Co-Rédemptrice et Avocate*. La *Mère de Dieu*, c'est Moi. Amen. »

La vision se ferme. Notre Autel revient. Notre Sainte Mère S'élève. Les Archanges vont derrière nous, et tous les autres Anges montent avec Elle, sauf trois cercles d'Anges qui nous encerclent dans ces locaux – ce Mont Foymount.

... L'Archange Raphaël tient cette fois la Balance, et sur elle, le médicament est à une extrémité, à ma droite, et à l'autre extrémité se trouvent ceux qui croient. Ils sont comme des charbons ardents et il est écrit : « Pour ceux qui croient, il produira des fruits de guérison. À ceux qui ne croient pas, il apportera la condamnation, car ils se moquent de l'Esprit Divin dans sa Sagesse et son Intelligence ». L'Archange Gabriel monte. Amen. (Solennité de l'Annonciation de Notre Seigneur 25 mars 2020)

111. CONFIEZ-LUI CE SIROP QUE JE VOUS AI FAIT CONNAÎTRE

Iveta, tandis qu'elle souffre pour l'Église universelle. Elle voit dans une vision :

... *Notre Dame de Grâce, mais Ses Mains sont à la hauteur de la taille et il y a une chaîne qui les relie. Elle pleure !*

La vision change.

Elle est maintenant Notre Dame Médiatrice de toute Grâce, Co-Rédemptrice et Avocate *avec le Rosaire suspendu à Son majeur droit et le Scapulaire dans Sa main gauche. Elle porte un Vêtement entièrement blanc avec le soleil derrière Elle, qui pulse et émet des rayons d'or sur Son Vêtement et tout autour d'Elle, comme dans l'image de Notre Dame de Guadalupe. Jésus est dans Son Cœur Immaculé dans l'Ostensoir, qui est comme un Calice. Les deux clés de Pierre se trouvent en dessous. 'Jésus' est suspendu dans Son Cœur Immaculé et le Sang coule de l'Eucharistie dans le Calice, c'est-à-dire l'Ostensoir. Je vois à nouveau cette chaîne qui entourait Ses mains et des rayons émanent de Ses mains, mais ils ne peuvent pas descendre sur terre. Ils émanent et descendent seulement sur ceux qui l'invoquent sous le titre de* 'Médiatrice de toute Grâce' : Mère de Dieu, Médiatrice de toute Grâce, Co-Rédemptrice et Avocate'.

Ceux qui L'invoquent sous ce titre de Grâce, tout ce qu'ils Lui demandent et tout ce qu'Elle désire leur révéler, pénètre dans ces Âmes et ces situations. Mais pour le Monde entier, ces rayons ne peuvent pas descendre. Notre Sainte Mère est sur un nuage, et sous le nuage se trouve cette chaîne qui était autour de Ses Mains tout à l'heure lorsqu'Elle est venue comme Notre Dame de Grâce, avec Ses Mains au niveau de la taille. Cette chaîne forme un cercle autour et sous le nuage. Cette chaîne sera brisée lorsqu'Elle sera proclamée **Médiatrice de toute Grâce, Co-Rédemptrice et Avocate,** *le cinquième et dernier* **Dogme,** *qui Lui permettra d'ouvrir les vannes du Ciel pour que la Grâce pénètre tous Ses enfants, pour leur donner la force et tout ce qui est nécessaire, les Dons du Saint Esprit, pour fortifier Ses enfants afin qu'ils aillent de l'avant en ces temps de persécution de l'Église catholique. Et on lit au-dessous de 'Église catholique', 'Chrétiens' et au-dessous de 'Chrétiens', 'Tous les enfants de Dieu, qui doivent encore Le connaître. Amen'.*

La vision se referme, mais la Vierge est toujours là…

J'étais en train de prier trente-trois 'Je crois', en méditant sur les trente-trois années de notre Seigneur sur terre et comme j'arrivais au dix-septième… Nous avons prié ensemble 'l'Angélus' (13h)… et le 'Notre Père' en union avec Sa Sainteté le Pape François I.

Maintenant Je vois Notre, Dame Médiatrice de toute Grâce, derrière Notre Saint Père qui est agenouillé devant 'Jésus' dans le Saint Sacrement, en Adoration[205]. *La médaille de la* **Médiatrice de toute Grâce,** *si Je ne me trompe pas, est dans sa poche droite et* **Notre Dame, Médiatrice de toute Grâce, Co-Rédemptrice et**

---

[205] Ce jour-là, le Pape François a dirigé un "moment extraordinaire de prière" sur le Parvis de la basilique Saint-Pierre à Rome.
Voir : https://www.vatican.va/content/francesco/fr/homilies/2020/documents/papa-francesco_20200327_omelia-epidemia.html

Avocate, *est derrière lui. Maintenant, Il se lève et prend 'Jésus' dans le Saint Sacrement dans l'Ostensoir et Il se retourne. Notre Dame est derrière Lui, alors qu'Il initie la bénédiction qu'Il doit nous donner.* 'Ouvrez vos bras et recevez-la', ce sont ses mots. Maintenant, joignez vos mains - *alors qu'il prononce les derniers mots...* 'Au nom du Père, du Fils et du Saint-Esprit'. Amen.' 'IN NOMINE PATRIS ET FILII ET SPIRITUS SANCTI AMEN »

Il se retourne, place Jésus sur l'autel et récite les dernières prières.

Notre Sainte Mère Se tourne vers nous (alors que la vision du Saint-Père se termine) comme **Médiatrice de toute Grâce,** *avec 'Jésus' dans son Cœur Immaculé, et Elle parle.*

« Mes enfants bien-aimés, Je vous remercie infiniment d'avoir vécu ce moment avec le Saint Père, votre Saint Père, aujourd'hui le Pape régnant, Sa Sainteté le Pape François I. Vous êtes sous sa protection et sa prière. Il m'a invoqué aujourd'hui pour vous aider[206]. Aussi, confie-lui ce sirop que j'ai fait connaître et qu'il soit connu ! C'est une réponse à sa prière, Me suppliant pour tous les enfants de Dieu et lui faisant savoir, que Je désire encore qu'il proclame le *Cinquième Dogme*. Ce n'est pas Mon désir à Moi, *Mère de Dieu*, mais de Dieu Lui-même, qu'il a invoqué aujourd'hui sous le premier titre 'Notre Père'.

Je l'aime tendrement. Je suis avec lui dans tout cela. Je le protégerai jusqu'à cette heure. Je suis sa Mère céleste. Il est Mon Fils bien-aimé choisi pour ces temps, en union avec le Pape émérite Benoît XVI, le Pape priant pour votre Monde. Je les aime tendrement. Amen. » *(Quatrième vendredi du Carême, 27 mars 2020)*

---

[206] "Chers frères et sœurs, de ce lieu qui raconte la foi solide comme le roc de Pierre, Je voudrais ce soir vous confier tous au Seigneur, par l'intercession de Marie, Santé du peuple et Étoile de la mer déchaînée." Pape François, 27 mars 2020.

112. CE VIRUS EST D'UNE GUERRE CHIMIQUE

« Mes enfants bien-aimés, comme vous êtes une odeur agréable pour Moi et pour la Divine Trinité. Sachez et comprenez combien Je vous aime ! Comme vous Me faites plaisir en priant de cette manière et en restant solidaires du Saint-Père. Aujourd'hui, cette petite qui est à Moi et à Mon Jésus, Cléophas, souffre pour l'Église universelle dite de rite Latin. Ce sont les Saints Ordres pour lesquels elle souffre, les Saints Ordres qui dénoncent le Saint Père et sont devenus schismatiques dans cette guerre du bien et du mal ; un mal connu sous le nom de schisme !

Sachez et comprenez : Ce sont ceux qui, aujourd'hui, ne se sont pas unis dans la prière avec le Saint-Père, car ils ne croient pas en Lui et font ce qui est mauvais aux yeux de Dieu - la désobéissance au premier degré ! Ils ont aussi le Rite Oriental en les accueillant pour les rejoindre, et il y en a aussi beaucoup du Rite Oriental qui désirent les suivre ! Et aujourd'hui, alors que le Saint Père a demandé à tous les chrétiens de toutes les dénominations de s'unir à Lui, ils ne se sont pas unis à Lui et ont apporté une grande tristesse à Votre Monde[207] !

Sachez et comprenez que le Saint-Père est très seul dans cette guerre, mais il sait. Mais faites-lui savoir que Je suis avec lui, que toute la multitude des Anges du Ciel est avec lui, que la Sainte Trinité habite en lui ! Il est la Puissance de Dieu en ces heures de grandes ténèbres, surtout en ces premières douleurs d'enfantement de la *Grande Apostasie*. Sa prière aujourd'hui est pour garder l'Église unifiée et pour garder les fidèles dans la foi - de la connaissance de Jésus-Christ dans l'Église catholique. Sa Bénédiction est pour éloigner le mal qu'est ce virus, connu sous le nom de Coronavirus/Covid-19, et sachez et comprenez que cette manière de prier a gardé les fidèles intacts !

---

[207] https://www.vatican.va/content/francesco/fr/angelus/2020/documents/papa-francesco_angelus_20200322.html

Cependant, ceux qui sont tièdes, et indécis seront attaqués par ce virus.. Ceux qui appellent au secours, en demandant votre aide, vous devez leur donner le sirop, sans leur donner la connaissance de ce qu'il contient. À ce sirop, vous ajouterez ce que l'on appelle le sirop d'érable. Vous ajouterez en dosage de cinq, et sept, et douze cuillères à soupe ; vous comprendrez cela plus tard. Oui, Mon bien-aimé du Bien-aimé, tu désires qu'il soit dans son texte propre. C'est bon pour le Docteur..., Mon fils bien-aimé, en ce moment, de faire ce dosage. Mais voici la base de celui-ci : Le matin à jeun, avant de manger ou de boire quoi que ce soit, vous prendrez une cuillère à café à une cuillère à soupe, pour les petits enfants ce sera une goutte ou un quart de cuillère à café, puis une heure avant votre repas l'après-midi et le soir encore le même dosage. Sachez cependant que dans les cas graves, lorsqu'ils sont attaqués, au moment où ils respirent, il est bon de leur donner cette dose et même de les frictionner comme un baume sur la poitrine et le dos[208].

Pourquoi faut-il qu'il en soit ainsi ? Car Dieu a donné la médecine de la Nature et l'homme a choisi la guerre chimique et ce virus est une guerre chimique. Je suis la *Reine de la Nature* et comme *Reine de la Nature*, Je combat ce virus avec la médecine de la Nature que Dieu a donné pour l'humanité ! Sachez et comprenez qu'il y a de graves conséquences à la désobéissance contre Dieu !

Je vous aime tendrement, Je viendrai recevoir cette souffrance à l'heure de 12h (minuit), à la fin de ce jour et au début du jour suivant.

Cette souffrance est très sérieuse ! Vous comprendrez maintenant le mot « amalgame » des Saints Ordres qui ne seront plus de Saints Ordres, car la fumée de Satan les a

---

[208] La compréhension de la médecine spirituelle et naturelle est donnée dans la section annexe de ce livre.

consumés. Sachez et comprenez que Je ferai connaître un autre domaine dans les jours à venir. Je vous aime tendrement et Je remercie tous mes enfants bien-aimés qui ont prié en solidarité avec le Saint-Père aujourd'hui lorsque Je me suis jointe à lui pour élever cette pétition, comme *Médiatrice de toute Grâce, Co-Rédemptrice* et *Avocate, la Mère de Dieu* devant Dieu et pour ceux aussi qui ne savaient pas, mais qui ont continué à prier - ils recevront les grâces et la protection des intentions de votre Saint-Père.

Quant à ceux qui l'ont rejeté, priez encore pour eux comme vos ennemis[209], afin que leurs cœurs s'ouvrent avec le temps. Je vous aime tous tendrement, Je pleure avec une grande tristesse la perte des Âmes qui n'ont personne pour prier pour elles ! Amen. » *(Quatrième vendredi du Carême, 27 mars 2020)*

113. L'AFFLICTION DE CE VIRUS N'EST PAS POUR APPORTER LA MORT, MAIS POUR LA GLOIRE DE DIEU À TRAVERS CE MÉDICAMENT.

« Mes enfants bien-aimés, ne soyez pas inquiets, ne soyez pas troublés ! Vous êtes pleins d'inquiétude, mais sachez et comprenez que Dieu ne vous abandonnera pas. L'Époux sera avec vous, Je serai avec vous ! Il vous suffit de nous invoquer et de savoir que nous ne vous abandonnerons pas.

Oui, c'est triste de voir la manière de vivre de l'Église maintenant, et Mes Prêtres qui répondent avec laxisme dans leur compréhension que Jésus est avec eux, mais ils choisissent qui ils veulent voir ! Il est triste qu'ils ne comprennent pas que tous sont leurs frères et sœurs. Il est bon pour eux de prendre des précautions, mais il n'est pas bon pour eux de choisir qui ils veulent voir et qui ils ne veulent pas voir ; cela montre un

---
[209] Mt 5,44

manque de foi ! Priez pour qu'ils grandissent dans la foi. Je félicite beaucoup de Mes Prêtres maintenant qui ne craignent pas les hommes mais craignent Dieu ; ils obéissent pourtant aux autorités, sans refuser à Dieu la place qui Lui revient, et sachant que Jésus est le Vrai Dieu et le Vrai Homme et que sans Jésus, cette bataille ne peut être gagnée[210] ! Pourtant, Je les aime tendrement et Je demande à Mes enfants bien-aimés, en leur imposant un autre joug, de prier pour leurs Prêtres, leurs Évêques et leurs Religieux. Amen. »

« Sache et comprends que cette souffrance est maintenant bien lourde pour vous. Par le mot « bien », Je veux dire qu'il s'agit d'une souffrance très lourde ; bien que ce soit une souffrance paisible, elle est très douloureuse ! Tu souffres pour l'Église domestique, le Rite latin et les mariages mixtes avec le Rite oriental, qui embrasse le schisme - dans ce péché. Ils sont comme ceux qui se séparent de la Sainte Mère l'Église catholique, en rompant le cordon ombilical - n'ayant plus de tête, il faut le comprendre ! Ils marchent sans les parties supérieures du corps, la tête, les poumons, les membres supérieurs, et bientôt ils se jetteront dans une fureur pleine de confusion ! Et beaucoup vont même se suicider comme Judas quand ils s'apercevront qu'ils ont trahi l'Église de Dieu qu'ils désirent et suivent avec fidélité et qu'ils ont suivi avec fidélité pendant toutes ces années ! C'est l'orgueil, l'orgueil spirituel qui est entré en eux en pensant qu'ils sont au-dessus des autres.

Sachez et comprenez que cette souffrance qu'endure cette petite qui est à Moi et à Mon Jésus, leur sœur bien-aimée Cléophas, rachètera ceux qui désirent faire marche arrière en ce moment, qui sont aussi dans la confusion. Vous en connaissez beaucoup, et il y en a qui vous connaissent, mais 'eux', vous ne les connaissez pas. Je viendrai recevoir cette souffrance à la fin de ce jour et au début du jour suivant à minuit ».

---

[210] Jean 15,5

Sachez et comprenez qu'au cours de la semaine suivante, appelée Semaine Sainte, vous endurerez cette souffrance pour l'Église domestique et universelle, chaque jour. La souffrance se terminera après l'heure de la Miséricorde Divine, puis recommencera le jour suivant à la fin du jour précédent, à minuit.

Chaque jour, je donnerai un petit mot pour en donner le sens, qui sera pour l'Église domestique et universelle des deux poumons, l'Oriental et le Latin. L'Église orientale est dans un état de dévastation plus grave en ce qui est de la compréhension du Saint-Père, le Pape régnant. Ils croient en ce qu'il dit, mais ils ne veulent pas être sous ses ordres ! Encore une fois, vous voyez l'orgueil spirituel ! Cela doit finir ! Amen.

Elle fait une pause et reprend la parole :

Sachez et comprenez que beaucoup en seront affligés ; l'affliction de ce Virus n'est pas pour apporter la mort, la première mort sur eux, mais pour la gloire de Dieu[211] à travers ce médicament. Je vous ferai connaître comment vous devez le leur présenter.

Je vous aime tendrement, Je vous remercie infiniment ! Je Suis la *Mère de Dieu, Médiatrice de toute Grâce, Co-Rédemptrice* et *Avocate*, qui attend d'être proclamée sur terre. C'est par ce titre qui est le Mien, que Je pourrai aider Mes enfants, Consacrés dans Mon Cœur Immaculé qui ont appris à Me comprendre comme leur Refuge et par Moi à Jésus en qui habite la plénitude de la Divinité[212] de la Divine Trinité, la Plénitude de Dieu. Amen.

Je vous aime tendrement, Je vous aime tendrement, Amen ». *(Cinquième vendredi du Carême, 3 avril 2020)*

---

[211] Jean 11,4
[212] Col 2,9

114. ILS NE COMPRENNENT PAS CE QU'ILS FONT

« Mes enfants bien-aimés, Je vous remercie infiniment de ce que vous continuez à Me tenir compagnie en ce temps très douloureux, douloureux pour ceux qui ne veulent pas embrasser la croix et ceux qui infligent aux autres le venin de Satan. Je te remercie infiniment, Je t'aime tendrement ! Je te remercie, Ma petite qui est à Moi et à Mon Jésus, de souffrir aujourd'hui pour l'Église universelle, pour le Rite oriental et le Rite latin.

Sache et comprends qu'aujourd'hui tu souffres pour ce péché qui déchire l'Église. Le for intérieur de l'Église est déchiré par ceux qui suivent ces leaders qui prêchent contre le Saint Père, le Pape régnant. Ce sont ceux qui pratiquent le péché de Sodome et, puisque le Saint-Père ne leur donne pas l'autorisation de faire ce qu'ils veulent dans le Rite oriental et le Rite latin, Prêtres et Religieux, ils marchent contre lui, utilisant des appareils électroniques pour répandre le venin de Satan, le proclamant antichrist et antipape. Ils ne comprennent pas ce qu'ils font !

Aujourd'hui, Ma petite qui est à Moi et à Mon Jésus Cléophas, tu souffres pour ceux qu'ils incitent à les suivre de cette manière. Je vais arracher ces Âmes de leurs griffes. Quant à eux, tu pries pour qu'ils se voient comme Dieu les voit et qu'ils se détournent – ils ont détruit leurs temples, c'est-à-dire leurs corps – le temple de Dieu ; mais leurs Âmes attendent encore le jugement. Afin qu'ils ne soient pas jugés pour la damnation éternelle ; J'utiliserai cette souffrance pour ceux qui se repentent et ne veulent pas suivre ce chemin de perdition[213].

Tu as porté cette souffrance en commençant par le pied droit, la plaie de Jésus, la Plaie cachée de Jésus sur ton pied

---
[213] Mt 7,13

droit, puis en répandant avec force son venin jusqu'à l'os de la hanche gauche, où leur venin démantèle les Prêtres de Rite latin et les Religieux de Rite latin pour qu'ils pensent comme eux. Elle s'est ensuite élancée vers le cordon ombilical, où tu as ressenti une douleur intense dans la région du nombril, comme si on tirait sur le cordon ombilical, comme en ceux qui pratiquent l'avortement. Maintenant, tu feras aussi l'expérience de la même douleur que lorsque Jésus a été jeté sur la croix, après avoir été dépouillé de tous ses vêtements, à l'exception d'un seul, Mon Voile, qui était drapé autour de Sa Partie Sacrée. Je recevrai cette souffrance à l'heure de trois heures de l'après-midi, l'heure de la Miséricorde Divine. C'est la Miséricorde de Dieu que Nous implorons, avant que la Divine Justice ne s'abatte ! Amen. »

Elle fait une pause et Elle parle :

« Je remercie tous Mes enfants bien-aimés de s'unir à cette petite qui est à Moi et à Mon Jésus, Cléophas, votre sœur bien-aimée ! Restez solidaires avec Moi ! J'ai fait savoir que J'exaucerai vos prières. C'est ainsi que Nous marcherons contre les forces des ténèbres pendant que vous priez le Saint Rosaire. Il est maintenant en votre pouvoir de vous lever en tant qu'Église Militante pour protéger l'Église Universelle contre la destruction que Satan prépare par des fermetures. Il vous reste cependant peu de temps avant les prochaines *douleurs d'enfantement* de la *Grande Apostasie*. Vous ferez bientôt l'expérience du renouveau et du retour ! N'oubliez pas ce que Mon adversaire peut faire ! Restez vigilants et faites ce que J'ai demandé !

Je vous aime tendrement, Je suis la Mère de Dieu, Co-Rédemptrice et *Avocate* au Ciel ; cela sera proclamé sur terre par vos prières. Je vous aime tous tendrement Amen ».
(Mardi de la Semaine Sainte, 7 avril 2020)

115. ILS DÉSIRENT SUIVRE DIEU, MAIS ILS ONT FAIT LEUR PROPRE IMAGE DE DIEU

Sainte Maman est déjà là. Jésus est dans Son Cœur Immaculé. Nous n'avons pas d'Autel, mais là où se trouve le Tilma de Notre Dame de Guadalupe, Elle est là, toute de blanc vêtue, avec le chapelet dans Sa main droite et le scapulaire de la Médiatrice de toute Grâce *dans Sa main gauche. Des larmes coulent de ses yeux, mais Elle sourit et S'incline pour saluer. Les Archanges sont prosternés devant Elle : Saint Michel devant, au milieu, l'Archange Gabriel à sa droite et l'Archange Raphaël à sa gauche. Nos Anges Gardiens sont prosternés devant Elle, derrière Saint Michel, et Elle parle :*

« Mes enfants bien-aimés, quelle tempête pèse sur le monde entier, pourtant si seulement les gens priaient, Dieu lèverait rapidement cette ombre noire qui s'abat sur toute l'humanité dans cette guerre du bien et du mal. Sachez et comprenez maintenant que Je vous remercie infiniment de prier, et Je remercie tous mes enfants bien-aimés qui ont pris le chapelet, même ceux qui ne l'avaient jamais fait ont commencé à prier ! Cependant, il y a beaucoup de ceux qui priaient auparavant qui ne prient plus ! Priez pour eux, afin qu'ils puissent revenir à cet ordre de la prière.

Sachez et comprenez maintenant : Je te remercie, Ma fille bien-aimée, Ma petite qui est à Moi et à Mon Jésus, Cléophas, de porter aujourd'hui cette croix de l'Église domestique. Tu souffres pour ceux qui désirent suivre Dieu mais qui se sont fait leur propre image de Dieu. Ce sont ceux qui font l'école à la maison à leurs enfants ; pas tous, mais beaucoup dénoncent les paroles du Saint Père en le ridiculisant et en croyant qu'il est l'antipape. L'horreur de ce moment est qu'ils installent cela chez leurs enfants.

Aujourd'hui, tu endures cette souffrance pour sauver ces petits de l'esclavage de leurs propres parents qui veulent leur enseigner ce qui est juste. Pour suivre la foi catholique, ils rejettent la compréhension de l'autorité du Vicaire du Christ, Pierre le Rocher,

Mon Fils élu bien-aimé, souffrant pour votre Monde, Sa Sainteté, aujourd'hui le Pape régnant, le Pape François I, le successeur de Pierre, le premier Pape, marchant dans les pas du Pêcheur[214].

Sachez et comprenez que c'est l'Église domestique, de Rite latin et de Rite oriental, qui s'est laissée prendre à ce genre de pensée. Comme Je désire ardemment les sauver ! Je me réjouis de leur zèle à garder la foi catholique, mais le levain de leur pensée est qu'ils sont l'élite ! Et seul Dieu choisit ceux qu'Il veut racheter pour qu'ils aillent pour le temps de l'Église future, connue comme le *Reste*. Vous ne choisissez pas de devenir le *Reste*. Même Moi Je ne peux pas vous dire si vous êtes le *Reste*. Seul Dieu, dans la Première Personne, marquera la croix de la Deuxième Personne sur le front de ceux qu'Il a choisis pour cela. Par *Reste*, il faut également comprendre qu'eux aussi souffriront la mort, la première étape dans les temps qui viennent, connus comme la persécution.

Je vous remercie infiniment. Je remercie tous Mes enfants bien-aimés. Je te remercie Mon bien-aimé du Bien-aimé, de permettre à ton épouse de subir cette souffrance. Je comprends que ce soit difficile de la voir comme si elle dépérissait. Je suis avec elle à travers tout cela. Je la porterai dans ces moments, et Je bénirai tous ceux qui la bénissent et prient pour elle. Et tous ceux qui la maudissent alors qu'elle les bénit, Dieu rendra un jugement sur eux. Je vous remercie infiniment, Je vous aime tendrement. Amen. »

Elle fait une pause et elle parle :

« Je viendrai recevoir cette souffrance après l'heure de la Miséricorde Divine. Elle s'enlèvera de ton corps. Je comprends, ma fille : c'est dur, de la tête aux pieds. Ton corps l'endure, surtout la tête qui te pèse, car c'est la souffrance de l'intellect de ceux qui se croient plus sages que Dieu.

---

[214] Mt 4, 18-19

Sache et comprends : Tu commenceras la prochaine souffrance de la même manière, mais elle sera levée à l'heure de midi après l'Angélus, pour te préparer à la souffrance imminente du Triduum, de manière que tu puisses te reposer. Ce sera une souffrance lourde, mais sache que Je te porterai à travers ce moment. Tu l'endureras avec Moi. Tu la supporteras en co-rédemption avec Moi, la *Co-Rédemptrice* unie au *Rédempteur*. Et tous les petits enfants, Mes enfants bien-aimés, mes petits, qui désirent prier et s'unir à toi, pour offrir chacun de leurs petits sacrifices à l'intention de Mon Cœur Immaculé pour Me consoler et consoler Jésus, petits vases de co-rédemption avec toi, Je les bénirai comme ils te bénissent !

Je suis la *Mère de Dieu*, votre Mère Céleste qui pleure pour tant de personnes qui marchent sur le chemin de la perdition[215], mais Je les sauverai, à travers cette souffrance – beaucoup, beaucoup, ma fille, tu auras le privilège de les voir, quand cela sera levé ! Priez pour votre Saint-Père maintenant. Sa souffrance commence dans ce Triduum. Amen. »

Notre autel revient. Les Archanges se prosternent en priant avec nous. Sainte Maman S'élève. Je ne la vois plus.

L'Archange Michel s'élève et se rend à nouveau au pied de la montagne. On le voit aussi maintenant à l'entrée de Batim avec sa lance percée jusqu'au sol. (Mercredi de la Semaine Sainte, 8 avril 2020)

116. CETTE SOUFFRANCE AUJOURD'HUI EST POUR CE QUI A ÉTÉ CONNU COMME LES RACINES JUIVES DE JÉSUS

Notre Dame parle :

« Je vous remercie, mes enfants bien-aimés, de M'aimer et de Me consoler, de rester avec Moi dans la prière, une Vigile

---
[215] Mt 7,13

quotidienne, une prière constante de votre devoir du moment de votre appel, et du devoir qui a été placé sur vos épaules comme un joug, la croix de Jésus, que vous portez de manière plus profonde maintenant. Je te remercie Ma petite qui est à Moi et à Mon Jésus, Ma fille bien-aimée Cléophas, de souffrir de cette manière.

Cette souffrance que tu endures aujourd'hui est pour ce que l'on appelle les racines juives de Jésus et les Miennes, les Juifs qui ne croient toujours pas et sont sourds à la vérité, ils sont comme une infection dans l'oreille du Saint-Père. Aujourd'hui, votre souffrance est pour leur conversion. Ils font partie de ce schisme. Mais cela, vous pouvez le comprendre : bien qu'ils montrent leur union avec le Saint-Père, ils ne sont pas avec Lui, et ils seraient très heureux de savoir qu'Il est renversé ! Ils désireraient qu'un patriarche prenne sa place et dissimule leur mensonge. Ils aimeraient mépriser les enseignements du Saint-Père, c'est-à-dire les enseignements de Jésus en qui ils ne croient pas, bien qu'ils aient vu et lu tout ce qui a été prédit, et aujourd'hui encore lisent sur Lui ! Ceci, la souffrance que tu endures, est dans l'intelligence. Ils sont des penseurs sages et gouvernent selon la pensée humaine. Même la Parole de Dieu est mise en action dans la Sagesse humaine, et manque de compréhension Divine dans ce sens littéral, dans certains cas. Je viendrai recevoir cette souffrance à douze heure, l'heure dite de l'Angélus ce jour, à midi.

Ta souffrance pour le Triduum commencera à neuf heures ce soir. Ne te laisse pas distraire ! Tu es très distraite, Ma petite qui est à Moi et à Mon Jésus. Prie seulement !

Je vous aime tendrement. Je vous remercie infiniment. Je suis avec toi à travers tout cela. Je remercie tous Mes enfants bien-aimés qui sont co-rédempteurs, unis à ta souffrance, toi qui co-rachètes avec Moi comme *Co-Rédemptrice*, unie au *Rédempteur* Jésus-Christ Notre Sauveur. Je te remercie Mon bien-aimé du Bien-aimé, Félix Xavier pour ta réponse et ta fidélité envers Moi. Je t'aime immensément ! Sache maintenant, que tu seras en profonde communion dans cette souffrance avec ton épouse, alors qu'elle subit l'immensité de la souffrance. Ceci est pour le Saint-Père et tous les domaines qui Le frappent. C'est comme une consolation et un manteau autour de Lui, un manteau de réconfort, un manteau de fidélité, un manteau de force, un manteau d'espoir, un manteau de Foi totale ! Je L'aime tendrement et Je serai avec vous tout au long de cette souffrance, car Moi aussi Je l'endurerai.

Je Suis la *Mère de Dieu, Médiatrice de toute Grâce, Co-Rédemptrice* et *Avocate* au Ciel, attendant d'être proclamée sur la terre ; cela se fera par vos prières, enfants bien-aimés. Amen. » *(Jeudi Saint, 9 avril 2020)*

117. VOUS PRIEREZ ÉGALEMENT POUR CEUX QUI SONT PARTIS AVANT DANS CE TERRIBLE FLÉAU CONNU COMME LA PANDÉMIE

Maintenant, elle fait une pause... et elle parle :

« Pendant cette souffrance, vous prierez aussi pour ceux qui sont partis avant dans ce terrible fléau connu comme la pandémie, connu sous son nom diabolique de Covid-19/ Coronavirus. Ce sont les noms diaboliques sous lesquels *on* peut briser son pouvoir ! 'On' signifie : soit par les laïcs, soit par Mes Fils élus, les Prêtres, qui donnent la délivrance. Aujourd'hui, comme catholiques baptisés, vous avez ce pouvoir de le faire ! Délivrez-vous les uns les autres de ce poids terrible ! Cependant, le médicament est nécessaire, il viendra !... C'est la vérité maintenant qui vaincra ce mal.

Je vous aime tous tendrement, Je Suis la Mère de Dieu, *Je Suis la Reine de la Nature* et comme *Médiatrice de toute Grâce* au Ciel, J'intercède pour obtenir les Grâces nécessaires en ce moment. Amen. » *(Jeudi Saint, 9 avril 2020)*

118. À TRAVERS CETTE PANDÉMIE, J'AI RACHETÉ BEAUCOUP DE CEUX QUI ONT DEMANDÉ PITIÉ DANS LEURS DERNIERS INSTANTS !

Jésus me parle d'Âme à Âme :

« Beaucoup d'entre vous, Mes Prêtres, souffriront cette forme de torture. Et toi, Mon Pierre, tu souffriras la moquerie – ils Me renient - avant que celui que l'on appelle l'antipape ne s'assoie sur ton siège pour accomplir le sacrilège de la désolation[216]. Tu viens d'endurer Ma solitude, Mon isolement, la façon dont Mon peuple, mes enfants, M'ont abandonné pour les voies du monde et ne veulent pas revenir en arrière.

Pourtant, à travers ce fléau, connu sous le nom de pandémie, J'ai racheté beaucoup de ceux qui ont imploré la Miséricorde dans leurs derniers instants ! Il n'en aurait pas été ainsi, s'ils ne M'avaient pas tourné le dos. C'est l'isolement que tu subis pour Mon Pierre, Mon Pierre bien-aimée. Sur toi repose le poids de l'Église et pour toi, Mon Pierre caché, tes prières sont victorieuses. Je vous aime tous les deux ! C'est ainsi que vous porterez Mon Église en ces temps. Elle est aussi maintenant sous la forme de l'Église domestique ; l'Église universelle se cachera. L'Église doit se cacher, c'est Mon *Reste*. Ce ne sont pas ceux qui choisissent d'être le *Reste*, ce sont ceux que J'ai choisis pour être le *Reste*. Pourtant, tous essaieront d'aller sous terre, et dans les *deuxièmes et troisièmes douleurs d'enfantement* de l'*Apostasie* – la *Grande Apostasie* -, beaucoup souffriront le martyre car il y en aura beaucoup parmi eux comme Judas - trahison de toute sorte !

Jésus de Nazareth souffrant pour cette souffrance de ces schismatiques des deux Rites que tu portes, Mon Pierre - les deux poumons ! Amen. Amen. »

---
[216] Marc 13,14

Jésus me parle d'Âme à Âme :

« Ma petite Cléophas, fille chérie de Ma Sainte Mère, tu portes maintenant l'agonie pour réconforter Mon Pierre sur terre, qui porte aujourd'hui la croix de l'Église, Ma croix ! Fais-Lui savoir que Je L'aime. Il le sait, mais c'est un réconfort quand il l'entend d'une autre source qui M'aime, une source qui aime Son Église, une source qui porte son Église dans la souffrance, pour l'Église. Fais-Lui savoir que J'ai dit : « Quand Je viendrai, y aura-t-il la foi ? »[217] Cette souffrance, c'est pour fortifier sa foi contre les assauts de Mes ennemis, contre les assauts de Mon Église, alors que les méchants poursuivent leurs mauvaises voies, alors que Mon Église est obligée de fermer ses portes à cause des autorités, dont certaines font partie de ce schisme et dont certaines appartiennent à l'anti-monde, c'est-à-dire l'antichrist et l'antipape !

Ceux qui M'appartiennent prient et travaillent dur, dur pour trouver une solution pour ouvrir Mes portes, les portes de Mon Épouse, l'Église catholique. Je t'aime Mon Pierre, toi qui es assis aujourd'hui sur le trône de Pierre, connu sous le nom de Pape François I.

Jésus de Nazareth souffrant pour toi dans ton monde Amen, Amen ».

Maintenant, une fois de plus, Il parle d'Âme à Âme :

« Mes enfants bien-aimés, bien-aimés de Moi et de Mon Père, bien-aimés de Ma Mère, vous qui co-rachetez avec ce petit qui co-rachète avec Ma Mère, la *Co-Rédemptrice*, en rachetant avec Moi, pour Me ramener les Âmes, Je vous remercie ! Continuez ainsi, vous êtes une odeur agréable pour Dieu Notre Père ! Je vous assure qu'un jour vous serez avec Moi au Ciel.

---

[217] Luc 18,8

Jésus de Nazareth, mourant par amour pour vous, donnant sa Vie, votre Sauveur, votre Rédempteur. Amen. Amen. »

*

D'Âme à Âme à notre Sainte Mère :

« Mère, porte mon Pierre, suscite en lui la faim et la soif des Âmes. Beaucoup d'Âmes s'enfuient aujourd'hui, en ce jour même sur terre, hors de l'Église catholique, incrédules de Ma Présence ; elles ne comprennent pas ce moment ! Mère, rachète-les à travers cette petite qui souffre pour Moi, Sainte Mère ».

Notre Sainte Mère :

« Qu'il me soit fait selon ta Volonté[218]. Ta Mère, Marie de Nazareth, Ton Esclave née. Mon Dieu, Je T'aime. Amen. »

D'Âme à Âme, Jésus me parle :

« Ma petite qui est Mienne, Cléophas, fille bien-aimée de Ma Sainte Mère, Je te remercie d'avoir soif d'Âmes par cette manière pour souffrir avec Moi aujourd'hui. Fais connaître Mon désir que davantage d'Âmes embrassent Ma croix comme Âmes victimes. Il y en a très peu en ce moment qui désirent souffrir. Mais il y en a beaucoup aujourd'hui dans cette épidémie, comme on l'appelle maintenant – pandémie, virus Corona, un fléau, beaucoup sont victimes et l'endurent, implorant la Miséricorde pour eux-mêmes, pour que leurs familles Me connaissent ! Ce sont Mes Saints qui se lavent dans Mon Sang.

Jésus de Nazareth, le Grand Prêtre, votre Dieu, votre Rédempteur. Amen. Amen. » *(Vendredi Saint, 10 avril 2020)*

---

[218] Luc 1,38

119. SACHEZ ET COMPRENEZ QUE CES ORDRES QUI SONT INFESTÉS PAR CE MAL ONT UN PLUS GRAND VIRUS QUE LE CORONA VIRUS

Jésus parle d'Âme à Âme avec sa Sainte Mère :

« Mère porte Mon Pierre ! Essuie son visage et fais savoir à mes enfants bien-aimés de le porter dans leurs prières et leurs souffrances, en essuyant son visage comme Véronique a essuyé le mien. Amen, Amen. »

Elle acquiesce : « Oui, mon Divin Fils bien-aimé. Amen. »

Septième station : Jésus tombe pour la deuxième fois. « Mère ! » *D'Âme à Âme, Il parle à sa Mère :* « Mère, aide Mon Pierre quand il est dans le doute et l'angoisse pour les péchés qui sont commis contre le Magistère et par ceux qui promettent leur fidélité au Magistère ».

Elle acquiesce : « Ne parle pas, mon Fils », *dit-Elle avec ce visage souffrant ; tandis qu'ils Le frappent à coups de pied et tentent de Le ranimer pour qu'Il Se relève, en tirant sur sa croix ! Nous sommes comme Simon de Cyrène portant la croix de Jésus. Nous aussi, comme Simon, nous tomberons là avec Jésus.*

« Mère », *Jésus parle d'Âme à Âme à sa Sainte Mère :* « Portez Mes enfants ! »

« Mes enfants bien-aimés obéissez à votre Mère, Ma Sainte Mère qui vous fera connaître clairement, souffrant aujourd'hui pour votre monde, Jésus de Nazareth le Grand Prêtre. Amen, Amen. »

Notre Dame répond : « Qu'il Me soit fait comme Tu l'as dit. Amen.[219] »

---
[219] Luc 1,38

Nous passons à la huitième station.

Jésus parle aux Femmes de Jérusalem[220]. Il leur dit de ne pas pleurer sur Lui, mais sur elles-mêmes et sur leurs enfants. Elles pleurent maintenant pour elles-mêmes et implorent la Miséricorde pour elles-mêmes et pour leurs enfants qui subissent cette souffrance, alors que Jésus commence l'anéantissement de l'Homme-Dieu par les Nations. Ceci est d'une très petite dose pour ouvrir les cœurs des pécheurs endurcis à la repentance. Cela semble cruel, mais en proportion des offenses commises contre Dieu, chaque seconde, chaque jour, c'est si peu !

Jésus parle d'Âme à Âme à sa Sainte Mère :

« Mère, porte Mes enfants, porte Mon Pierre. Je suis Jésus de Nazareth, le Grand Prêtre qui agonise pour la fermeture de Mes Églises. Amen, Amen ».

Notre Dame répond : « Qu'il me soit fait selon Ta Volonté. Amen. »[221]

La neuvième station : Jésus tombe pour la troisième fois.

Quelle chute ! « Mère ! », *à travers cette angoisse, Il parle à la Vierge, d'Âme à Âme :*

« Mère, à Toi sera confiée toute l'humanité et les cœurs de tous les hommes quand Je Suis transpercé. Porte Mon Pierre, porte mes enfants ! Maintenant porte Mes Prêtres, Mes Épouses qui se fatiguent. Ils sont au milieu de ceux qui commettent le délit d'être schismatiques en répandant cette hérésie, une hérésie comme jamais il n'y en a eu, comme jamais il n'y en aura, et tout cela au nom du bien et de la vie des catholiques « orthodoxes ».

---
[220] Luc 23, 27-31
[221] Luc 1,38

Je suis Jésus de Nazareth qui agonise pour Mes enfants, Je confie tout au Cœur Immaculé de Ma Sainte Mère, Votre Refuge ; et à travers ce Refuge vous arriverez à connaître le Refuge de Mon Sacré Cœur pour être conduits au Père Éternel. Je vous préviens par Ma Sainte Mère : la route est étroite[222], suivez-la ! Mère, apprends-leur à le faire ! Jésus de Nazareth le Grand Prêtre, agonisant pour Mes Prêtres qui sont devenus anxieux en essayant de se sauver eux-mêmes, et ont oublié de nourrir Mes Agneaux pour l'avenir, et Mes Brebis[223] ! Amen, Amen ».

Notre Dame répond : « Qu'il me soit fait selon Ta Volonté »[224].

La dixième station. Ici, comme nous l'appelons, la dixième station. Jésus monte et arrive à l'endroit où Il sera crucifié. Ils sont arrivés au sommet de la montagne. Il y a deux voleurs de chaque côté de Jésus. Ils sont d'abord jetés à terre, déjà déshabillés et, dans la Présence, alors que Jésus les regarde être crucifiés, cloués à la croix, ils crient et jurent par tous les pires mots et Jésus les écoute. Leurs croix sont maintenant prises et placées dans les trous... levées et placées - agonie en eux - et les jurons continuent.

Jésus parle d'Âme à Âme avec sa Sainte Mère qui Se tient à l'écart. Ils sont retenus par les gardes.

« Mère, porte Mon Pierre, ils vont jurer et le maudire de cette manière, qu'il ne se lasse pas ! Porte mes Prêtres, ils les injurieront et les maudiront aussi ! Ce sont ceux qui répandent l'hérésie du schisme dans Mon Église ».

Maintenant, Il parle d'Âme à Âme : « Comme ils Me dépouillent, ils dépouilleront Mon Église pour laquelle tu souffres, Ma petite,

---
[222] Mt 7,13
[223] Jean 21, 15-18
[224] Luc 1,38

Cléophas, aimé de Ma Sainte Mère. Pourtant, Je l'ai fait savoir, Je serai avec toi jusqu'à la fin des temps ! »[225]

D'Âme à Âme, le Grand Prêtre : « Mère, veille sur Mes petits comme cette petite qui est à Moi, et protège-les contre la peur et l'anxiété, protège-les de l'ennemi qui viendra les dépouiller en leur faisant croire que leur souffrance est inutile[226] ! Jésus de Nazareth le Grand Prêtre. Amen, Amen. »

« Qu'il me soit fait selon Ta Parole[227]. Mon Fils, Mon Dieu, Je T'aime, Marie de Nazareth. Amen. »

Maintenant ils Le déshabillent. Oh ! Mon Dieu Oh ! Mon Dieu ! Ah !... est-ce que Je vaux tellement... Oh ! Ah !!! pour que Tu endures tant de choses pour nous Jésus ? Je T'aime Ah !... tout ce que Tu veux de moi, qu'il me soit fait ; non pas comme moi, mais comme Toi le veux pour moi. Ils Le dépouillent et il frissonne de douleur. Pendant qu'ils lui déshabillent les reins, Sainte Maman vient leur donner Son Voile pour qu'ils l'enroulent autour de Ses Reins. Le centurion a pitié d'Elle et donne Son Voile aux gardes pour qu'ils l'enroulent autour de Lui, couvrant ainsi Sa Partie Sacrée de Pureté. Sacrée et Pure !

Le Saint Jésus me parle d'Âme à Âme en ce moment alors qu'ils Le prennent et Le jettent sur le bois de la croix. Ahh !... Il ne fait aucune protestation sauf un léger soupir, un très long soupir.

« Ma petite qui est à Moi Cléophas, sache et comprends : Je te remercie de souffrir pour Mon Pierre, unie à Moi par Ma Sainte Mère. Tu souffres pour ceux qui veulent se dépouiller de la Vertu de Pureté. Dans leur Sacerdoce, J'ai demandé cela ! Ce doit être le Sacerdoce de la Pureté ! Le désir de se souiller avec des femmes, de se souiller avec l'abomination d'échanger

---
[225] Mt 28,20
[226] Isaïe 49,4
[227] Luc 1,38

l'Acte Saint contre une abomination avec des hommes, des hommes avec des hommes, des femmes avec des femmes, une telle horreur, souillant le temple de Dieu en eux-mêmes ! Vous souffrez maintenant pour les racheter afin qu'ils se réveillent et implorent Ma Miséricorde ! Ceux qui se sont souillés dans cette abomination, embrassant aussi le Schisme, sont devenus des Schismatiques. Pourtant, il y en aura quelques-uns qui se repentiront, et leurs Âmes seront sauvées ; mais leurs corps doivent être détruits. Ils recevront, s'ils gardent leur fidélité après s'être repentis, un nouveau corps à la Résurrection !

Mon Pierre, François I, Pape comme tu es appelé, combien est grave ta souffrance pour de tels délits dans le Clergé, dans les Religieux !

Sachez et comprenez que ces Ordres qui sont infestés par ce mal ont un plus grand virus que le 'Corona Virus', les premières douleurs d'enfantement de la *Grande Apostasie*. Ils fermeront les églises et il viendra un temps où ce que j'ai fait connaître à Ma petite dans les 'Secrets', tu en comprendras le sens, tout cela viendra rapidement comme lorsqu'une mère est en train d'accoucher d'un enfant, les douleurs de l'enfantement ne cessent pas, mais elles viennent les unes après les autres ! Quand cela sera terminé, tout comme une mère a un peu de temps pour respirer, soyez prêts pour les prochaines !

Je t'aime Mon Pierre : Ma Sainte Mère Te portera à travers ces moments. Jésus de Nazareth, le Grand Prêtre, Celui dont l'Esprit repose sur Toi et en Toi, et pourtant ton humanité n'a pas été enlevée ! Et c'est pour cette raison que tu as besoin de Ma Sainte Mère, et, comme Elle Me console maintenant pour Me fortifier, Elle le fera aussi avec toi ! Amen. Amen. »

D'Âme à Âme, Il parle à Sa Sainte Mère :

« Mère, porte Mon Pierre dans son humanité. Dans sa Divinité[228] il est fort, car Je Suis avec lui dans son humanité. Il a besoin de Ton aide ! Jésus de Nazareth. Amen. Amen. »

« Qu'il Me soit fait selon Ta Volonté[229], Marie de Nazareth, Ton Esclave de naissance. Amen. » *(Vendredi Saint, 10 avril 2020)*

120. QUAND ELLE SERA PROCLAMÉE, J'OUVRIRAI LES VANNES DU CIEL

Jésus me parle d'Âme à Âme :

« Ma petite qui est à Moi, Cléophas, obéis à ta Mère en toutes choses, grandes et petites. Mon bien-aimé qui es à Moi, époux de cette petite, Félix Xavier, Moi qui suis L'Aimé du Père, J'obéis à ma Mère en toutes choses grandes et petites. »

C'est comme s'Il prenait une respiration dans ses poumons douloureux et Il parle d'Âme à Âme :

« Fais connaître à Mon Pierre, Mon Pape tel qu'on est venu à le connaître, le Pape François I, et Mon Pierre caché connu sous le nom de Pape émérite Benoît XVI, le Pierre priant, qu'il faut proclamer Ma Mère comme *Médiatrice de toute Grâce, Co-Rédemptrice* et *Avocate*. Elle a déjà ce titre au Ciel et intercède pour ceux qui L'invoquent sous ce titre sur terre. Je le Lui ai conféré sur la terre : lorsqu'Elle sera proclamée, J'ouvrirai les Vannes du Ciel pour que tous Mes enfants bien-aimés puissent traverser cette souffrance de la persécution de Mon Église - qui doit se réaliser comme il est écrit dans l'Écriture. L'Écriture doit s'accomplir ![230]

---
[228] Voir ci-dessus : "Celui dont l'Esprit repose sur toi". Un don divin a été accordé au successeur de Pierre.
[229] Luc 1,38
[230] Marc 14,49

Jésus de Nazareth, Le Grand Prêtre. Amen. Amen. »

Notre Sainte Maman parle à Jésus d'Âme à Âme :

« Qu'il me soit fait selon Ta Volonté[231]. Je suis ta Mère, Ton Esclave née, unissant aujourd'hui toutes Mes souffrances. Je T'aime ! Amen. »

Maintenant il y a le silence, le silence dans le Cœur de Jésus. C'est comme s'Il remettait tout à son Père et comme s'Il faisait le compte de tout ce qu'Il a à accomplir pour son Père au Ciel. Pierre regarde de loin et pleure, pourtant il ne veut pas s'approcher, il a encore peur !

Jésus parle d'Âme à Âme :

« Tu vois comme Pierre est à distance, il a peur des autorités. Il craint d'être battu. Aujourd'hui, vous éprouvez aussi cette peur ! Par obéissance aux autorités, Mes églises sont fermées, et J'agonise aujourd'hui pour ceux qui n'ont pas la compréhension de Ma Divine Présence avec eux dans la Sainte Eucharistie. Je peux arranger toutes choses ! Priez, priez pour un accroissement de Foi en commençant par Mon Pierre, aujourd'hui votre Pape François I, priez pour mes Prêtres ! Je bénis ceux qui ont courageusement pris sur eux d'ouvrir l'église à la prière, et ceux qui ont même courageusement compris Ma Présence et nourrissent Mes Agneaux et Mes Brebis[232] qui viennent prier, Je les Bénis ! Ce sont ceux qui travaillent à devenir de futurs Saints, au milieu de vous jusqu'à ce jour !

Je Suis Jésus de Nazareth Homme-Dieu, Dieu-Homme, Vrai Dieu et Vrai Homme, le Grand Prêtre. Amen. Amen. »
(Vendredi Saint, 10 avril 2020)

---

[231] Luc 1,38
[232] Jean 21, 15-17

121. LORS DE LA MESSE DE RÉSURRECTION DU SAINT PÈRE, ILS SE LÈVERONT

… Sainte Maman est là. Elle est vêtue d'un manteau bleu marine, comme Elle l'était à la Crucifixion, avec deux manteaux ; son manteau intérieur est blanc. Ses mains sont comme dans la médaille de la Médiatrice de toute Grâce, Co-Rédemptrice *et* Avocate.

Les Archanges sont prosternés et il y a des Anneaux d'Anges tout autour d'Elle. Au-dessus d'Elle se trouvent les chœurs célestes des Anges et en dessous les Anges de la terre. Maintenant, le chœur céleste des Anges descend sous Elle, comme si le Ciel s'était vidé de tous les Anges.

Ils[233] se lèveront à la Messe de Résurrection de la Veillée pascale pour un jour de Résurrection béni et saint !

Il y a maintenant beaucoup d'autres Anges en bas, des Anges qui prient, et ils forment aussi maintenant un anneau. Ils[234] appartiennent à ceux qui meurent et qui sont morts de cette terrible peste, dont les corps sont incinérés en grand nombre, et dont certains ont été incinérés dans une grande fosse. La souffrance aujourd'hui sera pour qu'ils ressuscitent dans la Résurrection, lorsque Jésus ressuscitera, dans chacun des différents paliers[235] ! Maintenant, ils sont comme des cierges allumées et leurs Anges Gardiens tiennent leurs cierges.

Lors de la Messe de Résurrection du Saint Père, ils ressusciteront et recevront un nouveau Corps[236] au Ciel et entreront dans les trois différents paliers selon leur repentir à la dernière heure de leur agonie. La Miséricorde de Dieu pour eux fera aussi pencher la balance du côté de tous ceux qui ont prié et imploré la Miséricorde pour eux. Notre Dame aussi fait pencher la balance pour les faire entrer. Il n'y aura personne dans le troisième palier et le dernier niveau, qui est le

---
[233] Ceux dont on vient de mentionner les Anges gardiens.
[234] Idem
[235] Voir à la section : « Thèse du Purgatoire »
[236] Non pas le *corps glorieux*, mais ils sont *revêtus d'un* corps céleste, ressemblant à des Anges. Voir au no. 137.

plus proche de l'Enfer, mais on ne peut pas traverser vers l'Enfer[237], c'est seulement pour comprendre ! Tout cela est au Ciel pour leur purification ! Notre Dame fait pencher la balance - comme Je l'ai dit - comme leur Avocate tout au long de notre intercession. Maintenant, alors que Je subis cette souffrance, la souffrance dans les différents paliers, qui est une lamentation et une agonie de leur souffrance, avec la miséricorde de Dieu - ils se repentent à travers cette agonie.

Je vois arriver d'autres Anges gardiens. Ce sont les Anges de ceux qui n'ont pas été comptabilisés et qui sont pourtant morts eux aussi, sans être pleurés, sans être aimés ! Cela fait comprendre le fait que ces Âmes seraient autrement restées liées à la terre. Dans cette Messe spéciale de la Résurrection, Dieu élève beaucoup d'entre elles ; beaucoup, mais pas toutes ! Quand Je dis 'pas toutes', Je comprends maintenant qu'Elle me montre que le Saint Sacrifice a été élevé par leurs familles, leurs amis et les Prêtres qui prient pour ces Âmes - des Âmes individuelles que l'on a nommées ; la majorité vont maintenant à la résurrection de notre Seigneur, c'est-à-dire la Sainte Messe célébrée par le Saint Père et tous les Prêtres, Évêques et Cardinaux qui élèveront le Saint Sacrifice.

Maintenant, il y a très peu de prières qui viennent pour moi, car beaucoup ont pensé que tout est fini, ils n'étaient pas conscients que j'aie besoin de prière aussi, donc Je dois supporter cette souffrance 'à froid' » ! (Samedi saint, 11 avril 2020)

122. LA JUSTICE DE DIEU DOIT DESCENDRE

Notre Dame sourit. Elle s'incline pour saluer. Elle se tient sur un petit nuage, et Elle parle :

« Mes enfants bien-aimés, combien Je vous remercie d'avoir répondu à ma demande de prier en ce jour sur cette Sainte Montagne, le Mont Foymount. Cette Visitation correspond à celle où Je devais venir le vingt-cinquième jour du douzième

---

[237] Luc 16,26

mois de l'an deux mille dix-neuf (25 décembre 2019). J'y réponds aujourd'hui. Elle aurait eu lieu sur la Sainte Montagne du Mont Ganxim, Batim.

Connaissez et comprenez la raison pour laquelle elle est maintenant ici. Son origine commence avec Ma première Visitation, faite à cette petite qui est à Moi et à Mon Jésus, Cléophas, faite dans cette petite maison, qui fut naguère un hôpital, maintenant une petite maison, dans laquelle Je Me suis présentée à elle. Elle ne savait rien de Moi et aujourd'hui Je l'ouvre au monde. Ici, le monde comprendra son moment. Moi qui suis *Médiatrice de toute Grâce, Co-Rédemptrice* et *Avocate*, ce titre m'a été conféré par Dieu Notre Père, Dieu le Fils, Mon Divin Fils Jésus, Notre Sauveur et Dieu le Saint Esprit.

Je désire ardemment faire connaître, par cette *Visitation* qui est Mienne, l'heure à laquelle vous vous trouvez – bien qu'elle ne soit pas complète – de la *première douleur d'enfantement* de la *Grande Apostasie*. Comme Mon Cœur Immaculé est peiné de voir tant de Mes enfants déjà perdus, à la poursuite d'un autre dieu ! Ils ont abandonné le Vrai Dieu !

Sachez et comprenez que vous devez maintenant vous préparer à la deuxième *douleur d'enfantement*. Celle-ci sera sévère pour vous, si vous ne vous préparez pas ! Vous devez comprendre le *système du troc*. Vous devez comprendre que vous devez être autosuffisants, afin de ne pas devenir la proie de l'adversaire, qui vous donnera tout gratuitement, mais qui vous coûtera le prix de votre Âme !

Enfants bien-aimés, sachez et comprenez que Je suis ici pour vous faire connaître ce moment où Je vous accueille dans mon Cœur Immaculé. Là, Je vous place en sécurité dans le Sacré-Cœur de Notre Divin Sauveur, Jésus ! Et personne ne pourra vous prendre ou vous arracher à Moi, si seulement vous êtes fidèles à vous Consacrer à Moi aux premières heures de chaque matin de chaque nouveau jour.

Et vous, toutes les mères, Je vous invite une fois de plus à confier tous vos enfants par leur nom à mon Cœur Immaculé. Beaucoup d'entre vous sont défaillantes et sont devenues anxieuses ! Il n'est pas nécessaire que vous réfléchissiez. Vous ne pouvez rien faire ! Je peux tout faire, car Dieu m'a confié ce moment, comme *Notre-Dame du Salut* ! Amen. »

Elle fait une pause et Elle parle :

« Enfants bien-aimés, c'est ici aujourd'hui que vous comprendrez le Plan salvateur de Dieu - qui consiste à se suffire à soi-même, tout en répondant aux besoins de ceux qui ont moins, à travers l'œuvre de charité Saint-Joseph connue dans le monde sous le nom de Centre communautaire Saint-Joseph de Foymount. Elle doit aller sur les cinq continents du monde. Là, elle doit porter du fruit pour préserver le *Reste* de la future Église.

Pour ceux qui ne peuvent pas comprendre ce moment, Je vous prie d'être fidèles à l'Évangile et au Saint Magistère de la Sainte Église catholique, le Saint Père. C'est là que vous comprendrez, chers enfants, qu'il vous faut êtes même prêts à donner votre vie pour la Vérité ; la Vérité, qui est en Jésus qui viendra habiter en vous et vous donnera la force de supporter ce moment comme Il l'a fait pour tous les Saints et Martyrs. Amen.

Aujourd'hui, Je condescends sur cette Montagne pour souligner la compréhension de *'Notre Dame Médiatrice de toute Grâce, Co-Rédemptrice* et *Avocate, La Mère de Dieu'*; c'est Moi, en cette Sainte Fête qui M'est consacrée comme 'Notre-Dame du Mont Carmel'. Ce titre y est lié, et vous le comprendrez à travers le Scapulaire, qui est Mon Manteau d'amour pour tous Mes enfants, Mon Vêtement, qui vous habillera et vous protégera contre les forces des ténèbres qui cherchent à arracher vos Âmes ! ».

Elle semble marcher tout autour. Elle couvre toute la Montagne de Son Vêtement... La voilà... Notre Dame du Mont Carmel... Et maintenant, Elle vient.

« Je vous remercie infiniment d'avoir répondu à Ma demande de prier à cette heure ! Venez, tous Mes enfants bien-aimés qui se sont joints à ce moment de prière qui vous a été communiqué, pour prier avec cette petite qui est à Moi et à Mon Jésus, Cléophas, votre sœur bien-aimée. Amen.

Sachez et comprenez maintenant, que Je vous prépare pour la deuxième douleur d'enfantement de la *Grande Apostasie*. Ce sera un moment de tristesse, mais il doit arriver, car la Justice de Dieu doit descendre, afin que ceux qui ont été fidèles soient préservés dans la Foi, et leur fidélité, en vue du *Reste*, en vue de la future Église, l'Épouse du Christ. Amen. »

Elle fait une pause et Elle reprend la parole :

« Je remercie Mon bien-aimé fils choisi, votre Père spirituel qui a élevé le Saint Sacrifice aujourd'hui pour ce moment. Je serai toujours avec lui ! Je le remercie de vous accueillir et de vous porter en ce moment. Il est uni même à cette heure en priant avec vous... Amen.

Maintenant, Je désire avec un grand désir faire savoir que la Paix de Jésus descendra sur vous et dans vos cœurs - même à tous ceux qui ont prié sur la Sainte Montagne de Ganxim-Batim, bien que cela fasse de la peine à Mon Cœur Immaculé de voir l'état dans lequel elle se trouve. Sachez et comprenez que c'est une grande souffrance pour Mes enfants de porter cette croix et les Pasteurs qui n'ont pas tenu compte de Ma demande ont suscité beaucoup de peine. Pourtant, Je les aime ! Priez seulement pour eux ! Amen.

Sachez et comprenez que j'appelle maintenant tous les Pasteurs : en ce temps où Mes enfants souffrent et sont affamés de la Lumière de Jésus, ils doivent revenir aux Sacrements ! Vous devez leur ouvrir vos cœurs. Vous devez leur ouvrir les portes et donner votre vie pour les brebis qui vous ont été confiées. C'est à vous que le Seigneur demandera des comptes pour les brebis égarées[238] qui s'égarent !

Je suis avec vous ! Prenez courage, il ne vous arrivera aucun mal ! Je vous ai même fait connaître le simple remède connu sous le nom de 'Remède spirituel et naturel'... Je suis avec vous tous, enfants bien-aimés ! Je vous aime tendrement !

Je suis la *Mère de Dieu, Médiatrice de toute Grâce, Co-Rédemptrice* et *Avocate* au Ciel. J'attends d'être ainsi proclamée sur la terre ! Je vous remercie de vos prières et d'adresser des pétitions au Saint-Père et de prier aussi pour Lui ! »

... regarde ces nuages qui dansent, ils tournent tous autour d'Elle... La voilà debout. Merci, Maman !

« Priez, priez mes chers enfants pour votre Saint Père. Il a besoin de vos prières ! La croix pèse lourdement sur ses épaules, aussi bien pour le Rite oriental que pour le Rite latin, car beaucoup dans la hiérarchie ont embrassé la contamination, et la fumée de Satan est entrée pour faire souffrir le Saint-Père, entrer en désaccord avec Lui sur la Vérité, et apporter la vision de l'adversaire, l'adversaire de Dieu !

Je vous aime tendrement, Je Suis votre Mère Céleste. Recevez maintenant la Bénédiction de Paix que Jésus M'a confiée - la Très Sainte Trinité habite en moi : « IN NOMINE PATER ET FILIUS ET SPIRITUS SANCTUS. AMEN.»

La Paix de Jésus... donnez-la aux autres ! Amen. » (Fête de Notre Dame du Mont Carmel, 16 juillet 2020)

---

[238] Mt 18, 10-14

123. DEVENEZ COMME CE PETIT ENFANT JÉSUS DANS MES BRAS

Notre Dame parle :

« Sachez et comprenez : Le médicament que J'ai fait connaître, vous devez le prendre pour vous protéger contre cet esprit démoniaque du 'virus Corona' connu sous le nom de 'Covid-19'. Si vous ne le faites pas, vous devrez endurer ses souffrances.

Sachez que vous allez maintenant bientôt entrer dans la *deuxième douleur d'enfantement*. Cette petite qui est à Moi et à Mon Jésus a plaidé pour vous donner du temps, afin que les églises soient ouvertes et que vous puissiez recevoir le Corps et le Sang du *Rédempteur* pour vivre ces moments.

J'ai intercédé pour cette intention, pour vous, mais ne négligez pas *(Iveta : mon cœur est lourd, Mère)*, ne négligez pas ce temps que Je vous donne ! Tenez compte de ma demande, faites-en part aux autres, même à ceux qui ne sont pas croyants. Tu dois maintenant le préparer et le leur donner s'ils le désirent. Amen.

Je vous aime tendrement. Je suis la *Mère de Dieu*, *Médiatrice de toute Grâce*, *Co-Rédemptrice* et *Avocate*, attendant d'être proclamée sur la terre. Amen. »

Notre Dame me parle : « Maintenant, petite qui est à Moi et à Mon Jésus, Je viendrai à l'Heure de la Divine Miséricorde pour recevoir cette souffrance pour l'intention que Je t'ai fait connaître, pour laquelle tu souffres. »

... Maintenant, Elle montre le Petit Enfant Jésus, et Elle me montre la coupe qui déborde de la souffrance de tant d'Âmes qui ont abandonné l'Église, et le Petit Enfant Jésus, dont le visage est craintif, mais dans les bras de Sa Sainte Mère, se tourne pour La regarder, et Il lève Sa petite Main gauche et Il touche Son Menton et reçoit la Consolation de la force.

Notre Dame parle : « Devenez comme ce petit Enfant Jésus dans Mes bras. Amen. » *(Anniversaire de la première Visitation de Notre Sainte Mère au Mont Batim, 24 septembre 2020)*

124. LA CONSÉCRATION DE 'TRENTE-TROIS JOURS'

Notre Dame parle :

« ... Faites connaître à nouveau à Mes enfants bien-aimés qu'il est d'une grande importance pour eux d'accueillir ce qui a été connu comme 'le Remède spirituel et naturel', le sirop que J'ai fait connaître. Cela semble si insensé aux yeux des sages, mais c'est le pouvoir de Dieu et la grâce qu'il contient – le sacramental – qui détruiront le pouvoir du mal comme aucun autre ne peut le faire. C'est une bataille entre le bien et le mal.

Vous arrivez au seuil de la *deuxième douleur d'enfantement*. Je vous ferai connaître dans les jours à venir comment vous devez vous préparer... »

Elle fait une pause et parle :

« Mon bien-aimé du Bien-aimé, Je te remercie infiniment de travailler sur ce qui est appelé, le deuxième livre *'Souffrances et Thèse du Purgatoire'*. Il est important pour toi de le terminer avec diligence. Je vous donnerai la Grâce.

Sachez et comprenez, Mes enfants bien-aimés ont besoin de connaître la direction qu'ils doivent prendre. C'est ce que votre Père spirituel d'autrefois, maintenant avec Moi au Ciel, a appelé 'affirmation'. Ils auront besoin de cette affirmation !

Beaucoup de choses vont se dérouler. Je vous remercie infiniment de faire tout ce que Je vous ai demandé. Je vous aiderai. Continuez de cette manière et apprenez aux autres à faire de même.

Demande-leur de faire ce qui est connu sous le nom de 'Trente-Trois Jours pour la Consécration' - et Mon Esprit Divin les dirigera - de Mon bien-aimé Saint Louis Marie Grignon de Montfort. Je vous remercie infiniment ! »

Iveta était dans la souffrance pour les personnes qui ont abandonné leur Foi, dans cette première douleur d'enfantement *de la Grande Apostasie connue sous le nom de pandémie et ils désirent revenir à Dieu. Ils ont vu leurs proches périr, maintenant leurs cœurs désirent revenir à Dieu et à leur Foi catholique ! Cette souffrance leur donnera la Grâce de revenir à la Foi catholique. (Premier Jeudi, Premier Vendredi de novembre, 5 et 6 novembre 2020)*

125. COMMENT SATAN COMPLOTE MAINTENANT POUR FAIRE ADVENIR COMME UNE SAINTE TRINITÉ

Saint Michel parle :

« Je viens aujourd'hui à Sa demande pour faire connaître l'intention de cette intense souffrance...

Cette souffrance t'atteint pour ce que l'on a appelé le *'vaccin de nature diabolique'*[239]. Le terme 'diabolique', c'est l'homme qui se

---

[239] Ce message ne condamne PAS la vaccination contre le Covid-19 mais désapprouve un type de vaccin très spécifique parmi les nombreux vaccins testés à l'époque, à savoir le vaccin qui utilise des fœtus avortés (la note originale de l'édition en anglais porte : « des lignées cellulaires de fœtus avortés ») dans son processus de recherche et de production. Ce message propose des éléments de discernement spirituel. Consulter le discernement moral et doctrinal qui est donné dans la "Note sur la moralité de l'utilisation de certains vaccins anti-Covid-19" de la Congrégation pour la Doctrine de la Foi du 21 décembre 2020, ainsi que le Message du 8 janvier 2021 (n.130).

prend pour Dieu. Des hommes qui sont devenus complices du plan de Satan pour détruire les Élus de Dieu ! Les catholiques et les chrétiens périront de cette vision de Satan comme martyrs et hériteront d'une couronne éternelle pour toujours – comme les saints qui vous ont précédés. Cette souffrance est pour ce vaccin et doit être comprise par ceux qui l'accueilleront sous la pression de vouloir appartenir au monde et de ne pas comprendre le Salut de leurs Âmes[240], car ils ne tiendront pas compte des avertissements déjà connus et qui sont connus maintenant ! Cette souffrance rachètera ces Âmes qui ont l'intention d'accueillir le vaccin et de devenir ainsi les avocats de Satan.

Sache et comprends : La Sainte Mère, Notre Sainte Mère, Marie toujours Vierge, viendra la recevoir[241] à la dernière heure de ce jour qui marque aussi l'entrée d'un nouveau jour, le Premier Samedi, demain, le jour étant le 5ème jour du 12ème mois de l'année Deux Mille Vingt. Je suis là comme vous m'invoquez, pour vous protéger ».

... Et maintenant Saint Michel me montre comment l'adversaire surveille tout...

... et Je vais détruire et confondre sa vision sur vous et sur le plan de Dieu... et il me montre maintenant comment Satan complote maintenant pour faire advenir comme une Sainte Trinité – la « trinité » anti-Dieu. Et pourtant, c'est le même esprit de Satan dans le monde : De porter confusion aux catholiques et aux enseignements, au magistère de la Sainte Église catholique - le catholicisme ! Amen.

« Je suis Saint Michel ici avec vous en ce jour selon la volonté de Notre Sainte Mère ... vous soutenir sans certains moments... La nausée que tu vas éprouver est la nausée que les

---

[240] Le message du 1er janvier 2021 nous informe également de l'effet négatif de ce vaccin sur la santé elle-même.
[241] La souffrance d'Iveta.

femmes enceintes éprouvent, et c'est à ce stade que les enfants sont avortés pour prendre les tissus nécessaires à ce vaccin[242].. Ces tissus sont en contradiction avec le Médicament qu'a fait connaître votre Sainte Mère, le *Remède Spirituel et Naturel*, comme on l'a appelé, contenant ce qui détruira le mal et l'intention du mal dans le Temple de Dieu, dans le corps humain – c'est-à-dire l'Eau bénite et le Sel béni avec les prières et la puissance de l'Église catholique, dans le Christ personnifié, Son prêtre obéissant à son Évêque et obéissant au Saint Père. Amen. »

La vision se ferme, et Je ne vois plus rien, seulement les mots :

« Saint Michel qui se tient en la Présence de Dieu, ici devant vous en ce jour, et avec vous. Amen. » *(Premier Vendredi de décembre, 4 décembre 2020)*

126. VOUS PASSEREZ SOUS SA ROYAUTÉ ET VOUS HABITEREZ DANS SON SACRÉ-CŒUR

Notre Dame est vêtue d'un vêtement bleu foncé - bleu ciel, et pourtant, comme Médiatrice de toute Grâce, Co-Rédemptrice *et* Avocate, *Elle tient le chapelet blanc-perle dans Sa main droite et le Scapulaire dans Sa main gauche. Elle a Jésus suspendu dans son Cœur Immaculé. Dans l'ostensoir se trouve la Sainte Eucharistie. Les deux clés de Pierre sont sous l'ostensoir. Son vêtement intérieur est blanc. Son vêtement extérieur bleu est couvert d'étoiles. Sous Ses pieds se trouve la lune sur laquelle Elle se tient. Le serpent se trouve sous Son pied, au talon droit. Notre Dame S'incline pour nous saluer, et Elle nous sourit. Et Elle parle :*

---

[242] Ceci ne concerne que le vaccin qui utilise des fœtus avortés (la note originale de l'édition en anglais porte : « des lignées cellulaires provenant de fœtus avortés ») dans son processus de recherche et de production. Voir les notes de bas de page 235 et 236.

« Mes enfants bien-aimés, Je vous remercie de vous préparer pour Moi en récitant le Saint Rosaire qui Me plaît beaucoup et apporte beaucoup de consolation à mon Cœur douloureux et immaculé qui est à l'agonie et transpercé par tant de flèches d'ingratitude et même de coups de fouet pour Me renier comme *Mère de Dieu* : c'est Moi, car Dieu l'a voulu ainsi pour vous et pour cette génération perverse ; pourtant, mes enfants, Je viens vous mettre en garde contre ce que l'on appelle 'le vaccin'[243].

Il y a beaucoup de vaccins en préparation, mais celui-ci, qui contient le « tissu »[244] du fœtus d'un enfant à naître avorté pour cette raison, est une offense horrible et scandaleuse contre Dieu ! Ceci est fait par Satan lui-même qui désire jouer à Dieu et être 'dieu' dans votre monde !

Sachez maintenant qu'il se moque de la Sainte Trinité en venant en trois personnes[245] : l'antichrist, l'antipape et son esprit, jouant comme si c'était le Divin Esprit Saint, en envoyant de faux prophètes et de faux messagers pour tourmenter l'esprit des Élus de Dieu, même... et oui, il utilise la Parole de Dieu, la Sainte Bible, qu'il a défigurée à ses fins[246].

Je viens vous avertir, Mes Enfants bien-aimés, par l'entremise de cette petite qui est à Moi et à Mon Jésus, Cléophas, qui souffre aujourd'hui pour cette cause, à Ma demande, communiquée par le Prince des Armées Célestes, Saint Michel, qui vous défendra

---

[243] Ceci ne concerne que le vaccin qui utilise des fœtus avortés (la note originale de l'édition en anglais porte : « des lignées cellulaires provenant de fœtus avortés ») dans son processus de recherche et de production. Voir les notes de bas de page 235 et 236.
[244] La note de l'édition anglaise : « Ce message semble être lié à l'utilisation d'une lignée cellulaire, générée à partir de cellules rénales humaines fœtales, extraites des restes d'un fœtus avorté volontairement. » est désormais invalide.
[245] Voir Ap 13, 1-17
[246] Voir Luc 4, 1-13

contre ces forces lorsque vous l'appellerez ; et il enverra même l'Armée Céleste pour vous garder - dont Il est le Commandant, car Dieu l'a nommé tel !

Je viens maintenant vous mettre en garde, comme une mère le ferait pour ses enfants : Vous courrez un grand danger si vous songez à accepter cette forme d'appartenance à Satan, car une fois que vous l'aurez acceptée et reçue[247], vous vous soumettrez à son pouvoir, en rejetant Dieu, mais en faisant tout pour Dieu. Vous le ferez en rejetant d'abord le Saint-Père, le Pape régnant François I, mon Fils bien-aimé choisi, qui subit de nombreuses offenses contre Lui et Sa papauté. Vous passerez sous la domination de Satan pour rejeter le Saint Magistère de la Sainte Église catholique, et même pour être les persécuteurs des Élus de Dieu ! Beaucoup d'entre vous seront de la même famille[248], certains choisiront Dieu, et d'autres choisiront Satan, à travers l'antichrist et l'antipape - l'esprit Satanique du monde.

Sachez et comprenez que Je désire ardemment vous rassembler. Quand vous choisissez de rejeter cette forme de mal qui vous est présentée, vous faites le choix de suivre la Promesse Éternelle avec Jésus Mon Divin Fils, le vrai et seul Christ, Jésus Christ, votre Roi de Gloire Éternelle. Vous passerez sous sa royauté et vous habiterez dans son Sacré-Cœur. Vous serez placés sous la Royauté du Cœur Immaculé, et vous habiterez dans mon Cœur Immaculé, comme vous le faites maintenant – pour ceux qui ont choisi de répondre à la prière de trente-trois jours de Consécration à mon Cœur Immaculé, en vous préparant pour l'anniversaire de Notre Seigneur Jésus. Cet anniversaire sera unique. C'est

---

[247] Ceci ne concerne que le vaccin qui utilise des fœtus avortés (la note originale de l'édition en anglais porte : « des lignées cellulaires provenant de fœtus avortés ») dans son processus de recherche et de production. Voir les notes de bas de page 235 et 236.
[248] Voir Luc 12, 52-53

ce que vous comprendrez lorsqu'il approchera. Beaucoup se réjouiront et beaucoup pleureront ! Amen.

... Maintenant, Je désire ardemment que vous retourniez au Sacrement de la Réconciliation, la Confession, et que vous receviez Jésus dans la Sainte Eucharistie, car les jours viennent où, une fois de plus, on vous en empêchera en fermant les églises.

Je suis votre Mère du Ciel. Je ne vous abandonnerai pas ! Restez fidèles à votre Consécration à Moi, comme maintenant beaucoup d'entre vous répondent à Ma demande. Mon Époux, l'Esprit Saint, vous dirigera. Soyez à Son écoute en gardant le silence. Et suivez la direction qu'Il vous fait connaître, même si elle vous semble si lointaine ! C'est Dieu qui sait mieux. Débarrassez-vous du « monde » et de tous ses plaisirs, conformez-vous à la simplicité et de la modération et préparez-vous au système du troc. Le système de troc est une façon de s'aimer les uns les autres et de partager avec l'autre quand on a moins de telle chose, ou même simplement de partager avec ceux qui n'en ont pas – ce qui est nécessaire pour soutenir les besoins corporels de base. Dieu y pourvoira, ne vous inquiétez pas ! Ne vous inquiétez que d'une inquiétude joyeuse, celle de soutenir votre esprit et de demeurer dans Mon Cœur Immaculé, et à travers Moi dans le Sacré Cœur de Jésus.

Vous comprendrez ce que Je veux dire par ces mots dans les jours à venir. Je vous aime tendrement, Je vous remercie infiniment !

Je suis votre Mère Céleste, attendant d'être proclamée sur terre comme *Médiatrice de toute Grâce, Co-Rédemptrice* et *Avocate* - c'est ce que Je suis au Ciel - afin d'apporter le Don de Dieu et tout ce qui est nécessaire pour que vous puissiez traverser ces moments de persécution. C'est ce qu'on appelle la persécution des Chrétiens ; mais le plus haut niveau de persécution sera celui de l'Église Catholique.

J'aime tous Mes enfants bien-aimés de toutes les confessions, les confessions chrétiennes. Je suis toujours leur Mère Céleste. Ils doivent encore comprendre Mon amour pour eux. Amen.
(Premier Vendredi de décembre, 4 décembre 2020)

127. SATAN S'EST FAIT LE « CRÉATEUR »

Notre Dame parle :

Maintenant, Ma petite qui est à Moi et à Mon Jésus, Je recevrai cette souffrance, et ce sera pour ceux qui sont restés dans l'ignorance de la compréhension du vaccin[249], et Je leur communiquerai cette Grâce, leur donnant la chance de choisir là-même où ils avaient dans leur pensée déjà pris leur décision.

Je sauverai également beaucoup de ces femmes, mes filles bien-aimées, qui se sont soumises à cette compréhension de masse de l'avortement de leurs bébés et sont devenues les esclaves de Satan ! Je les délivrerai de cet esclavage en leur donnant la Grâce de savoir que c'est le mal, et par l'intermédiaire des Armées Célestes, avec son Commandant Saint Michel, Je les mettrai sous la protection dont elles ont besoin, Je les cacherai de lui[250], et Je les récupérerai pour être des Enfants de Dieu.

Sachez et comprenez que la méthode la plus dévastatrice utilisée maintenant pour avorter les enfants est ce qui est connu sous le nom de 'technologie laser', où ces femmes, Mes filles bien-aimées, ont été attirées. Les femmes catholiques ont été trompées et ont compris que leur corps ne sera pas défiguré - mais elles seront stériles et ne pourront plus avoir d'enfants, ce pour quoi elles ont été créées.

---

[249] Ceci ne concerne que le vaccin qui utilise des fœtus avortés (la note originale de l'édition en anglais porte : « des lignées cellulaires provenant de fœtus avortés ») dans son processus de recherche et de production. Voir les notes de bas de page 235 et 236.
[250] Satan

Il y a d'autres méthodes et Satan, l'adversaire, incite tout le monde à croire que c'est la façon dont on peut être heureux et avoir des enfants. Les enfants sont la continuité que Dieu donne pour l'humanité. Les enfants dont Dieu est l'auteur seront les Enfants *de la Lumière* et ceux dont Satan, utilisant la création de Dieu, s'est fait le 'créateur' – ce qu'il ne lui appartient pas d'engendrer – seront les enfants *des ténèbres*[251].

Soyez conscients de cela, enfants bien-aimés ! Beaucoup d'entre vous, dont le Seigneur a fermé l'utérus pour un temps – comprenez qu'il y a une raison – ne cherchez pas de telles méthodes et ne devenez pas les avocats de Satan ! Je viens vous mettre en garde contre cela, et ceux qui ont accueilli de telles méthodes choisiront facilement le monde Satanique et renieront le droit de Dieu[252], qui les a créés. Tout cela pour un faux bonheur !

Je te remercie maintenant de M'avoir permis d'apporter cette parole, petite qui est à Moi et à Mon Jésus, de coopérer avec l'Esprit Divin, même si tu es très troublée et très inquiète, car tu ne Me donnes pas tout rapidement. Confie tout seulement à Mon Cœur Immaculé, et Mon Divin Époux te guidera. Je t'aime tendrement, Je te remercie infiniment, petite qui est à Moi et à Mon Jésus, Cléophas. Amen. *(Premier Vendredi de décembre, 4 décembre 2020)*

---

[251] Il s'agit du clonage humain.
[252] … d'être le Créateur.

2021 : SEULEMENT LA CONFIANCE EN DIEU À TRAVERS MOI !

128. CELA DÉTRUIRA VOTRE VIE ET MÊME VOTRE SANTÉ

Notre Dame parle :

« Ma petite qui est à Moi et à Mon Jésus, ... oui, c'est vendredi prochain que tu vas endurer cette souffrance, une fois de plus pour 'le' vaccin[253]. Tu comprendras sa nécessité, surtout pour les fidèles, afin qu'ils comprennent ce que l'on appelle désormais le vaccin contenant le fœtus[254] avorté. Dieu exigera une vie pour une vie. Ce n'est pas pour leur rendre la vie mais pour la détruire que Satan a déployé ce *(vaccin)*.

Oui, d'autres vaccins sont en cours de développement. Attendez-les, si vous désirez un vaccin. Connaissez et comprenez la simplicité de Mon médicament connu comme le *Remède Spirituel et Naturel* - dans la forme la plus simple pour comprendre comment combattre cette bataille. Et ceux qui recevront ce vaccin[255] en connaissant son contenu, deviendront des avocats du démon ! Sachez et comprenez que de tels avocats du démon doivent être exorcisés lorsqu'ils se détournent du mal et se tournent vers Dieu. Aujourd'hui dans votre monde, vous manquez de prêtres qui assumeront cette mission d'exorciser le démon de beaucoup de ceux qui sont déjà possédés par lui.

---

[253] Ceci ne concerne que le vaccin qui utilise des fœtus avortés (la note originale de l'édition en anglais porte : « des lignées cellulaires provenant de fœtus avortés ») dans son processus de recherche et de production. Voir les notes de bas de page 235 et 236.

[254] La note de l'édition anglaise : « Ce message semble être lié à l'utilisation d'une lignée cellulaire, générée à partir de cellules rénales humaines fœtales, extraites des restes d'un fœtus avorté volontairement. » est désormais invalide.

[255] Ceci ne concerne que le vaccin qui utilise des fœtus avortés (la note originale de l'édition en anglais porte : « des lignées cellulaires provenant de fœtus avortés ») dans son processus de recherche et de production. Voir les notes de bas de page 235 et 236.

Je vous préviens, n'embrassez pas une telle puissance démoniaque ! Elle ne s'agira pas de restaurer votre vie ; elle détruira votre vie et même votre santé !

Tournez-vous vers Dieu, tournez-vous vers Moi. Ne suis-Je pas votre Mère qui vous aime ? Je suis là pour vous aider, et Je vous aiderai comme Mère de Dieu, comme votre Mère céleste et *Médiatrice de toute Grâce, Co-Rédemptrice* et *Avocate* au Ciel. Lorsque vous M'invoquez sous ce titre, Je suis capable de vous restaurer spirituellement et temporellement. Ayez seulement confiance en Dieu à travers Moi ! Je vous conduirai en toute sécurité dans le Cœur de Dieu, Mon Divin Fils Jésus où tout repose, et dans le Sein de votre Père Céleste dont l'Amour, Jésus, est dans votre Monde. Et vous avez besoin de Lui dans la Sainte Eucharistie. Je vous en remercie infiniment ! Amen. » *(Solennité de Marie Mère de Dieu, 1er janvier 2021)*

129. SOUFFRANCE POUR LA HIÉRARCHIE QUI PREND DES DÉCISIONS NON CONFORMES À L'ORDRE DE DIEU

Saint Michel s'avance et parle :

« Je suis Saint Michel, qui se tient en la Présence de Dieu, désigné pour protéger les Élus de Dieu, ici devant toi, petite de Jésus et de notre Sainte Mère, Cléophas, notre sœur bien-aimée – et toi bien-aimé du Bien-aimé, Félix Xavier, notre frère – aujourd'hui souffrant pour ton monde, surtout pour l'Église catholique, pour la Hiérarchie qui prend des décisions qui ne sont pas dans l'ordre de Dieu – qui prend des décisions à propos du vaccin contenant le fœtus avorté d'un enfant à naître, fait à l'image et à la ressemblance de Dieu, avorté comme à l'époque du meurtre des enfants dans le pays du Mexique[256] – aujourd'hui se préparant à adorer Satan, oui, les fidèles, même dans la Hiérarchie ! Cette forme de guerre diabolique mènera l'Église catholique à la ruine – telle est la structure ! Mais l'Église restera debout, dans la dimension domestique de *l'Église souterraine*. Sachez et comprenez que ceci est une préparation pour renverser le Saint Père - son heure arrive !

Ce vaccin est destiné à préparer – même les fidèles qui l'adopteront ne seront plus fidèles mais promettront leur fidélité à Satan et rejoindront le mouvement en pensant qu'ils sont fidèles à l'Église catholique – le mouvement de l'antichrist, pour renverser le Saint-Père et permettre à l'antipape de s'asseoir sur le trône de Pierre.

Vous entrez dans le seuil de la deuxième douleur d'enfantement et ce vaccin apportera le laxisme et l'infidélité, même parmi les Religieux et les Prêtres. Beaucoup tomberont, et formeront comme leurs propres Ordres à partir des Ordres qu'ils servent. De nombreux Ordres fermeront leurs portes ! C'est ce qui est prévu maintenant dans la deuxième douleur d'enfantement. »

... Il fait une pause... et Il parle :

« N'ayez pas peur, ne soyez pas troublés, faites seulement connaître – avec une confiance totale, avec une pleine confiance en notre Dieu qui est Dieu – ce que l'on vous a fait connaître, et tenez-vous debout. C'est maintenant l'heure pour laquelle vous vous préparez, et gardez votre fidélité par votre Consécration du matin, et votre fidélité au médicament qui vous a été présenté comme le *remède spirituel et naturel*, en le prenant trois fois par jour. Il s'agit maintenant de le faire connaître comme un tonique qui vous renforcera contre ces forces. Amen ». (2ᵉ Vendredi du mois, 8 janvier 2021)

---

[256] Voir les Apparitions de la Guadalupe, Mexico.

130. IL SERA DONNÉ À L'ADVERSAIRE LE POUVOIR DE TOURMENTER TOUS CEUX QUI SE TROUVENT DANS LES VILLES.

Saint Michel parle :

« Sachez et comprenez maintenant, enfants bien-aimés, vous devez faire savoir aux enfants, vos frères bien-aimés qui vivent dans les villes, que c'est l'heure maintenant où ils doivent s'éloigner des villes, car le pouvoir sera donné à l'adversaire de tourmenter tous ceux qui sont dans les villes. Beaucoup tomberont, et beaucoup mourront en martyrs, et ceux qui tiendront compte de cet appel, ne sauveront pas seulement leurs corps mais leurs Âmes.

Sachez et comprenez que vous entrez dans des moments très, très, très lourds, mais Moi, Saint Michel, Je suis avec vous, avec tous les chœurs des Anges. Faites connaître la récitation de mon Chaplet, et vous en comprendrez le sens. Amen. »

... Il fait une pause, puis Il reprend la parole :

« La Sainte Mère viendra à l'heure de la conclusion de ce jour pour recevoir cette souffrance que tu endures dans un état tranquille et pourtant tu sentiras l'immensité de la faiblesse de ton corps tout au long de cette semaine. Il faut comprendre les conséquences que cela aura sur l'état de votre corps, lorsque vous recevrez le vaccin[257] – 'vous' faisant référence à l'Âme du fidèle. Et cela entraînera une détérioration du corps et les soumettra aux lois de la *culture de mort* connue sous le nom d'euthanasie, car leur corps ne sera plus capable de fonctionner dans un état normal. Et la loi mise en œuvre sera désormais utilisée contre eux. Ce sont

---

[257] Ceci ne concerne que le vaccin qui utilise des fœtus avortés (la note originale de l'édition en anglais porte : « des lignées cellulaires provenant de fœtus avortés ») dans son processus de recherche et de production. Voir les notes de bas de page 235 et 236.

même des bébés, des jeunes – *que je vois... maintenant une vision est présentée* – toutes sortes de personnes, ce ne sont pas seulement les personnes âgées... même les forts qui veulent sauver leur corps vont le perdre de cette manière.

La vision se ferme et Saint Michel continue de parler, après une pause.

... Je vous aime tendrement, Je viens au nom de la Mère de Notre Dieu, qui est ici devant vous, et qui m'a ordonné en son Nom. Je vous protégerai, invoquez-Moi seulement !

Je suis Saint Michel, Serviteur de Marie, toujours Vierge, *Médiatrice de toute Grâce*, *Co-Rédemptrice* et *Avocate* au Ciel qui attend d'être proclamée sur terre. Priez, priez, priez pour votre Saint-Père - beaucoup de prières ! Amen. »

La vision révèle à nouveau Saint Michel tenant le bébé au moment où Il s'élève, le petit bébé avorté et la balance de la Justice.

« La justice de Dieu s'opposera à tous en ce sens : une vie pour une Vie ! Amen. »

La vision se ferme, je ne vois plus Saint Michel, notre autel revient. Je ne vois plus notre Sainte Mère, mais Sa Présence est là. Amen. (2ᵉ Vendredi du mois, 8 janvier 2021)

131. LE CLONAGE HUMAIN DEVIENDRA LA TENDANCE DU NOUVEL HOMME, DU NOUVEAU MONDE

... Saint Michel est présent ici... Cette fois, Il vient avec l'épée dans sa main droite, et l'épée est au-dessus de sa tête, prête à frapper, et Il a la chaîne dans sa main gauche, prête à lier, et Il prend sa position en haut, devant moi, vers mon côté gauche, plus près de toi mon mari, mais au-dessus de toi.

Maman arrive : Elle était là depuis le début, mais ne Se présente que maintenant. Elle est vêtue d'un vêtement bleu marine, avec un vêtement intérieur blanc. Ses Mains sont jointes avec le chapelet drapé autour de ses doigts, avec le scapulaire aussi, comme dans la statue de Notre-Dame de Fatima à la maison. Elle étend les Mains et je vois le calice dans Son Cœur immaculé. Le calice déborde, et le Sang de Jésus descend en ce moment sur les Âmes qu'Elle rachète. Et cette souffrance est unie maintenant à la souffrance de Jésus pour ces Âmes. Et alors que ce Sang coule maintenant, aujourd'hui tous les Saints Sacrifices célébrés partout sur terre par les Prêtres, les Prêtres valides dans l'Église catholique, valides, obéissant au Saint Père et obéissant à leurs Évêques - ces Évêques et Cardinaux qui ne sont pas dans un état de déchéance – ceux en état de déchéance de la Grâce sont exemptés car ils ne sont pas obéissants – mais obéissant au Saint Père, aujourd'hui le Pape régnant, Sa Sainteté le Pape François Ier.

Saint Michel S'avance maintenant et Il parle :

« Je suis Saint Michel Archange, qui me tient à la Présence de Dieu, Me présentant aujourd'hui encore devant toi, petite de Jésus Notre Divin Sauveur et de Notre Sainte Mère, Cléophas, sœur bien-aimée.

Je suis venu maintenant pour recevoir la souffrance que tu as endurée, pour recevoir ses mérites – pour racheter les Âmes vers lesquelles Notre Sainte Mère Me conduira – et pour lier Satan, qui leur inflige la confusion – ceux de la Hiérarchie qui désirent suivre Dieu et se sont repentis pour avoir même pensé d'accepter le vaccin contenant le fœtus avorté d'un enfant fait à l'image et à la ressemblance de Dieu. Maintenant, Notre Sainte Mère va recevoir cette souffrance. Je présente devant vous Notre Mère douloureuse – agonisant pour ce qui va arriver ! Amen »

... et il se retire.

Sainte Maman sort, debout sur un petit nuage. La lune est sous Elle, et en-dessous, le serpent qu'Elle écrase. Elle S'incline pour nous saluer, et Elle parle :

« Petite qui est à Moi et à Mon Jésus, Cléophas, Je te remercie, Je te remercie infiniment de consoler Mon Cœur douloureux, qui est si affligé par les flèches qui Le transpercent, de ceux qui, dans la Hiérarchie, étaient autrefois fidèles et qui maintenant Me rejettent et rejettent les enseignements du Magistère de la Sainte Église catholique !

Sachez et comprenez qu'en ce jour, par votre petite souffrance, Je rachèterai beaucoup de ceux qui désirent ne pas suivre ceux qui ont décidé de devenir infidèles. Je parle de la Hiérarchie, de ceux qui sont dans les différents Ordres – Ordres religieux – de nombreux Prêtres et de beaucoup d'Églises qui égareront les fidèles dans leur pensée, en acceptant ce vaccin qui maintenant apportera ce que Satan attend... *Ah !!!... Oh, mon cœur est lourd...* pour mettre en place le meurtre de masse, de masse, pour que cet avortement s'étende maintenant à une plus grande échelle et pour que le clonage humain devienne la tendance de l'homme nouveau, du monde nouveau, comme il[258] a l'intention de le faire – *l'unique ordre mondial, l'unique gouvernement mondial, l'unique religion mondiale* – que Dieu permettra.

Mais vous, mes enfants bien-aimés – Je M'adresse à vous tous – restez fidèles par votre consécration à Mon Cœur Immaculé, en confiant tout à Mon Cœur Immaculé, en vous consacrant vous-mêmes, vos familles et tout ce que vous avez à mon Cœur Immaculé ! C'est ainsi que Je peux vous protéger contre ces forces ! Ici, beaucoup d'entre vous subiront le martyre, et oui, beaucoup de Mes Prêtres qui prendront position pour rejeter cette forme de guérison et de restauration de la vie humaine[259] subiront le martyre.

---

[258] Satan
[259] Cela fait référence au clonage humain et à une toute nouvelle vision du monde.

Priez, priez, priez beaucoup pour votre Saint-Père ! Un poids terrible s'abattra sur lui dans les jours à venir, car de nombreux membres de la Hiérarchie au Vatican tenteront de le persuader de penser différemment dans la terminologie... *Oh, qu'est-ce que c'est Maman, mes yeux brûlent...* connue sous le nom de 'l'Église pèlerine' ». (*2ᵉ Vendredi du mois, 9 janvier 2021*)

132. LES VOIES DE DIEU NE PEUVENT ÊTRE CHANGÉES. LA VÉRITÉ DE DIEU EST LA VÉRITÉ !

« Sachez et comprenez que les voies de Dieu ne peuvent être changées. La Vérité de Dieu est la Vérité ! Cette vérité doit être maintenue pour défendre chaque enfant créé à l'image et à la ressemblance de Dieu. Amen. »

« Maintenant, petite qui est à Moi et à Mon Jésus, Cléophas, tu vas tomber dans un sommeil très profond dans les heures du jour nouveau. Ce sommeil est nécessaire, c'est comme le retrait d'un anesthésiant, puis à ton réveil, tu ressentiras des douleurs dans différentes parties de ton corps qui te laisseront faible. Sois sur tes gardes, et accomplis tes tâches lentement et légèrement, seulement celles qui ne fatiguent pas le corps. Je serai avec toi tout au long de cette semaine. Je te remercie et je t'aime, petite qui est à Moi et à Mon Jésus ».

... Maintenant Elle fait une pause et parle à nouveau :

« Je désire aussi avec un grand désir remercier tous ceux qui prient pour toi, qui étaient au courant de ce moment que tu aurais à traverser ce jour. Je les remercie infiniment ! Je les bénis de rester solidaires de toi qui subis cette souffrance pour racheter des Âmes - et J'accepte toutes les intentions qu'ils ont également placées en priant pour toi, et Je les aiderai !

Je désire seulement – d'un grand désir - faire connaître qu'il faut rester fidèle aux enseignements de l'Église catholique, du Magistère, de la Sainte Église Catholique, fondée sur le Rocher, appelé Pierre, aujourd'hui le Pape régnant, son Successeur, le Pape François Ier. Priez pour Lui ! Priez aussi pour le Pape caché, Sa Sainteté le Pape émérite Benoît XVI, qui porte l'Église en ces temps par sa souffrance et ses prières.

Je suis la *Mère de Dieu*.

Je suis la Mère de toute l'humanité.

Je suis votre Mère céleste, *Médiatrice de toute Grâce*, *Co-Rédemptrice* et *Avocate* au Ciel, intercédant pour ceux qui M'invoquent sous ce titre, en attendant d'être proclamé sur Terre. Par vos prières, il sera proclamé.

Je vous aime tous tendrement. Amen. »

La vision se ferme. Je ne vois plus Sainte Maman. (2e Vendredi du mois, 9 janvier 2021)

JÉSUS PRIE À GETHSÉMANI, peinture d'Iveta

« Dans l'angoisse, Il a prié avec plus d'insistance,

et Sa sueur devint comme de grosses gouttes de sang sur le sol. »

« Vous ne pouviez pas rester éveillé une heure ? »

Lorsque Jésus est apparu, Il m'a permis de le capturer (dessiner).

Ô, regardez ces yeux aimants de Notre Dieu, qui nous appellent à Lui !

Un tel amour même si nous Lui causons une telle agonie.

Peinture originale bénie par le Révérend Père Duffy, mars 2005

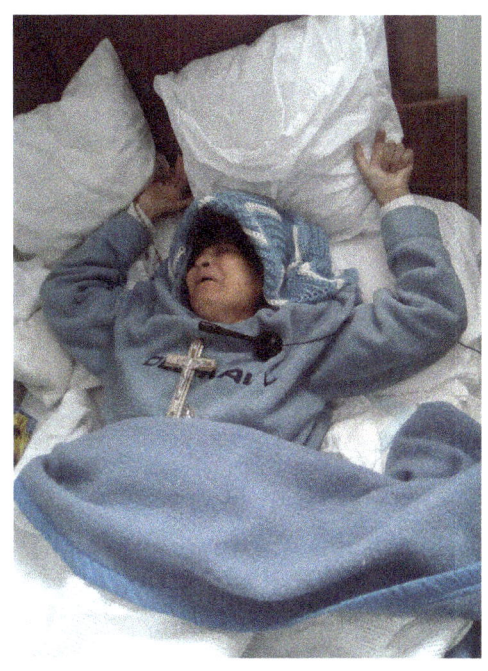

Iveta en souffrance - à Foymount, Canada

© Centre Communautaire Saint-Joseph à Foymont

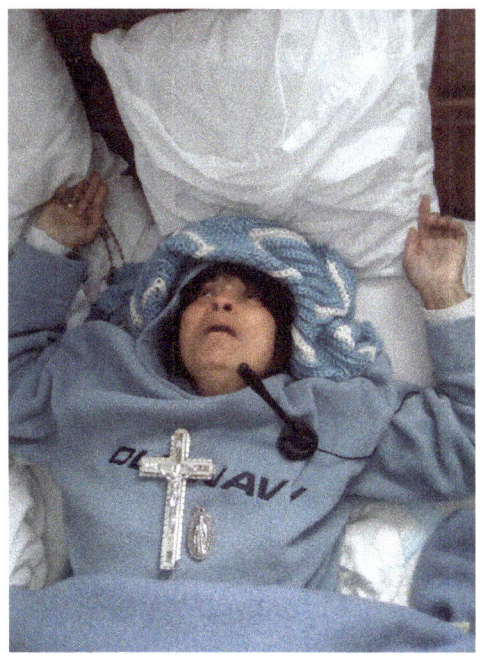

Église Saint Simon et Saint Jude au Mont Batim, Goa, Inde
© Centre Communautaire Saint-Joseph à Foymont

Le Puits miraculeux au Mont Batim, Goa, Inde
© Centre Communautaire Saint-Joseph à Foymont

Statue de Notre Dame au Mont Batim   Statue de St Michel au Mont Batim
© Centre Communautaire Saint-Joseph à Foymont

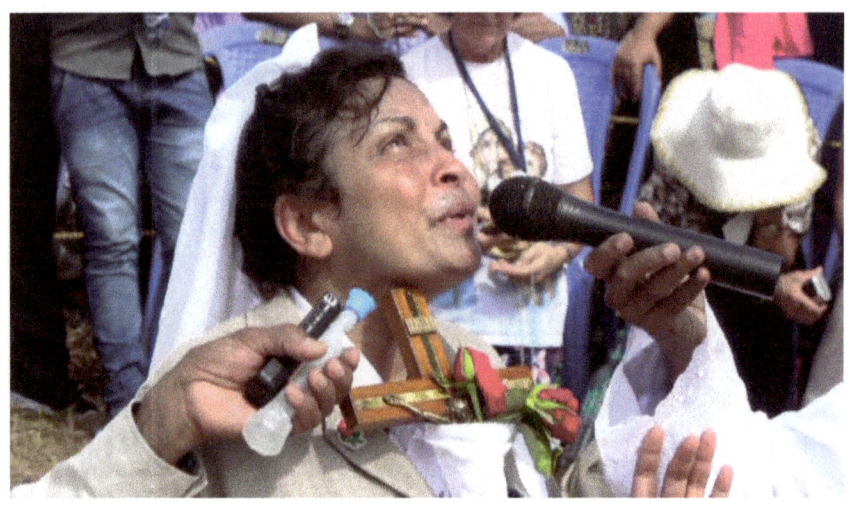

Iveta lors de la *Visitation* de la Vierge Marie au Mont Batim
© Centre Communautaire Saint-Joseph à Foymont

Félix et Iveta à Goa
© Centre Communautaire Saint-Joseph à Foymont

THÈSE DU PURGATOIRE

Sources :

« Traité du Purgatoire » de Sainte Catherine de Gênes »

https://www.corse.catholique.fr/wp-content/uploads/sites/17/2016/12/TRAITE-DU-PURGATOIRE-DE-SAINTE-CATHERINE-DE-GENES.pdf

Catéchisme de l'Église catholique :

https://www.vatican.va/archive/FRA0013/_INDEX.HTM

LA PURIFICATION FINALE, OU PURGATOIRE
SELON LE CATÉCHISME DE L'ÉGLISE CATHOLIQUE

Ceux qui meurent dans la grâce et l'amitié de Dieu, mais imparfaitement purifiés, bien qu'assurés de leur salut éternel, souffrent après leur mort une purification, afin d'obtenir la sainteté nécessaire pour entrer dans la joie du Ciel.

L'Église appelle Purgatoire cette purification finale des Élus qui est tout à fait distincte du châtiment des damnés. L'Église a formulé la doctrine de la foi relative au Purgatoire surtout aux Conciles de Florence et de Trente. La tradition de l'Église, faisant référence à certains textes de l'Écriture, parle d'un feu purificateur :

Pour ce qui est de certaines fautes légères, il faut croire qu'il existe avant le jugement un feu purificateur, selon ce qu'affirme Celui qui est la Vérité, en disant que si quelqu'un a prononcé un blasphème contre l'Esprit Saint, cela ne lui sera pardonné ni dans ce siècle-ci, ni dans le siècle futur. Dans cette sentence nous pouvons comprendre que certaines fautes peuvent être remises dans ce siècle-ci, mais certaines autres dans le siècle futur.

Cet enseignement s'appuie aussi sur la pratique de la prière pour les défunts dont parle déjà la Sainte Écriture : « Voilà pourquoi il (Judas Macchabée) fit faire ce sacrifice expiatoire pour les morts, afin qu'ils fussent délivrés de leur péché ». Dès les premiers temps, l'Église a honoré la mémoire des défunts et offert des suffrages en leur faveur, en particulier le sacrifice eucharistique, afin que, purifiés, ils puissent parvenir à la vision béatifique de Dieu. L'Église recommande aussi les aumônes, les indulgences et les œuvres de pénitence en faveur des défunts :

Portons-leur secours et faisons leur commémoraison. Si les fils de Job ont été purifiés par le sacrifice de leur père pourquoi douterions-nous que nos offrandes pour les morts leur apportent quelque consolation ? N'hésitons pas à porter secours à ceux qui sont partis et à offrir nos prières pour eux.

Catéchisme de l'Église catholique, no.1030-1032

133. L'HISTOIRE DE LA PEINTURE MYSTIQUE

Les Saintes Images et leur compréhension ont été reçus par une petite Âme[260], le Samedi Saint 1997 (entre 13h et 15h30).

Tout d'abord, la « petite âme » a entendu la Voix de Jésus, son Sauveur.

Jésus parle :

« Je te donne Ma Paix. J'ai vaincu la mort, et maintenant vous ne serez plus captifs. J'ai gagné pour Dieu Son peuple, et J'ai créé pour Lui une Nation. Réjouissez-vous, car même ceux qui dormaient sont ressuscités ! Car Je Suis la Résurrection et La Vie. Amen. »

Vision extérieure : Dans l'image du miracle se trouvent d'autres visages inexplicables et images de Saints hommes et de Saintes femmes. Jean est l'artiste qui a dessiné et peint cette magnifique Image.

*

Explication du Tableau mystique : Voir page 253.

Je vois le Seigneur ressuscité. On peut l'apercevoir faiblement. Il est toute Lumière. L'Esprit Saint m'a fait la grâce de faire aller et venir mon crayon, comme pour un tracé, et le Visage est apparu tout seul, par lui-même. Comme le tableau n'est pas de moi, il n'en serait pas ainsi, car dans l'original on ne voit que les traces des Saintes images qui m'ont été communiquées ; et toute ma part a été de faire aller et venir le crayon, pendant que nous étions en prière et que les Saintes Images apparaissaient. Amen.

---
[260] Iveta Fernandes

Le Seigneur appelle Saint Michel, Son Glorieux Prince, le Défenseur de Son Armée céleste, le Défenseur des Âmes. Dans cette vision, le Seigneur donne à l'Archange Saint Michel l'Échelle qui a servi à descendre Son Corps de la croix. L'échelle est placée sur l'épaule droite de Saint Michel lorsque les Âmes montent du Purgatoire.

Sa croix rédemptrice Le précède lorsqu'Il apparaît dans toute Sa Gloire. Amen.

Du Cœur Sacré et Miséricordieux du Seigneur Jésus apparaissent tant de rayons de couleur rouge, bleue et or qui tombent sur les Âmes qui cherchent Sa Miséricorde. Amen.

Sa main gauche est tendue et il en tombe comme de la poussière d'or ou des grains de sable de couleur or, pour révéler la victoire sur la mort. Amen.

Maintenant, on voit aussi Notre Dame. La main droite de Notre Dame apparaît comme si Elle tenait ceux qui sont baptisés dans une piscine d'eau, une source dans la terre sur un sol rocheux, comme celle que l'on voit à Batim[261] (Inde), le lieu de la Visitation de la Vierge.

On voit Notre Dame aider ces Âmes à gravir l'Échelle, le Chemin de Jésus, son Divin Fils. Amen.

Saint Michel est vu ici de façon très différente des nombreuses images qui en sont faites. Il apparaît comme un Prince royal prêt pour la bataille. Doux sont les traits de son visage, mais féroces comme celui qui ne tolère aucune bêtise, seulement la Vérité !

---

[261] Situé à Goa, le Mont Batim est une colline sur laquelle se dresse l'église dédiée aux Saints Simon et Jude. On dit que c'est l'endroit où Saint François Xavier S.J. a baptisé des centaines d'habitants de Goa. C'est aussi le lieu des "Visitations" de la Sainte Vierge Marie à Iveta et Félix Fernandes. Ces visitations n'ont pas encore reçu l'approbation de l'Église.

La Vérité telle qu'elle lui a été révélée, par nul autre que Dieu, comme il le disait : "Qui est semblable à Dieu ? Nul autre que Toi, nul autre que Toi, ô Dieu ! Amen."

134. LA COMPRÉHENSION DES TROIS PALIERS DU PURGATOIRE

Iveta : Elle me parle d'Âme à Âme.

« Ma petite qui est à Moi et à Mon Jésus, Cléophas, co-rachetant avec Moi, la *Co-Rédemptrice* unie au *Rédempteur*, en ce Vendredi Saint. Je désire ici faire connaître la compréhension des trois paliers - comme on les appellerait - du Purgatoire, que l'on vous a fait connaître.

Ici Mon Jésus, Notre Sauveur, tombe – il s'agit des Âmes qui souffrent au Purgatoire. Tu offres maintenant cette souffrance qui est la tienne ; ce seront les tourments de ton intelligence. Ceux-ci sont pour les péchés quand une Âme ne repousse pas les pensées et permet à ces pensées d'entrer dans l'esprit, les pensées conscientes, subconscientes et inconscientes.

Tu comprendras davantage comme Je le ferai savoir dans les jours à venir. Ici, tu offres cette souffrance pour les Âmes du Purgatoire. Cette souffrance, Je la prendrai, alors que tu co-rachètes pour elles, et pour les pécheurs qui ne se repentent pas, pour en sauver beaucoup et les amener au repentir. Ceux qui désirent arrêter ces pensées, les pensées pécheresses, les pensées non charitables, Je les aiderai avec cette Grâce afin qu'ils n'entrent pas dans la seconde chute. Tu dois comprendre ici que J'appliquerai cette Grâce demain lorsque Je rassemblerai toutes les prières pour les Âmes du Purgatoire et que Je les appliquerai lorsque Notre Divin Sauveur, le Rédempteur ressuscitera comme Il l'a prédit. Amen. »

*

Je suis la Mère de Dieu. Je suis la *Mère de Dieu*, Je suis votre Mère Céleste qui souffre en ce jour, co-rachetant et obtenant toutes les Grâces nécessaires pour que vous puissiez subvenir à vos besoins. Vous comprendrez Mon rôle comme *Médiatrice de toute Grâce* dans les jours à venir. Amen. » *(Vendredi Saint, 14 avril 2017)*

135. VOICI LE DEUXIÈME PALIER DU PURGATOIRE TEL QU'IL EST CONNU

« *... maintenant la deuxième chute de Jésus. Jésus est épuisé. Il regarde Sa Mère.*

« Mère, Mère »... *et Il fait une chute sévère. Il tombe comme sur Son Visage, mais Son Visage repose sur la croix, une partie de la croix. Ils essaient de Le relever, mais ils ne peuvent pas !*

Du Rédempteur à la Co-Rédemptrice :

« Mère aide-Moi : sauve ceux qui continueront dans leurs péchés et ne se repentiront pas. »

Ici, la Sainte Mère révèle une autre compréhension :

« Ma petite qui est à Moi et à Mon Jésus, Cléophas, co-rachetant avec le *Rédempteur*, par Moi la *Co-Rédemptrice*. Ton cœur se brise ! Il est très lourd !

Comprends maintenant que c'est ce que fait le péché quand il entre dans le cœur. C'est ce que font ceux qui ne le réprime pas au début et qui y pensent ; et maintenant il est entré dans le cœur pour le contaminer. C'est la deuxième étape du Purgatoire, comme on l'appelle. Ceux qui souffrent pour ces péchés sont passés à la Résurrection en payant la Divine Justice, car ils se sont repentis à la dernière heure ! Sachez maintenant que vous co-rachetez par votre souffrance ceux qui pensent à ce péché.

C'est une offense grave, les péchés de la chair qui souillent le Temple de Dieu ! Ici, tu vas racheter beaucoup, beaucoup, ma petite. J'utiliserai cette Grâce pour ouvrir et passer au travers de leurs cœurs endurcis pour qu'ils n'y réfléchissent plus !

Maintenant repose-toi un peu, ton cœur est lourd : repose-toi dans Mon Manteau Maternel, repose-toi dans Mon Cœur Immaculé ! Amen. »

... Il (Jésus) voit toutes les femmes se lamenter et pleurer pour Lui. Malgré toute Sa souffrance et Sa douleur, Il lève Sa tête, S'arrête, les regarde et Il dit : « Ne pleurez pas sur Moi, mais pleurez sur vous-mêmes et pleurez sur vos enfants.[262] »

D'Âme à Âme, de Cœur à Cœur, Il parle à Sa Mère : « Mère, Mère, aide ces enfants qui sont les miens. Ils Me voient de cette façon et ne comprennent pas que c'est pour eux que J'endure cela, et Toi aussi Tu souffres. Je T'aime, Mère, Tu es bénie entre toutes les femmes[263], car Tu as porté le Fils de Dieu. Tu es Sainte entre toutes les femmes, car Tu as obéi à la Volonté de Dieu, co-rachetant avec Moi maintenant, comme Co-Rédemptrice. Amen. Amen. » *(Vendredi Saint, 14 avril 2017)*

136. CEUX QUI COMMETTENT ET DONNENT LEUR CONSENTEMENT AU PÉCHÉ CONNU SOUS LE NOM D'EUTHANASIE

Iveta en souffrance pour l'euthanasie

Saint Michel parle : « Je suis Saint Michel qui Se tient à la Présence de Dieu. Je viens devant vous aujourd'hui, chers enfants de Dieu, qui êtes agréables à Dieu en gardant ce jeûne et ces prières et la souffrance de cette petite, notre

---
[262] Luc 23,28
[263] Luc 1,42

sœur bien-aimée Cléophas, la petite de Notre Sainte Mère et de Notre Seigneur Jésus.

Cette souffrance n'est en aucun cas petite, c'est une *souffrance grave de silence* et de détérioration de l'Âme et du cœur qui s'engourdit et se refroidit envers Dieu, de ceux qui commettent et de ceux qui donnent leur consentement au péché connu sous le nom d'euthanasie ; consentement à mourir - et ceux qui commettent ce délit : c'est prendre la vie d'autrui sans consentement, discrètement ! C'est une offense grave devant Dieu !

Je viens devant vous aujourd'hui pour accepter la souffrance de cette petite et la déposer dans une coupe. »

... et maintenant l'Archange Saint Raphaël Se lève et Se tient à la Main gauche de Notre Dame et maintenant Il Se déplace devant et Il Se fait apporter la coupe d'encens - comme si c'était par un autre Archange, Il est sur terre en ce moment et Il tient la coupe avec cet encens et la souffrance y est placée et notre jeûne y est placé, et les prières de tous ces Anges et Archanges y sont placées. Ces Archanges sont ceux de nombreux Prêtres et Religieux qui meurent avec cette même compréhension en silence. Ils ont été mis à mort, même des évêques et même des cardinaux.

... Saint Michel, qui S'est tu pendant un moment, parle à nouveau : « J'apporte devant toi le message de la Mère de notre Dieu pour comprendre ce grave moment. Je suis son serviteur ici devant toi - Saint Michel ».

Notre Dame parle :

« Mes enfants bien-aimés, Je vous remercie de garder ce jeûne ce jour, dans une abstinence totale de viande, de la chair de Mes animaux. Cela plaît immensément à Dieu et, ayant consommé la Chair vivante et le Sang de Notre Seigneur dans la Sainte Eucharistie, vous vous en êtes nourris. »

« Cette grave abomination qui en est venue à être connue sous le nom d'euthanasie est l'erreur de la Russie qui n'a pas été consacrée à Mon Cœur Immaculé et qui joue maintenant à Dieu. Tout d'abord, l'abomination du consentement à tuer - comme dans le cas de l'avortement - des innocents qui n'ont ni le droit ni la possibilité de parler pour eux-mêmes ! Et maintenant, le consentement à parler par ceux qui ont une voix, donnant leur consentement à prendre leur vie parce que leur intelligence a été déformée par la compréhension que la souffrance n'est pas nécessaire. Ils ne comprennent pas la grave offense qu'ils commettent ! Et pourtant, beaucoup sont catholiques !

Aujourd'hui, par cette souffrance, J'empêcherai beaucoup de gens de fuir la souffrance, même ceux qui ont écrit un formulaire de consentement. Dieu Lui-même interviendra pour les libérer de leur corps et ils entreront... *(on me montre maintenant la dernière étape du Purgatoire)* C'est parce que beaucoup prient contre ce terrible crime contre Dieu. Et pour ceux qui meurent de cette façon, qui donnent leur consentement, *(Iveta : Oh bonté divine !)* beaucoup tomberont en Enfer, et par la prière de beaucoup, certains iront dans le dernier état du Purgatoire *(où je vois une bougie allumée)* et ne sortiront pas de cette étape avant le dernier jour du jugement, le jugement final ! S'ils connaissaient cette souffrance, ils embrasseraient la souffrance, c'est-à-dire la croix que Dieu leur a donnée de porter pour leur propre Salut, le Salut de leurs Âmes ! Et ils se réjouiraient de la Couronne que Dieu placerait... sur eux, les accueillant à la Maison, ayant gardé leur croix et ne cherchant pas à l'abandonner.

Cette abomination se répand dans de nombreuses Nations. J'appelle tous Mes enfants en ce jour à dire 'Non' à un tel mal ! Ne donnez pas votre consentement ! Seul Dieu a le droit, comme Créateur de chacun d'entre vous, de vous libérer de ces corps faits d'argile, de vous permettre d'en être libérés, lorsque Son but est atteint pour Le glorifier sur terre et au Ciel. Alors vous retournez à la poussière, et certains deviennent des

Saints par cette souffrance, et incorruptibles, pour montrer la puissance de Dieu seul ! Amen.

Je suis la Mère de Dieu, la *Médiatrice de toute Grâce, Notre Dame des Douleurs*, *(c'est pourquoi Elle est vêtue d'un vêtement bleu marine et blanc, mais avec une ceinture rouge qui tombe à sa droite)* Co-Rédemptrice, intercédant pour vous qui M'invoquez et pour ceux qui prient pour ceux qui réfléchissent à cette manière de choisir la mort.

La Mère de Dieu : Je vous avertis de ne pas entrer inutilement dans les hôpitaux. Apprenez à M'invoquer et à vous abandonner dans mon Cœur Immaculé et offrez cette souffrance qui vous frappe pour le Salut des Âmes du Purgatoire et le Salut des Âmes à convertir sur terre - même des membres de votre propre famille ! Là[264], ils vous attendent, c'est Mon adversaire qui est entré dans beaucoup d'âmes maintenant en voulant jouer à Dieu Lui-même. Lorsque vous en entendez parler, priez pour eux ! Priez beaucoup de chapelets, car nous avons besoin de beaucoup de chapelets ! Je vous aime tendrement Amen ».

*

« Je vous aime tendrement, Je vous remercie infiniment de consoler Mon Cœur douloureux si blessé par la perte de tant de Mes enfants. Même les fidèles qui ont gardé la Loi de Dieu dans les dernières étapes l'ont abandonné et ont embrassé la loi de Satan.

Je suis votre Mère céleste, *Médiatrice de toute Grâce, Co-Rédemptrice* et *Avocate* au Ciel, intercédant pour vous et pour ceux qui M'invoquent. Je remercie tous mes petits enfants qui prient pour leur sœur bien-aimée. Oui, de cette manière, Je vous bénirai. Vous la fortifiez pour qu'elle souffre pour

---

[264] Dans les hôpitaux

ces graves offenses dans son petit corps faible ; et pourtant elle est puissante avec la Grâce de Dieu. Elle prie aussi pour chacun de vous devant Moi en action de grâce. Je vous bénirai, vous et vos familles. Continuez ainsi, car beaucoup de choses lui arriveront dans les jours à venir, connus sous le nom de Semaine Sainte. Je vous aime tendrement. Amen. »

Elle Se retire, le petit rouleau est enroulé et saint Michel le donne à la Vierge. Ce message est arrivé sur un rouleau, et maintenant Il explique pourquoi son épée est baissée.

Il n'a aucune autorité sur la volonté humaine et ne peut donc même pas sauver leurs Âmes de l'Enfer, mais Il lève maintenant Son épée et la tient au-dessus de Sa tête, et Il tient la Balance divine dans Sa main gauche et la chaîne pend autour de Son avant-bras gauche, et avec nos prières, Il est capable de diriger l'épée – il nous le montre, lorsque nous prions pour ceux qui ont commis l'euthanasie – sur Satan lui-même, et Satan fuit, et l'Âme est maintenant placée sur la Balance de la Divine Justice et élevée au Ciel.

C'est le premier jugement, et par nos prières l'Âme entre dans les derniers paliers du Purgatoire, et on me montre les Anges associés qui sont du rang des 'Puissances', le dernier palier du Purgatoire la plus proche de l'Enfer... et il y a le silence. Maintenant Saint Michel me montre aussi la compréhension du Purgatoire :

Lorsque nous prions pour ces Âmes qui ont commis l'euthanasie, non pas pour celles qui les tuent, mais pour celles qui meurent à cause de l'euthanasie - cet esprit maléfique, saint Michel se tient à l'entrée de la dernière étape du Purgatoire et les Anges de la 'Puissance' viennent Lui prendre le Calice et le versent sur elles... les soulageant... de leurs souffrances et le Calice est rendu et la porte se ferme. Saint Michel prend le Calice et le donne à la Vierge qui est là et regarde tout. Amen. » *The Vision Closes. (5th Friday of Lent, 2018)*

137. LA RÉPARATION QUI DOIT ÊTRE EFFECTUÉE AVANT QUE L'ÂME N'ENTRE AU PARADIS

« Sache et comprends maintenant : tu commences à souffrir pour les Âmes du Purgatoire[265]. À toi est donnée une compréhension par petites portions de la « Thèse du Purgatoire » : Jésus[266] descend chez les morts et il fait nuit. Ici, lorsqu'Il ressuscite *en mémoire du* premier jour de Sa résurrection des morts, un grand Schisme a eu lieu. Il a donné sa place au Diable, et dans le Ciel, qu'il faut comprendre comme un Monde spirituel, le Monde de Dieu, un lieu a été créé, connu sous le nom de 'Purgatoire'[267].

Le schisme consiste en deux compréhensions : le Paradis et l'Enfer. L'Enfer doit être compris comme étant en dessous du Ciel. Le schisme doit être compris comme le fait qu'une fois que l'Âme est condamnée à l'Enfer, elle ne peut jamais entrer au Ciel[268] ; mais dès qu'elle est dans le premier Jugement, elle entre au Ciel et dans les paliers du Purgatoire où Dieu l'enverra pour être purifiée.

---

[265] L'expérience d'Iveta est différente de celle de Catherine de Gênes. Catherine a vécu une expérience spirituelle personnelle similaire à l'expérience des Âmes du Purgatoire, qui lui a donné une compréhension du Purgatoire que ses disciples ont mis. Iveta raconte son expérience de souffrance pour les Âmes du Purgatoire dans le cadre d'une expérience co-Rédemptrice, au cours de laquelle elle reçoit une compréhension du Purgatoire que son mari a enregistrée et mise par écrit.
[266] L'expérience d'Iveta s'est déroulée le Samedi Saint. Elle reçoit un aperçu de ce qui va se passer au cours de la nuit suivante, pendant la célébration Eucharistique de la Veillée Pascale qui célèbre la Résurrection de Notre Seigneur.
[267] Le Purgatoire est présenté ici comme faisant partie du Ciel. Ainsi, est soulignée la différence radicale entre le Purgatoire et l'Enfer. « Puisque les Âmes du Purgatoire sont libérées de la culpabilité du péché, il n'y a pas de barrière entre elles et Dieu, si ce n'est les douleurs qu'elles souffrent et qui retardent la satisfaction de leur désir. » (Catherine de Gênes, Traité du Purgatoire, chap. III)
[268] « Ceux donc qui sont en Enfer, ayant passé de cette vie avec des volontés perverses, leur culpabilité n'est pas remise, et ne peut l'être, puisqu'ils ne sont plus capables de changer. Quand cette vie est terminée, l'Âme reste à jamais confirmée soit dans le bien, soit dans le mal, selon ce qu'elle a déterminé ici. » (Catherine de Gênes, Traité du Purgatoire, chap. IV)

Cette purification est une compréhension de la réparation qui doit être faite avant que l'Âme n'entre au Paradis et dans la Présence de Dieu, où il n'y a aucune contamination[269] : un Dieu-tout-Bon, et tout est bon, clair comme le cristal ! Ici, vous comprenez le but de toutes les Âmes : louer, adorer et glorifier Dieu sans cesse !

Maintenant, lorsque vous comprenez que vos ancêtres sont au Purgatoire et que vous ne priez pas pour eux, que vous ne les libérez pas par vos prières afin qu'ils puissent louer, adorer et glorifier Dieu sans cesse pour vous et vous obtenir la grâce et la foi nécessaires, on voit la perte de la foi sur Terre ; oui, même dans les familles autrefois prédominantes dans la foi, justes devant Dieu !

Et pourtant le péché que l'on commet - même une personne vertueuse pèche sept fois par jour - vous fait comprendre la purification nécessaire pour cette personne (lui ou elle) juste lorsqu'elle entre au Ciel : c'est le Purgatoire. Mais lorsque l'âme tombe en Enfer, c'est là où le Diable, ses anges, les anges déchus, ont reçu une place – c'est son domaine pour ainsi dire.

De même que vous avez les rangs et les paliers du Purgatoire, le chapelet de Saint-Michel[270], comme on l'appelle maintenant, révèle le pouvoir des Anges. Le Diable a le même pouvoir en Enfer, mais pas le pouvoir de Dieu qui est au-dessus de tout.

Quand une âme tombe en Enfer – c'est-à-dire qu'elle est condamnée à l'Enfer – ce n'est pas le désir de Dieu de le faire, mais cela a été provoqué par le manque de prière et le désir de l'Âme de renoncer à Dieu et de choisir le Diable – comme dans

---

[269] Mais je vois que l'essence divine est si pure – plus pure que l'imagination ne peut le concevoir – que l'Âme, trouvant en elle la moindre imperfection, préférerait se jeter dans mille Enfers que de paraître, ainsi souillée, en présence de la majesté divine. Sachant donc que le Purgatoire était destiné à son nettoyage, elle s'y jette, et y trouve cette grande miséricorde, l'enlèvement de ses taches. (idem. Chap. VIII)
[270] Voir le contenu du chapelet de Saint-Michel dans les Annexes de ce livre.

la compréhension de la volonté libre [271], le Don que Dieu donne à chaque Âme quand elle est créée : La volonté de choisir le bien hors du mal, de choisir le bon hors du mauvais, de choisir Dieu ou le Diable, et de servir Dieu sur la terre – telle qu'elle a été créée – ou de choisir de servir le Diable avec l'aide de ses anges déchus.

C'est le chemin de la perdition sur lequel marchent des Âmes, et si nous ne prions pas, de nombreuses Âmes se perdent de cette manière !

D'avantage sera donné de sa compréhension dans les jours à venir, Ma fille bien-aimée, petite qui est à Moi et à Mon Jésus. Moi qui suis *l'Immaculée Conception* - par l'intermédiaire de Mon Esprit Saint, Je révélerai cette compréhension pour purifier les Âmes de leurs servitudes et de leurs tentations ancestrales. C'est la préparation pour les Âmes qui entrent dans le *Reste*, et une compréhension de la Constitution connue comme la Constitution des Saints Ordres dédiés au *Sacré-Cœur de Jésus* et à *Mon Cœur Immaculé* !

Je suis *l'Immaculée Conception, Médiatrice de toute Grâce, Co-Rédemptrice* et *Avocate* au Ciel, la *Mère de Dieu* intercédant avec vos prières pour les Âmes, même au Purgatoire lorsque vous offrez vos prières pour elles. Votre sacrifice peut aussi être offert pour elles ! Vos bonnes actions, vos gestes, vos paroles aimables peuvent aussi être offerts pour ces Âmes ! Elles paient la Divine Justice de Dieu[272] et c'est bien parce qu'elles se sont repenties[273], même si leurs nombreux péchés ont fait

---

[271] « Il est évident que la révolte de la volonté de l'homme contre celle de Dieu constitue le péché, et tant que cette révolte se poursuit, la culpabilité de l'homme demeure. » (idem, chap. IV)

[272] « Voyant avec certitude l'importance de la moindre entrave, voyant que la Justice exige que leur attraction soit retardée, il naît dans leur cœur un feu d'une extrême violence, qui ressemble à celui de l'Enfer. » (idem, chap. IV)

[273] « Ils sont purs des péchés, parce qu'ils les ont en horreur dans cette vie et les ont confessés avec une vraie contrition, et c'est pourquoi Dieu remet leur culpabilité, de sorte qu'il ne reste que les taches du péché, et celles-ci doivent être dévorées par le feu ». (idem, chap. V)

appel à la Miséricorde de Dieu, que ce soit de leur vivant ou à l'heure de leur mort. C'est par les prières de nombreuses Âmes victimes que cette Grâce leur est accordée, mais c'est aussi le choix de Dieu qui connaît les cœurs ».

Et maintenant, cette vision m'est accordée.

« Lorsque J'ai reçu l'épée qui a transpercé Mon Cœur Immaculé au pied de la croix, pour révéler aux cœurs et aux Âmes de Mes enfants qui se consacreront à Mon Cœur Immaculé et consacreront tous leurs proches et tous ceux qui sont chers à leur cœur, leurs amis, chaque matin ainsi, par leur nom comme J'ai demandé aux mères de le faire avec leurs enfants par des prières pour leurs enfants, ils recevront la Grâce comme ces Âmes qui sont consacrées à Mon Cœur Immaculé, de se voir comme Dieu les voit avant leur dernier souffle sur Terre[274].

Maintenant tu dois souffrir, petite qui est à Moi et à Mon Jésus, Cléophas, avec le Seigneur. Je t'aime tendrement et Je te remercie, Mon bien-aimé du Bien-aimé, Félix Xavier de M'aider, de permettre à ton épouse d'endurer cela et par tes prières et ta solidarité avec elle unie même dans ta fatigue et ta souffrance, tu co-rachètes aussi, et tu offres tes prières pour ces Âmes ! Amen ».

Iveta : Ma tête est lourde, mon corps est paralysé, mes mains ne peuvent pas bouger, mes yeux subissent les pires souffrances[275].

---

[274] C'est un immense don de grâce : Une Âme reçoit la grâce "de se voir telle que Dieu la voit avant de prendre son dernier souffle sur Terre", et donc de se repentir et d'accueillir la grâce de Dieu avant la mort. Le chemin "normal", selon Catherine de Gênes, est le suivant : "Au moment de quitter cette vie, ils voient pourquoi ils sont envoyés au Purgatoire" (idem chap. I).

[275] « Il est vrai que l'amour divin qui submerge l'Âme donne, comme je le pense, une paix plus grande qu'on ne peut l'exprimer ; cependant cette paix ne diminue pas le moins du monde ses douleurs, non, c'est l'amour différé qui les occasionne, et elles sont plus grandes à proportion de la perfection de l'amour dont Dieu l'a rendue capable. Ces Âmes du Purgatoire ont donc un grand plaisir et une grande douleur, et l'un n'empêche pas l'autre. » (Idem, Chap. V)

Ils sont aveugles à un tel point ! Je ne peux rien voir, ni à l'intérieur ni à l'extérieur.

Mon Dieu, combien de temps me garderez-vous dans cet état ? Quand me demanderez-Vous de venir à Vous ? Mon Dieu, ne me laissez pas ainsi, c'est Vous que Je désire ardemment ! Je suis entouré de flammes, mais mon corps ne peut être consumé par elles et aucun ver ne le mange. J'ai le Vêtement d'un corps glorifié[276], mais ma Couronne m'attend encore ! Mon Dieu, j'ai hâte de porter ma Couronne. Quand me déclarerez-vous juste et digne de venir en Votre Présence pour Vous louer, Vous adorer et Vous glorifier avec tous les Anges et les Saints ! Même si je suis assis au dernier rang, je serai contente car je Vous verrai, mon Dieu. La Vision Béatifique qu'on m'a racontée sur terre, c'est vrai, elle existe ! C'est Vous, le Visage de mon Dieu que je désire tant voir, mon Créateur ! Ici, je ne peux qu'être et Vous remercier de m'avoir épargné la damnation éternelle de l'Enfer où je ne Vous verrais jamais, et où les flammes ne s'éteindraient jamais, me brûlant de douleur !

Maintenant ma douleur est l'angoisse de mon âme de Vous voir ! Je Vous aime, mon Dieu, étanchez ma soif ! Amen.

La Vision se termine (Samedi Saint, 31 mars 2018)

138. JÉSUS A PAYÉ LE PRIX POUR CES ÂMES DEPUIS LE PREMIER HOMME JUSQU'AU DERNIER HOMME QUI SERA CRÉÉ

Iveta : S'il te plaît, donne-moi une goutte d'Eau bénite, Bubs[277]... merci, merci.

« Mon bien-aimé du Bien-Aimé, Félix Xavier, comprends-tu ce que tu viens de faire ? C'est ainsi, quand tu pries pour les

---

[276] Voir à la Note 290.
[277] Iveta donne ce nom familier à son mari

Âmes du Purgatoire, que Je suis capable de leur offrir une libération d'une position à l'autre[278] : la position n'est pas de nature physique, elle est d'une compréhension spirituelle et apporte un soulagement à leur esprit tout comme cette petite qui est à Moi et à Mon Jésus, ton épouse bien-aimée Cléophas, a reçu une joie - c'est ainsi que Je suis capable d'apporter cette joie - même si c'est pour un petit moment !

C'est une plus grande joie de faire passer l'Âme d'un palier à l'autre. Je ferai connaître comment elles se déplacent dans les jours à venir.

Cette rotation, maintenant, est une compréhension du temps qui leur est enlevé, diminué[279] !

Iveta : Maintenant, une vision se présente, et je vois Notre Sainte Mère debout à la porte qui s'ouvre sur ce qui semble sombre au début. Maintenant Sa clarté brille, et ensuite l'Archange Michel vient du rang d'un Ange, connu comme le Chœur des Anges des Séraphins. Œuvres de charité : une Âme à qui manquaient ces œuvres est maintenant libérée d'une position à l'autre.

Notre Dame parle :

Je vous remercie ! Ce sera très fructueux que, lorsque la Sainte Mère, l'Église catholique, célébrera ce qu'on appelle la Veillée pascale – la Résurrection de Notre Seigneur – de nombreuses Âmes entreront au Ciel ! Ces âmes sont celles qui se trouvent dans les paliers proches du Ciel, en particulier toutes les Âmes dans les premiers paliers – connus sous le nom de Limbes – des petits enfants qui ont été victimes des fausses couches, avortés et même les Âmes qui ont souffert

---

[278] Catherine de Gênes parle également d'un chemin pour les Âmes du Purgatoire : « Elles éprouvent de là une grande et incessante satisfaction qui augmente sans cesse à mesure qu'elles s'approchent de Dieu ». (Idem, Chap. XVI)
[279] « La douleur ne diminue jamais, bien que le temps le fasse. » (idem, chap. II)

et sont mortes gravement et qui paient la Justice de Dieu au Purgatoire, payant le prix de la Divine Justice au Purgatoire.

Ce sera un grand moment ! Toutes les prières que vous récitez maintenant et ceux qui prient, vénérant Mes sept douleurs, ces prières seront appliquées pour ce moment. Je les utiliserai pour racheter les Âmes du Purgatoire. Elles se lèveront avec le Seigneur en mémoire de ce premier jour ! Puissiez-vous savoir et comprendre que la première Résurrection a fait émerger des Âmes depuis le premier homme créé jusqu'à la dernière Âme qui est morte ce jour-là. Maintenant, sachez et comprenez que Jésus a payé le prix de ces âmes, du premier homme au dernier homme qui sera créé. Telle est la valeur de la souffrance !

Le Seigneur a parcouru ce chemin ! Lorsque vous offrez le Saint Sacrifice, la Sainte Messe pour les Âmes du Purgatoire, parfois il ne sera utilisé que pour cette Âme particulière[280]. Mais si vous priez pour les différentes Âmes comme l'Église le fait à chaque messe, c'est ainsi que ces Âmes des Limbes sont libérées dans l'éternité. Elles sont comme des petits Anges qui adoreront, loueront et rendront un culte à Dieu et apporteront une grande joie au Ciel[281].

Je suis *la Mère de Dieu*. Je suis la Mère, co-rachetant pour ces Âmes du Purgatoire à travers vos prières et vos souffrances, *Médiatrice de toute Grâce* et *Avocate*, obtenant la Grâce des prières de ceux libérés au Purgatoire, de vos Ancêtres, et l'appliquant aux Âmes de cette lignée Ancestrale, et leur donnant la Grâce de tenir fidèlement à leur foi et de transmettre leur foi à la génération suivante. *(Samedi Saint, 31 mars 2018)*

---

[280] L'Âme pour laquelle la Sainte Messe est offerte.
[281] "De même, Je vous le dis, il y aura plus de joie dans le Ciel pour un seul pécheur qui se repent que pour quatre-vingt-dix-neuf justes qui n'ont pas besoin de se repentir. » (Luc 15,7)

139. LES ÂMES AU PURGATOIRE REÇOIVENT LE DON DES LANGUES DES ANGES

Iveta : Bubs[282], tu peux me tourner un peu plus ?

« Mes enfants bien-aimés, sachez et comprenez ! »...

« Merci, Mes bien-aimés du Bien-Aimé. C'est ainsi que vous devez traiter ceux qui souffrent : Avec Amour ! Oui, cela peut sembler prendre tout votre temps, mais c'est le temps le plus précieux pour votre Âme et pour l'Âme qui souffre !

Sachez et comprenez que les Âmes du Purgatoire ne parlent pas comme les mortels sur Terre. Elles ont reçu le don des Langues des Anges. Elles parlent à Dieu s'exclamant tout le temps dans les Langues des Anges. Celui qui entend très clairement leurs Langues est leur Ange gardien qui assure l'adoration pour eux. Et c'est leur Ange Gardien qui apporte souvent un message de prière. Aussi souvent, les gens rêvent de leurs ancêtres ou d'Âmes qui viennent à eux. Ce n'est pas l'Âme qui vient, c'est leur Ange Gardien qui apporte leur vision, comme ils étaient sur terre, devant l'Âme qui prie pour ces Âmes du Purgatoire - l'Âme sur terre ! » *(31 mars 2018 Samedi Saint)*

140. LA CONFESSION DOIT ÊTRE COMPRISE COMME UN EXORCISME CONTRE LE PÉCHÉ MORTEL

« Sachez et comprenez combien la souffrance est précieuse ! Vous comprendrez ici la signification du Don du Sacrement de la Réconciliation dans la Sainte Mère, l'Église catholique.

---

[282] Iveta appelle son mari Félix de ce nom familier.

Quand vous allez vous confesser, comme vous le savez aussi, quand vous confessez vos péchés au Prêtre, ici la réparation est prise par Jésus !

Lorsque vous vous confessez à l'heure de votre mort et que vous implorez la Miséricorde pour vos péchés, le don de la Miséricorde est accordé, tout comme lors de la réconciliation en confession.

Sachez et comprenez que c'est pour la réparation – la Divine Justice – que l'Âme entre maintenant dans les paliers du Purgatoire. C'est-à-dire Dieu le Divin Juge, le Seigneur Jésus, Vrai Dieu et Vrai Homme, maintenant Dieu assis sur le Trône du Jugement, jugera dans la première justice, comme le premier Jugement, quand une Âme se présente devant Dieu ; et Il rend la sentence selon Son Amour Miséricordieux et Sa Divine Justice !

Il est important, enfants bien-aimés, que vous vous confessiez souvent lorsque vous avez commis un délit, surtout de nature mortelle. Oui, même les péchés véniels, il est bon que vous les confessiez, afin de ne pas les aggraver -c'est-à-dire les répéter, et ils deviennent des péchés mortels si vous ne les corrigez pas. La confession est une sainte réconciliation avec Dieu par l'intermédiaire du Prêtre, le Prêtre catholique qui a reçu du Grand Prêtre l'autorité de vous absoudre, c'est-à-dire en prenant la réparation ! Les souffrances du Seigneur et souvent les vôtres sur Terre, vont compenser cette Divine Justice !

C'est un moment magnifique ! Et même les souffrances qui vous atteignent à cause de votre iniquité, seront amenées à la guérison si vous croyez en ce grand don.

La confession doit être comprise comme un exorcisme contre le péché mortel, car là, l'adversaire s'enfuit, et vous êtes rétabli. Si vous confessez vos péchés avec repentir, sans les cacher au Prêtre et sans honte, sachez que votre Âme devient aussi pure que lorsque vous avez été baptisés, et que vos dons pour aider les autres sont maintenant fortifiés, vous avez maintenant le courage et la force de les exorciser, de ramener les Âmes à Dieu ! Je ne veux pas dire que vous devenez un Prêtre : personne ne peut prendre cette place-là ! Cela est réservé à ceux qui ont été appelés de cette manière par mon Divin Fils Jésus, le Grand Prêtre. » *(Samedi Saint, 31 mars 2018)*

141. PRIEZ, MES ENFANTS BIEN-AIMÉS, DE NOMBREUX ROSAIRES POUR LES ÂMES DE VOS ANCÊTRES QUI ONT SOIF DE VOTRE PRIÈRE, ILS VOUS AIDERONT

« Priez, priez, priez, Mes enfants bien-aimés beaucoup de chapelets pour les Âmes de vos ancêtres qui ont soif de votre prière, ils vous aideront ! Beaucoup de vos ancêtres sont cependant connus de Dieu comme des Saints 'de tous les jours' ! Vous pouvez les invoquer pour prier pour vos besoins. Si seulement vous compreniez ce grand don du Créateur et son désir de réconcilier chacun d'entre vous avec Lui, de votre état déchu du Péché originel !

Vous avez reçu le don du Saint Baptême. Beaucoup ne sont pas baptisés ! Apportez-leur cette connaissance afin qu'ils puissent être baptisés dans l'Église catholique, où Jésus les attend. Elle a la pleine autorité du Grand Prêtre, laissée à travers le siège de Pierre, le Rocher sur lequel Il a construit Son Église, et personne ne peut prendre cela, pas même l'adversaire[283] ! Il[284] peut apporter de grandes souffrances et de grands chagrins, mais il n'a pas le pouvoir d'enlever à l'Église catholique son Autorité, car Elle a pour Tête Jésus, Vrai Dieu et Vrai Homme ! Si vous comprenez ce don de votre Foi, vous n'hésiterez pas, et vous ne le cacherez pas ! Vous le confesserez

_____
[283] Mt 16, 18-19
[284] L'adversaire

hardiment aux autres par votre amour pour eux et par vos actes de Miséricorde, d'Amour et de Pardon !

Comme il est facile de ramener les âmes, si seulement vous aviez compris votre foi et prié pour le don de la foi !

Je suis la *Mère de Dieu, Médiatrice de toute Grâce, Co-Rédemptrice* et *Avocate* pour vous, qui intercédez pour vos proches à travers Moi sous ce titre, Mon titre. Il doit être compris comme le dernier titre et le premier titre, le début et la fin ! Je suis Celle que Dieu a suscité dans votre monde pour Sa Gloire personnifiée. Je vous aime tous tendrement. Amen. » *(Samedi Saint, 31 mars 2018)*

142. IL EST TRÈS FRUCTUEUX ET EFFICACE DE RÉCITER LE ROSAIRE AVEC SA MÉDITATION DE CETTE MANIÈRE

« Enfants bien-aimés, il est très fructueux et efficace de réciter le Rosaire avec sa méditation de cette manière :

1. Priez le Rosaire pour les enfants à naître et pour les petits mort-nés : la méditation est l'Annonciation, le premier Mystère Joyeux – tous les Mystères Joyeux !

2. Le deuxième pour l'euthanasie : ceux qui signent de leur plein gré pour cette mort. Prier les Mystères lumineux.

3. Pour les Âmes qui se suicident, dans les soixante-douze heures avant que l'Âme ne se présente devant Dieu pour le jugement, priez les Mystères des Mystères douloureux.

4. Et pour les âmes de ceux qui meurent d'un âge avancé, priez les Mystères des Mystères glorieux, la résurrection. Amen. » *(Samedi Saint, 31 mars 2018)*

143. IL Y A TROIS PALIERS AU PURGATOIRE, ET DANS CHACUN DES PALIERS, IL Y A TROIS NIVEAUX

Iveta : Je suis entrée pour souffrir dans le deuxième palier maintenant où il y a la mobilité. Je peux bouger mes mains, mes doigts – pour ainsi dire bouger, mais pas sur les côtés. Amen.

Il m'est accordé maintenant la Sagesse par notre Sainte Mère, la Sagesse pour comprendre le Purgatoire plus profondément. Voici la Sagesse qui m'est présentée maintenant :

« Il y a trois paliers dans le Purgatoire[285] et dans chaque palier il y a trois niveaux. Saint Michel est le gardien des Âmes, et à chaque niveau un chœur d'Anges a été assigné pour ce niveau[286]. Lorsque nous prions pour les Âmes, Saint Michel qui accompagne Notre Sainte Mère, ouvre la porte du Purgatoire, et apporte un rafraîchissement à ces Âmes grâce à nos prières. Et le Chœur des Anges est celui qui les fait passer par les différents paliers lorsque le temps a été accompli selon la Justice divine et la Sainte volonté de Dieu, et qui fait passer

---

[285] « Ainsi la rouille, c'est-à-dire le péché, est ce qui recouvre l'Âme. Au Purgatoire, cette rouille est consumée par le feu. Plus elle est consumée, plus aussi l'Âme est exposée au vrai Soleil, à Dieu. Sa joie augmente à mesure que la rouille disparaît et que l'Âme est exposée au rayon divin. Ainsi, l'un croît et l'autre décroît jusqu'à ce que le temps soit accompli. Ce n'est pas la souffrance qui diminue, c'est seulement le temps de rester dans cette douleur." (Sainte Catherine de Gênes, Traité du Purgatoire, chap. II)

[286] « Nous avons parlé des neuf ordres d'anges parce que nous savons que l'Écriture sainte témoigne clairement de l'existence d'Anges, d'Archanges, de Vertus, de Puissances, de Principautés, de Dominations, de Trônes, de Chérubins et de Séraphins. Presque chaque page des Saintes Écritures témoigne de l'existence des Anges et des Archanges. Les livres des prophètes, comme on le sait, parlent souvent des Chérubins et des Séraphins. Et l'apôtre Paul a énuméré les noms de quatre ordres lorsqu'il a dit aux Éphésiens (1,21) : Au-dessus des Principautés, Pouvoirs, Vertus et Dominations. De nouveau, écrivant aux Colossiens (1,16), il dit : Que ce soit Trônes ou Pouvoirs, Principautés ou Dominations. » (Pape Saint Grégoire le Grand, Sermon 34)

les Âmes aux paliers suivants jusqu'à ce qu'elles arrivent au Paradis. Là, Notre Sainte Mère les accueille et marche avec elles ».. *il y a plus que cela !*

Ayant complété les souffrances de la première heure[287] du troisième palier du Purgatoire, « ... le chœur des Anges assignés à ce palier du fond, le plus proche de l'Enfer - sinon ils seraient en Enfer - est le Chœur des Puissances. Le prochain niveau supérieur est le Chœur des Dominations, et le prochain niveau supérieur le plus proche du deuxième palier du Purgatoire est le Chœur des Principautés. Amen. »

Je traverse maintenant la souffrance de la deuxième étape... J'ai maintenant complété la souffrance du deuxième palier en cette deuxième heure, et voici la Sagesse qui m'a été accordée par Notre Sainte Mère :

« Le chœur des Anges assigné au niveau inférieur du deuxième palier, qui est le plus proche du troisième palier est le Chœur des Vertus, et au-dessus de cela est le Chœur des Trônes, et au-dessus de ce niveau est le Chœur des Anges des Archanges, et c'est de ce niveau qu'est Saint Michel. »

Dans ce niveau, on m'accorde cette sagesse. « Il y a la mobilité, c'est comme personne alitée qui a la capacité de bouger un peu. Ce n'est qu'une compréhension de la souffrance diminuée par nos prières, apportant un peu de soulagement à l'Âme pour être un peu mobile. On peut simplement se déplacer d'un côté à l'autre ou bouger un peu les membres pour apporter du confort, contrairement au troisième stade où l'on n'a aucune mobilité. Une immense prière est nécessaire, rien que pour la mobilité ! »

Je vais accorder plus sur cette compréhension dans les jours à venir.

---

[287] La première heure de la souffrance d'Iveta

Maintenant, je suis entrée dans le premier palier, c'est le palier le plus proche du Paradis.

« Je suis au troisième niveau, c'est-à-dire au niveau inférieur du premier palier du Purgatoire. Il y a de la mobilité dans ce premier palier, on peut s'agiter, on peut être comme un papillon. Il y a aussi une certaine joie d'instants en instants : l'Âme sait maintenant qu'elle se rapproche de son Créateur, et ici il lui est accordé la grâce de prier une prière de remerciement à Dieu pour l'avoir sauvée. Dans ce premier palier, l'Âme semble être dans un état de joie[288], sachant qu'elle sera bientôt avec son Créateur, remerciant constamment Dieu de lui avoir offert ce cadeau ! Je comprends ici que nous pouvons appliquer nos prières d'action de grâce aux Âmes de ce palier afin qu'elles passent plus rapidement les niveaux de ce palier, réduisant ainsi leur temps de service à la Divine Justice ».

Une fois de plus, la Sagesse Divine Se présente à travers Notre Sainte Maman. Puissions-nous maintenant comprendre comme il m'est donné de comprendre :

« Dans ces niveaux maintenant, les Âmes ont une mobilité ; pas une mobilité de camaraderie, mais une mobilité dans une zone confinée, c'est-à-dire que chaque Âme a comme une pièce, séparée des autres Âmes, qui ont chacune leur propre pièce.

Il n'y a pas de lumière dans aucun des paliers du Purgatoire, sauf lorsque nos prières s'élèvent et que Notre Sainte Mère vient vers elles avec Saint Michel, avec la Lumière de Dieu qui brille à travers Son Cœur Immaculé, et parfois à travers Ses Mains qui représentent les Grâces qui en découlent, grâce à nos prières pour elles ».

---

[288] Il n'y a pas de paix comparable à celle des Âmes du Purgatoire, si ce n'est celle des Saints du Paradis, et cette paix est toujours augmentée par l'afflux de Dieu dans ces Âmes, qui augmente à mesure que les obstacles à cet afflux sont supprimés. (Sainte Catherine de Gênes, Traité du Purgatoire, chap. II)

On m'accorde la Sagesse à propos des Chœurs des Anges affectés à cette première étape :

« Au troisième niveau de ce premier palier, le Chœur des Anges qui y est affecté est le Chœur de Séraphins. Au-dessus d'eux, au deuxième niveau, se trouvent le Chœur de Chérubins. Au-dessus du Chœur de Chérubins, au premier niveau du premier palier, se trouve le Chœur des Anges. Ils constituent le niveau le plus proche du Paradis.

Les Âmes des petits enfants se trouvent généralement dans ce niveau le plus proche du Paradis. Les Âmes des Saints de la terre se rendent à ce niveau et y passent trois jours, c'est-à-dire les soixante-douze heures nécessaires à leur purification avec toutes les prières élevées pour eux avant qu'ils n'entrent au Paradis, et à leur tour ils répondent en accordant les faveurs demandées par nous à travers nos prières pour eux, à travers leur intercession !

C'est un moment étonnant de voir ce que Dieu accorde à ces créatures[289], de simples poussières. Et pourtant l'Amour de Dieu, qui est incommensurable, ne peut être sondé ! Seule la Sagesse Divine, connue seulement de Dieu Lui-même, peut statuer le temps et la compréhension. Mais surtout, nous devons comprendre, comme Notre Sainte Mère l'a fait savoir, comment prier quotidiennement pour ces Âmes, car nous les considérons comme des « anges » du Ciel, qui prient pour nous et notre monde !

---

[289] « Je vois une si grande conformité entre Dieu et l'Âme, que lorsqu'Il la trouve pure comme lorsque Sa divine majesté l'a créée, Il lui donne une force attractive d'amour ardent qui l'anéantirait si elle n'était pas immortelle. Il la transforme tellement en Lui-même que, oubliant tout, elle ne voit plus rien d'autre que Lui ; et Il continue à l'attirer vers Lui, l'enflamme d'amour, et ne la quitte jamais avant de l'avoir ramenée à l'état d'où elle est sortie pour la première fois, c'est-à-dire à la pureté parfaite dans laquelle elle a été créée ». (Sainte Catherine de Gênes, Traité du Purgatoire, chap. IX)

C'est un manque de prière et de compréhension de l'importance de prier pour ces Âmes qui ont mené à divers crimes et à de grandes perturbations et liens sur Terre, dans des familles qui ne comprennent pas les liens ancestraux. Ici, le plus important, c'est d'offrir le Saint Sacrifice pour nos Ancêtres. Ne vous préoccupez pas de savoir s'ils ont pu entrer dans l'Éternité avec Dieu ! Ils peuvent d'autant plus acheter des grâces pour ceux-ci : soit pour les appliquer à nos Ancêtres qui purgent encore leur peine au Purgatoire, soit pour les grâces nécessaires à la conversion de leur lignée ancestrale qui est tombée dans le péché profond sur terre, afin d'amener ce moment joyeux sur terre – lorsque nous offrons le Saint Sacrifice pour eux. Amen. *(Samedi Saint, 31 mars 2018)*

144. CES ÂMES VIENDRONT COMME DES ANGES GARDIENS POUR VOUS AIDER, VOUS AVERTIR, VOUS PROTÉGER !

Maintenant Notre Sainte Mère parle :

« Mes enfants bien-aimés, combien il est important de prier pour les Âmes du Purgatoire ! Beaucoup d'entre vous qui pratiquaient cela autrefois - même Mes Prêtres et Religieux par vos nombreux devoirs - ont omis de prier pour elles ! Offrez ces devoirs ! Et beaucoup ont embrassé le socialisme et n'ont pas le temps de prier pour ces âmes ! Il est important pour vous de vous débarrasser du « prépuce » du socialisme dont vous vous êtes revêtus comme d'un vêtement et d'un moyen nécessaire pour rejoindre les gens. Il est très important de rejoindre par la prière maintenant, pour les Âmes que vous conseillez.

C'est sur vous, chers enfants, que je pose ce joug. C'est un joug léger que Jésus Mon Divin Fils a déjà porté. Maintenant vous pouvez le porter avec joie dans les tâches que vous accomplissez ; même le plus petit acte d'Amour peut être appliqué aux Âmes du Purgatoire servant la Divine Justice de

Dieu. N'attendez pas, il reste très peu de temps ! Je vous l'ai fait savoir : Lorsque la persécution deviendra grave, beaucoup n'auront pas le temps de prier pour ces Âmes. C'est aussi pour ceux qui seront le *Reste* et ceux qui iront dans l'Église souterraine.

Vous devez élever des Saints Sacrifices pour ces Âmes qui viendront comme des 'Anges Gardiens', pour vous aider, pour vous avertir, pour vous protéger ! Oui, voilà combien il est important de comprendre l'importance de prier pour les Âmes du Purgatoire !

Vous tous qui êtes frères et sœurs, vous appartenez à une famille de Dieu : Jésus, qui a donné sa Vie comme votre Frère, Votre Dieu, Votre *Rédempteur*, Moi qui suis *Co-Rédemptrice*. Votre Juge, le Divin Juge Jésus, est Mon Divin Fils qui intercède pour vous auprès de votre Père Céleste. Je suis votre *Avocate* qui intercède pour vous devant le Divin Juge dans vos dernières heures d'agonie, et même maintenant lorsque vous m'invoquez sous le titre de *Mère de Dieu, Médiatrice de toute Grâce, Co-Rédemptrice* et *Avocate*.

Je vous aime tendrement, Je ne désire que de vous conduire à votre demeure céleste. Amen. » *(Samedi Saint, 31 mars 2018)*

145. CE QUI SE PASSE LORS DE LA RÉSURRECTION DE NOTRE SEIGNEUR[290]

Maintenant, Sainte Maman m'accorde la dernière vision pour cette souffrance :

« La compréhension : Il m'est accordé de comprendre qu'au premier temps de la Résurrection du Seigneur, la première

---
[290] Au cours de la Célébration eucharistique de la Veillée pascale, dans la nuit qui vient.

Résurrection, toutes les Âmes ont été libérées des morts. Certaines sont descendues en Enfer, d'autres sont montées au Ciel.

Le Ciel était en préparation, là où Jésus a préparé le Purgatoire pour nous. Et puis, quand Il est monté au Paradis, pour être glorifié par son Père qui L'a reçu, c'était la première fois que toutes les Âmes du Purgatoire qui avait été créées par le Seigneur, montaient avec Lui - comme nous comprenons que le Bon Larron l'a fait, lorsque Jésus a dit : « Aujourd'hui tu seras avec Moi au Paradis ! ». Et là, c'était le Banquet où l'on pouvait entendre les Anges chanter, et les trompettes et tous les instruments jouer, car la Gloire de Dieu brillait sur eux. Et puis – c'est en soi une compréhension de la façon dont les Saints sont classés et donnés on pourrait dire dans la compréhension humaine – pour aider les Âmes sur terre, pour la conversion ! Et leur tâche principale est que chacun loue et glorifie Dieu et L'adore jour et nuit !

Maintenant, on me fait comprendre ce qui se passera à la Résurrection de Notre Seigneur[291], dans la compréhension de cette première Résurrection, lorsque le Cierge pascal sera allumé pour nous donner, à nous catholiques, la compréhension que le Christ est ressuscité. Il est vraiment ressuscité ! Avec Lui, les Âmes qui monteront au Paradis lorsqu'Il montera : les Âmes qui se sont endormies se lèveront et iront avec Lui au Banquet éternel.

Ceci a également lieu lorsque la Messe de la Résurrection est offerte pour les Âmes, pour ceux qui ont servi la Divine Justice - cette heure que seul Dieu connaît.

Lorsque nous continuons d'offrir la Messe de la Résurrection pour les Âmes du Purgatoire, et lorsqu'elles entrent au Paradis, Notre Dame me montre qu'elles sont maintenant revêtues

---

[291] Idem.

d'un corps 'glorifié'[292], comme les Anges. Ils n'ont pas de corps humain, on ne voit que leurs petites mains à travers ces vêtements blancs. Le blanc du Purgatoire est aussi blanc que notre neige, mais le blanc du Paradis dont ils sont revêtus : ce vêtement est plus blanc que la neige ! On n'a jamais vu un tel blanc ! C'est comme les vêtements dont Notre Dame est vêtue, c'est Son Blanc ! Amen. »

Maintenant Notre Dame parle :

« Maintenant, mes enfants bien-aimés, comprenez-vous que vous devez avoir faim et soif du Ciel. Marchez chaque jour avec l'idée de désirer le Ciel. Utilisez les choses de la terre comme si vous ne les utilisiez pas[293], tout cela pour la Gloire de Dieu, afin que vous puissiez un jour voir Sa Vision Béatifique ! Je viendrai avec Jésus, Mon Divin Fils, pour vous appeler dans la Présence du Père Éternel, votre Père par Jésus, votre *Rédempteur*. Moi qui vous co-rachèterai et vous amènerai à ce moment quand vous m'invoquez. Souvenez-vous seulement de prier le Rosaire ! Priez, priez mes chers enfants le Saint Rosaire : c'est de la plus haute importance ! »

... Il y a un silence...

« Je suis la *Mère de Dieu*, votre Mère Céleste qui vous aime tendrement. Amen. »

La Vision se termine. (31 mars 2018, Samedi Saint)

---

[292] Il ne faut pas entendre par là le corps glorifié qui sera donné aux Élus lors de la Résurrection finale. Il semble s'agir d'un "vêtement". Il peut être interprété soit comme une visibilité de l'Âme (invisible) qui était nécessaire pour qu'Iveta puisse voir et décrire ce qui se passe au Paradis avant la Résurrection finale, soit comme le don réel d'un "vêtement céleste" donné à l'Âme au Paradis en attendant la Résurrection finale et le don du corps glorieux.
[293] 1 Cor 7,29 ss.

146. LA FAÇON DONT VOUS DEVEZ PRIER

Iveta : ... Sainte Maman est ici. Mon mari, Elle veut que je te le dise :

L'Archange Michel est aussi venu et Il est prosterné, mais Il laisse tomber la balance de la Divine Justice qui était dans sa main droite ainsi que les chaînes dans sa main gauche. L'Archange Gabriel est derrière moi et l'Archange Raphaël est derrière toi, mon mari, et mon petit Ange Gardien Daniel est à ma droite, s'armant.

Sainte Maman sourit et nous regarde tous les deux, tandis que Saint Michel se lève, et Il a la Balance dans sa main droite et les chaînes dans Sa main gauche. Et maintenant, toutes les souffrances que j'ai supportées sont comme des flèches qui partent et forment de petits cristaux, comme des pierres précieuses, et la balance est pleine[294] des deux côtés et elle repose en parfait équilibre. C'est incroyable, la balance est si pleine, et pourtant saint Michel n'est pas fatigué de la tenir ! Et maintenant Il jette les chaînes, et maintenant Il lie beaucoup d'esprits – comme différents petits serpents – d'Âmes qui sont décédées aujourd'hui, qui les ont tourmentées à la onzième heure, mais cette souffrance leur a apporté la Divine Justice par la Miséricorde de Dieu ; et les mérites seront utilisés pour les faire entrer au Purgatoire où ils serviront la Divine Justice de ce qui est nécessaire à chaque Âme. Les Âmes sont innombrables.

Je ne vois[295] personne que je connaisse. Et Notre Dame parle en ayant ses mains comme dans la médaille[296] de la *Médiatrice de toute Grâce* ; et dans son douloureux Cœur Immaculé se trouvent les sept flèches. On peut en voir trois à droite et quatre à gauche ; et son Cœur Immaculé saigne. Elle tient dans

---

[294] Pleine d'Âmes
[295] Parmi ces Âmes
[296] Voir : https://www.mediatrixofallgrace.com/medal

sa main droite le Chapelet blanc perle et dans Sa Main gauche le scapulaire de la Médiatrice[297].

Elle parle :

« Mes enfants bien-aimés, Je vous remercie d'un Cœur maternel et joyeux, malgré Mes nombreuses douleurs de ce jour, d'avoir gardé votre jeûne et votre fidélité envers Moi, de prier. Et toi, petite qui est à Moi et à Mon Jésus, Cléophas, ta souffrance a apporté une grande joie à Mon Cœur Immaculé de voir tant d'Âmes, qui seront maintenant élevées lors de la Veillée du Saint Sacrifice, connue sous le nom de Veillée Pascale...

Aujourd'hui, dans cette compréhension de la Divine Justice, tes souffrances seront utilisées pour faire sortir les Âmes du Purgatoire : des différents niveaux ils s'élèveront à un autre niveau, selon la Divine Volonté de Dieu pour eux et avec les prières par lesquelles elles sont arrivées à le faire.

Sachez et comprenez qu'il est très important que vous fassiez connaître, dans ce que Je vous avais fait connaître comme la 'Thèse du Purgatoire', la manière dont vous devez prier. Il est très important, enfants bien-aimés, et ce joug Je le dépose sur ton épaule, bien-aimé du Bien-aimé, Félix Xavier, de le faire connaître. Car beaucoup ne prient pas, et beaucoup ne croient pas au Purgatoire. Cela apportera la clarté que le Purgatoire existe et qu'il doit en être ainsi, car au Paradis, il n'y a même pas un grain de poussière[298]. C'est clair comme du cristal ! Telle est la pureté requise pour entrer au Paradis ! Maintenant, il y a aussi des Âmes exceptionnelles, à qui Dieu

---

[297] Idem
[298] Mais je vois que l'Essence divine est si pure – plus pure que l'imagination ne peut le concevoir – que l'âme, trouvant en elle la moindre imperfection, aimerait mieux se jeter dans mille Enfers que de paraître, si souillée, en présence de la Divine Majesté. Sachant donc que le Purgatoire était destiné à la nettoyer, elle s'y jette, et y trouve cette grande miséricorde, la suppression de ses taches. (idem. Chap. VIII)

accorde cette Grâce Suprême comme un privilège par les mérites de leur souffrance. Amen. »

Puis Elle fait une pause et dit : « Je désire ajouter à la compréhension de la *'Thèse du Purgatoire'*, que chaque palier qui vous a été présenté et dans chaque niveau : chaque niveau est de cent ans. C'est le genre de prière nécessaire ! Ainsi, chers enfants, sachez et comprenez que vous devez prier toutes les indulgences que l'Église, la Sainte Mère, l'Église catholique a fait connaître, pour faire sortir ces Âmes du Purgatoire. Et il y en aura beaucoup d'autres qui entreront au Purgatoire, grâce à vos prières, cela se réalisera[299] et Nous nous réjouirons comme Famille de Dieu dans toute l'éternité et au Jugement dernier. Amen. »

Elle fait une pause et reprend la parole : « Je suis consciente de tes faiblesses maintenant ; la souffrance t'a porté et t'a frappé d'une si grande faiblesse ! Il est bon que tu prennes un peu de nourriture, petite qui est à Moi et à Mon Jésus, Cléophas et toi Mon bien-aimé du Bien-Aimé, Félix Xavier, Je te remercie aussi, immensément ! Je suis avec vous à travers tout cela. Restez en harmonie et restez en paix...

Maintenant, allez et réjouissez-vous dans la célébration que le Seigneur ressuscitera, et oui, vous aussi vous vous relèverez dans une obéissance joyeuse. Vous avez accompli votre mission.

Je vous aime tendrement, Je suis la *Mère de Dieu, la Médiatrice de toute Grâce, Co-Rédemptrice* et *Avocate* au Ciel ; cela se réalisera sur la terre par vos prières. Amen. »

La vision se termine avec Elle qui S'élève, et Saint Michel avec Elle, et je ne vois plus rien. Amen. Saint Michel descend, et Il vient se placer derrière nous. (Samedi Saint, 20 avril 2019)

---

[299] Le Traité du Purgatoire de Catherine de Gênes ne mentionne qu'une seule fois l'aide de l'Église militante : "Et si des offrandes pieuses sont faites pour eux par des personnes en ce monde." (idem. Chap. XIII)

147. TANT D'ÂMES DANS L'ÉGLISE SONT EN TRAIN DE QUITTER L'ÉGLISE ET NE CROIENT PLUS AU PURGATOIRE !

Saint Michel parle :

« Aujourd'hui, cette petite, Notre bien-aimée Sœur Cléophas, petite de Notre Sainte Mère et de Notre Seigneur Jésus, souffrira pour l'Église universelle et l'Église domestique, pour les Âmes du Purgatoire qui manquent de prières pour monter au Paradis. Ces saintes Âmes servent la Divine Justice. Très peu de prières, très peu de prières s'élèvent pour les Âmes du Purgatoire, car beaucoup n'y croient pas. Et aujourd'hui, alors que la fumée de Satan a pénétré dans l'Église universelle, dans ce qui est connu sous le nom de mouvement du *nouvel âge*, ils ne croient pas au Purgatoire où les Âmes vont servir la Divine Justice ; des Âmes qui sont fidèles à Dieu, qui se convertissent même à la onzième heure en implorant la Miséricorde de Dieu pour servir la Divine Justice. Elle souffrira aussi de l'heure de onze heures du soir jusqu'à douze heures du matin (minuit) pour le Saint Père.

Je suis St Michel qui se tient à la Présence de Dieu, ici pour défendre les Élus de Dieu. Amen. »

Mon corps est comme une fournaise brûlante de douleur, comme si je me tenais près d'un feu et qu'il brûlait. Amen. Je suis dans un état de paralysie. Je ne peux rien faire si ce n'est que je suis en attente et mon cœur a une profonde douleur d'angoisse. Cette souffrance qui commence en moi ne ressemble à rien sur terre, c'est une souffrance plus intense que toute souffrance physique. Mes yeux sont fermés, mais ils sont comme des yeux ouverts près d'une flamme de feu, brûlants de douleur. Cette brûlure est le désir ardent de voir quelqu'un que j'aime tant et que je ne peux pourtant pas voir. Ce quelqu'un, ici dans l'état où je suis, est mon Dieu, mon Créateur[300].

Je passe maintenant par les premières étapes du Purgatoire et cette souffrance servira à faire avancer de nombreuses Âmes, pour qu'elles soient plus proches du premier palier, et après cela, dans toute l'Éternité, au Paradis, avec Dieu. Amen.

À ce moment, je vois de nouveau Saint Michel. Il tient dans sa main droite la balance de la Divine Justice, et dans Sa main gauche la longue lance avec la croix au bout du manche... puis je ne vois plus rien. Amen.

« ... Tant d'Âmes dans l'Église, baptisées comme Catholiques, quittent l'Église et ne croient plus au Purgatoire ! Leurs ancêtres sont dans l'angoisse ayant besoin de prière au Purgatoire : Des prières, pas des mots ! Des prières comme l'Église catholique nous l'enseigne avec les indulgences qui vont avec pour les appliquer à ces Âmes servant la Justice Divine.

Combien elles sont nombreuses en chaque palier du Purgatoire, surtout dans les derniers niveaux du troisième palier. Et combien sont nombreuses celles qui, autrement, iraient en Enfer, mais grâce aux prières des fidèles pour ces Âmes, la Miséricorde de Dieu, l'Amour insondable de Dieu, le Fruit de la Miséricorde Divine leur a accordé la Grâce d'entrer au Purgatoire, et elles sont dans le dernier niveau du troisième palier. Sinon, elles auraient été en Enfer où les Âmes brûlent dans le feu inextinguible pour toujours et ne peuvent jamais monter au Ciel – de même qu'on ne peut descendre en Enfer

---

[300] Sainte Catherine de Gênes a fait une expérience similaire : « Comment, par comparaison au feu divin qu'elle ressentait en elle, elle comprit ce qu'était le Purgatoire. » (Introduction au Traité du Purgatoire).

pour les soulager[301]. Tel est l'éloignement, le vide... » *(Je n'arrive pas à lire ce mot... longue pause... Amen.)*

« Comme tu[302] aspergeais d'Eau bénite[303] maintenant, beaucoup d'Âmes que l'on appelle 'liées sur terre, qui meurent, surtout celles qui ont été tuées et celles qui se suicident, dites 'liées sur terre, tu les as libérées ! Et grâce aux prières des fidèles, elles viennent devant le Juge Divin. »... *et puis je ne vois plus rien. Amen.*

« Comme je buvais cette Eau bénite[304], beaucoup d'Âmes qui se sont noyées, qui sont mortes dans la mer, qui étaient liées, sont libérées. Et maintenant, on voit Saint Michel les emmener devant le Juge Divin et, grâce aux prières des fidèles, aux prières pour ces âmes et à cette petite souffrance que j'endure maintenant, la Miséricorde de Dieu leur permettra de servir la Divine Justice au Purgatoire. Amen. »

J'ai l'impression d'une fièvre qui brûle – et que Dieu m'en préserve, que je n'aille jamais en Enfer, car l'intensité de cette fièvre qui brûle en moi ressemble à l'Enfer. » Et l'angoisse de ces Âmes qui servent des milliers et des milliers d'années, des centaines et des centaines d'années, jour après jour, ne peuvent rien faire pour elles-mêmes, même prier pour elles-mêmes. Elles sont dans l'angoisse du désir que si elles avaient voulu servir sur terre, cela aurait été beaucoup plus facile. Toutes les souffrances sur terre de ces Âmes qui servent seraient bien moindres que celles qu'elles endurent en ce moment au Purgatoire, à servir la Divine Justice. Amen.

---

[301] « Et outre tout cela, entre nous et vous, un grand abîme a été fixé, afin que ceux qui voudraient passer d'ici à vous ne le puissent pas, et que personne ne puisse traverser de là à nous. » (Lc 16,26)
[302] Iveta parle à son mari Félix
[303] L'efficacité très particulière de l'utilisation d'un sacramental (eau bénite) ici est à comprendre dans le contexte de la prière de souffrance d'Iveta ce jour-là.
[304] Idem

De la tête aux pieds, c'est comme un courant qui passe, et cela peut être décrit comme lorsque vous vous cognez le coude – cette douleur aiguë, c'est de cette nature de la tête aux pieds, mais seulement cent fois pire, et pourtant je ne peux pas pleurer. Je n'ai pas de larmes en moi, je ne peux qu'endurer cela.

Je t'aime mon Dieu, je te remercie mon Dieu... c'est comme un boxeur qui prend des coups et des coups et des coups : le corps a été « boxé » dans cette sorte de souffrance, et je ne souhaite que de m'endormir. Ah ! ... Ah ! ... » Cet état est enduré par l'état de l'Âme. Ce n'est pas une douleur physique, c'est une douleur spirituelle, mais ce n'est que par le corps que peut être décrit ce que l'on ressentirait ! Toute ma peau semble desséchée. Elle a la douleur d'une peau desséchée, où elle est sur le point de former des plaies qui pourraient saigner ».

... soulagement... Je peux maintenant tenir mon chapelet et je suis avec mon Ange gardien Daniel, ici à côté de moi. Il est à ma tête maintenant, priant le Rosaire avec moi.

... et la vision se termine.

Une vision se présente avec Saint Michel tenant de la même manière la balance de la Divine Justice dans Sa Main droite, et l'Épée avec la croix dans sa Main gauche. Il est revêtu de sa tenue complète de Défenseur des Élus de Dieu et Il parle :

« Enfants bien-aimés de Dieu, Je suis Saint Michel, le Défenseur des Élus de Dieu. Aujourd'hui, à l'heure de la Miséricorde Divine, Notre Sainte Mère viendra recevoir cette souffrance. Je porterai cette souffrance sur la balance de la Divine Justice, et la Lui confierai pour qu'Elle l'applique aux Âmes qui n'ont plus personne pour prier pour elles. Amen. »

... et la Vision se termine. (Premier Vendredi du Carême, 15 mars 2019)

148. SOUFFRIR POUR LES ÂMES DES RELIGIEUX QUI SONT AU PURGATOIRE

Iveta souffre terriblement de la tête aux pieds. Doigts engourdis, pieds engourdis. Douleur dans le dos, douleur dans l'utérus. Douleurs d'avortement – douleurs de fausse-couche. Le Canada a légalisé la marijuana – la drogue – et Iveta a souffert pour sauver les Âmes...

Il y a plus mais je ne peux pas le donner. Mon cœur est pressé maintenant. C'est une souffrance que je dois endurer, et l'intensité de la douleur qui traverse mon corps et mon Âme pèse lourd, car c'est la douleur d'une Âme à l'autre, de chacun des frères qui sont maintenant ici.

Je me vois maintenant dans les bras de Notre Sainte Mère à travers cette souffrance. Amen.

J'entre dans une douleur intense, la douleur de l'Âme, comme la nuit noire de l'Âme. Le corps est tellement épuisé par la douleur qu'il glisse dans le silence, jusqu'à ce que le soulagement arrive.

Ce soulagement, je le comprends, c'est lorsque le Saint Sacrifice est élevé pour les Âmes dans cet état, et porté par notre Sainte Mère : le Précieux Sang pour éteindre les flammes, les flammes brûlantes de la Divine Justice. Amen.

... et Jésus est dans son Cœur Immaculé. Saint Michel et les deux autres Archanges sont prosternés avec nos Anges Gardiens. Et il y a dans cette pièce d'innombrables Anges. Ce sont les Anges Gardiens de toutes les Âmes qui recevront les mérites de cette souffrance, unis aux nombreuses, nombreuses prières, chapelets, qui arrivent – unis à ma souffrance – des nombreux frères et sœurs qui prient aujourd'hui partout sur la terre.

Saint Michel se lève, et Il se déplace à la droite de Notre Sainte Mère. La Vierge S'avance. Elle tient le Scapulaire de la *Médiatrice de toute Grâce* dans Sa Main gauche et le chapelet dans Sa Main droite.

Elle parle : « Je désire avec un grand désir remercier tous ces enfants qui prient fréquemment. Leur prière sera appliquée à leurs ancêtres payant la Divine Justice au Purgatoire. Vous ne comprenez pas cette souffrance ; elle semble si petite ou inconnue et incomprise. Et pourtant la souffrance portera beaucoup de fruits, beaucoup de fruits dans les heures qui nous séparent de la onzième heure de ce jour, avant que la souffrance ne commence pour le Saint-Père. Elle n'est autre que la continuation de cette souffrance.

Elle va maintenant souffrir pour les Ordres religieux qui ont fermé et dont personne ne prie pour la Divine Justice qu'ils doivent payer ; pour ceux qui sont passés dans l'Éternité, qui n'ont pas vécu les vœux d'obéissance, de chasteté et de pauvreté et pour ceux qui ne croient pas. Voilà la lourde croix que porte le Saint-Père !

Ils ne croient plus au Purgatoire ! C'est le mouvement du *Nouvel Âge* qui s'est infiltré dans de nombreux ordres, et leur laxisme qui les fait embrasser les attraits des appareils électroniques – vis-à-vis desquels J'ai mis en garde - qui leur seront donnés gratuitement, comme si c'était l'instrument nécessaire pour amener les Âmes à Dieu. Non, mes enfants bien-aimés, non, ce n'est pas le chemin ! Vous ne faites que vous ouvrir à une chute de plus en plus profonde dans les mâchoires de Satan et vous la rendez plus facile. Car lorsque la loi martiale sera déclarée dans le monde entier, ils vous rassembleront et vous emprisonneront, Mes Prêtres et mes Filles bien-aimées, les Religieuses, pour vous mettre facilement dans les chambres de la mort. Comment ferez-vous alors pour subvenir à vos besoins ?

Beaucoup d'entre vous ici abandonneront leur foi parce qu'ils n'ont pas prié. Car la foi est nécessaire maintenant, et dans la foi vous devez tout faire pour conduire les autres par Moi à Jésus, mon Divin Fils, votre Maître. »

« Je vous aime tendrement. Je suis la *Mère de Dieu*, la *Médiatrice de toute Grâce*, *Co-Rédemptrice* et *Avocate* au Ciel. Beaucoup d'entre vous se moquent de ce titre qui est le Mien et ne le prient pas. Je parle des Religieux et de Mes Prêtres. Vous ne comprenez pas. Comment alors allez-vous enseigner et conduire les autres à Moi, alors que c'est le désir de notre Père Céleste 'à Jésus par Moi' et 'en Jésus, avec Jésus, et par Jésus', au Père Céleste parfaitement ! Ce chemin a été tracé par Dieu notre Père, et il n'en sera pas autrement !

Priez, priez, priez, beaucoup de chapelets pour cette intention qui est Mienne et pour les Âmes servant la Divine Justice au Purgatoire, qui vous aideront quand votre heure sera venue ».

Maintenant, alors que je sors de cela – un soulagement de la tête aux pieds, la souffrance commence maintenant d'une autre nature pour les Âmes des Religieux au Purgatoire ; les Ordres qui ont fermé. Amen. Cette souffrance commence de mon cœur jusqu'à la taille... Cette réparation est énorme, et mon cœur palpite. Quand vous êtes anxieux et craintif d'un mal que vous allez faire, et que vous allez sciemment faire ce mal : c'est le genre de sentiment que cela représente. Mais c'est une faute grave, puisque ce sont des péchés contre l'Auteur de la Vie, que ces Religieux et ces Prêtres sont sur le point de commettre. C'est pour cette raison que leurs Ordres ont été fermés, et que beaucoup d'autres sont en train de fermer. Il n'y a pas de vocation, Dieu ne permet pas les vocations ! Amen.

Avec la Grâce de Dieu, je répète maintenant la souffrance qui m'est arrivée plus tôt et qui a consumé mon corps.

J'entends cette supplication. Je ne sais pas très bien d'où elle vient. C'est comme une prière que l'on dirait en marchant et en se souvenant de ces Âmes du Purgatoire, de ces Âmes mourantes qui pourraient ne jamais comprendre la Miséricorde de Dieu.

Jésus, Marie, Joseph, priez pour moi.

Jésus, Marie, Joseph, assistez-moi ainsi que les nombreuses Âmes mourantes qui n'ont personne pour prier pour elles.

Jésus, Marie, Joseph, je Vous offre ma souffrance pour les Saintes Âmes du Purgatoire. Amen.

C'est la prière de celui qui fait l'expérience de la froideur de l'Église, de la Mère Église, de la Sainte Mère – l'Église catholique.

Mon Dieu, mon Dieu, ayez pitié des nombreuses Âmes qui abandonnent leur foi et n'ont aucune foi en Vous et dans les enseignements de l'Église catholique. Amen.

Une tempête froide s'abat sur moi, et je suis consumé par des frissons avec une fièvre qui brûle en moi, et mon corps est maintenant consumé par la douleur et les afflictions qui viendraient à la onzième heure d'une personne, comme lorsque l'Âme est sur le point de quitter le corps. Amen.

La vision commence par un sablier au-dessus duquel se trouve le Saint-Esprit. Il reste un peu de sable et le fond est presque plein, il reste un huitième à remplir.

La vision se referme... et une autre commence. Alors qu'elle se présente à moi, Sainte Maman est arrivée, Saint Joseph est à côté d'Elle et Saint Michel est à côté de Saint Joseph. Elle étend les mains et tient le chapelet dans Sa Main droite – le chapelet blanc perle – et le scapulaire de la **Médiatrice de toute Grâce, Co-Rédemptrice et Avocate** *dans Sa Main gauche.*

Elle tend les Mains comme pour recevoir quelque chose, puis les retire et les pose en croix sur son Cœur Immaculé, et Saint Joseph sourit, mais ne dit pas un mot. Saint Michel tient la balance de la Divine Justice dans Sa main droite et l'Épée avec la croix comme poignée dans Sa main gauche – il est revêtu d'une tenue de combat. Et ce que Maman a reçu est comme posé sur la balance de la Divine Justice tenue par St Michel. Il n'y a pas de chiffre, mais il a fait pencher la balance à l'endroit où l'on mettrait l'objet, et de l'autre côté se trouvent les mérites de ma souffrance. C'est écrit 'Mérites de la souffrance'.

Cela s'appliquera aux différents paliers du Purgatoire, comme je crois comprendre que c'est écrit. Et à la Veillée – la Veillée pascale – de nombreuses Âmes s'élèveront dans l'Éternité. Beaucoup d'Âmes passeront d'un état à l'autre, à l'exception du dernier palier le plus proche de l'Enfer, au troisième niveau du Purgatoire, celles qui servent la Divine Justice jusqu'au Jugement, le jour du Jugement dernier. Amen. (Premier vendredi du Carême, 15 mars 2019)

149. COMMENT À LA FOIS JE PROTÉGERAI CEUX QUI SONT SUR TERRE ET SOULAGERAI LES ÂMES DU PURGATOIRE

Saint Michel s'adresse maintenant à Félix Xavier :

« Mon frère bien-aimé Félix Xavier, toi qui es aimé et choisi par la Main de Dieu, ta Mission a été révélée par Notre Mère bien-aimée et bénie. Tu es Son fils bien-aimé, et le bien-aimé du Bien-aimé, notre Divin Sauveur. Je désire faire pression sur ton cœur pour diffuser ce qui est connu comme le chapelet qui m'est dédié, et la compréhension du Purgatoire, et les prières à réciter - car il y a peu de dévotion envers Moi !

De cette façon, de nombreuses Âmes seront libérées et la dévotion et la compréhension de qui Je suis pour ces temps seront connues - ainsi que de la façon dont, à la fois, Je protégerai ceux qui sont maintenant sur terre et apporterai un soulagement aux Âmes du Purgatoire, et protégerai les Âmes des fidèles défunts, pour les présenter devant le Juge Divin et ensuite au Purgatoire, où ils serviront la Divine Justice.

Vous devez aussi comprendre les temps de Saint Joseph, l'Homme saint, pur et juste, qui vous est connu comme le Héraut de ces temps. Amen. » *(Vendredi, 1ère semaine de Carême, 15 mars 2019)*

150. ILS SERONT COMPTÉS PARMI LES SAINTS ET ENTRERONT AU PARADIS LORS DE LA VEILLÉE PASCALE

Maintenant la Vierge parle – Elle S'incline en signe de salutation :

« Mes Enfants bien-aimés, Je vous remercie infiniment d'avoir répondu à Ma demande, en particulier toi, petite qui est à Moi et à Mon Jésus, Cléophas, qui va subir les souffrances pour les Âmes du Purgatoire, souffrances au cours desquelles tu réciteras à chaque heure les neuf chœurs des Anges, le chapelet de Salutation que saint Michel a fait connaître[305]. Il est l'Ange Gardien qui amène leur esprit en sécurité ; et en ce moment elles M'ont été confiées comme *Médiatrice de toute Grâce, Co-Rédemptrice* qui a souffert et qui souffre pour elles, unie au *Rédempteur*, et en tant qu'*Avocate*, plaidant maintenant devant le Divin Juge qui ressuscitera en ce jour dans ce sens : Il est descendu aux enfers[306] pour libérer maintenant ces Âmes qui étaient liées sur terre et pour leur accorder la Miséricorde et la Divine Justice. Maintenant, il y en aura beaucoup qui se seront lavés avec le Sang de l'Agneau[307], c'est-à-dire : Sachant qu'ils risquaient d'être contaminés par ce virus, ils se sont mis au service des autres et sont morts en martyrs de ce fléau, en s'offrant eux-mêmes ! Ils seront comptés parmi les Saints et entreront au Paradis lors de la Veillée pascale.

---

[305] Voir l'Annexe 2
[306] 1 Pierre 3,19
[307] Ap 7,14

Enfants bien-aimés, sachez et comprenez : Vous devez également prier en M'invoquant sous le nom de *'Notre Dame des Sept Douleurs'*. Ces prières seront utilisées maintenant pour eux afin de satisfaire la Divine Justice. C'est la Miséricorde de Dieu pour ceux qui l'ont embrassée, même pour ceux qui marchaient sur le chemin de la perdition[308], comme le Bon larron qui a plaidé, et pour tous ceux qui M'ont appelée, qui ne Me connaissaient que comme Mère Marie – et, oui, J'ai répondu ! ».

Elle a le sourire ; c'est un grand moment pour Elle. Le sourire représente la Résurrection qu'Elle attend : voir Son Divin Fils Jésus[309] maintenant Son Dieu, pleinement conscient qu'Il est Dieu dans la Deuxième Personne unie à la Première Personne et en qui réside la plénitude de la Sainte Trinité. C'est la compréhension qu'Elle Me donne de Son Sourire. Amen.

Elle fait une pause et Elle parle :

« Mon bien-aimé du Bien-Aimé, Félix Xavier, tu Me fais grand plaisir, pourtant Je sais que Je te mets de lourds jougs. Sache et comprends que ce n'est pas sans Ma Grâce que tu les remplis. Je désire avec un grand désir – avec un cœur de Mère douloureux, car beaucoup n'ont personne pour prier pour eux – faire connaître ce que J'avais fait connaître de la compréhension de la 'Thèse du Purgatoire', du 'Chapelet de Saint Michel et des neuf Chœurs des Anges' marquant les neuf niveaux dans les trois paliers du Purgatoire, chacun ayant trois niveaux.

Cette petite, ton épouse, va maintenant subir des souffrances. Ne t'inquiète pas, ne te trouble pas ! Je suis avec elle. Il y aura des moments où elle sera paralysée, et il y aura des moments où elle se lamentera pour ceux qui n'ont personne pour se lamenter dans leurs dernières heures d'agonie. Elle plaidera même la

---

[308] Mt 7,13
[309] La Sainte Vierge Marie, le Samedi Saint, se languit de voir Son Divin Fils.

miséricorde pour eux, comme si elle plaidait la miséricorde pour elle-même. Je te remercie infiniment. Fais seulement ce que je t'ai demandé, et travailles en communion avec vos autres frères et sœurs pour que tout rentre dans l'ordre rapidement. Tu comprendrez pourquoi.

Je recevrai cette souffrance à l'heure de midi (12h), aujourd'hui après l'Angélus – la récitation de la prière de l'Angélus. Amen.

Je vous aime tendrement, Je suis la *Mère de Dieu, Médiatrice de toute Grâce, Co-Rédemptrice* et *Avocate* au Ciel, intercédant aujourd'hui sous ce titre pour ceux qui n'ont personne pour qui prier, qui sont morts dans cette terrible agonie, mais qui ont été unis à Mon Divin Fils Jésus et à Moi dans le Triduum Pascal. Amen. Je vous aime tendrement Amen ».

La vision se termine.

Je ne vois que les Anges qui se rassemblent, et de plus en plus nombreux. Ils sont tout autour et au-dessus de moi. Je ne vois pas les autres Anges qui sont descendus du Ciel et qui monteront à la Vigile de Pâques. Amen.

Je tousse !! Je tousse... et je suis comme haletante. Je sais que j'ai pris mes médicaments ce matin, et que cela n'aurait pas pu arriver, pourtant cela m'arrive.

OK, le livre de la Piéta est en dessous pour prier le chapelet de Saint Michel. Je ne pourrai pas le prier en entier, mais je me joindrai à toi. Amen.

« *... avec leurs bébés dans leurs ventres, et des petits enfants, des enfants innocents ont également péri sans qu'on en ait fait le deuil et sans qu'on les ait identifiés. Ils font partie des pauvres dans des régions reculées comme l'Afrique, l'Inde, la Chine, la Corée, le Japon, et partout où il y a de la pauvreté. Amen.* »

... une scène que j'ai vue. « Jésus crucifié accroché à la croix dans la jungle amazonienne où le virus s'est introduit dans la population. Les hommes tuent les femmes. Dès qu'ils se rendent compte qu'elles ont le virus, ils les tuent, leur tranchent la gorge et les brûlent. C'est un état horrible ! Et les hommes tuent les hommes aussi. C'est leur façon de faire face à la situation. Maintenant, ces âmes sont des martyrs ; elles ont prié un Dieu inconnu. Ici, il y a aussi des femmes enceintes, et le bébé est vivant dans leur ventre. Pourtant, elles sont tuées maintenant, et le bébé se débat à l'intérieur »... *en pleurant... Ah !!!...*

... Je vois Saint Michel.

« Il se tient sur la tête de Satan, tenant sa lance dans sa main gauche avec la pointe vers le bas touchant Satan – on distincte à peine ce contact. Son épée est dans Sa Main droite vers le haut. Alors que l'Enfer s'ouvre, c'est un feu de forêt, et les Âmes périssent alors que les corps sont jetés en Enfer, tandis que leurs Anges Gardiens forment un cercle autour de la terre en pleurant pour eux. Ce sont ceux qui ont maudit Dieu et ont embrassé Satan comme leur dieu dans leur dernière heure d'agonie.

Est-ce que cela peut être vrai, Saint Michel ? « Oui, c'est vrai, c'est la Vérité. »

Il dit que c'est la vérité, ce dont vous êtes témoins maintenant. Pas même la prière ne peut les sauver, parce qu'ils ont choisi le Malin comme dieu... et maintenant, en dernier lieu, saint Michel ferme l'abîme, et Il jette à nouveau le Malin sur la terre !

Satan essaie d'entrer dans le dernier palier du Purgatoire sous le déguisement d'une créature qu'il possède et, alors que l'Âme de cette créature allait entrer dans ce dernier palier, il a commencé à jurer des noms blasphématoires contre Dieu, et saint Michel le culbute et Il renverse Satan, jusqu'à ce que toutes ces âmes entrent en Enfer.

Jésus est crucifié dans cette scène... et ces âmes, même après avoir vu Jésus, n'ont pas voulu aller au Ciel, ayant choisi l'Enfer.[310]

Maintenant, elles crient au secours, mais personne ne peut les aider ! Ce puits sans fond se referme ! « La miséricorde de Dieu est pour tous, mais tous ne peuvent y entrer, car tous ne choisissent pas d'y entrer. Saint Michel, défenseur des Élus de Dieu. Amen. »

La vision se termine.

Sainte Maman est venue recevoir cette souffrance avec l'Archange Raphaël qui a une coupe d'encens. Saint Michel tient la balance de la Divine Justice. Tous les Anges sont suspendus, les mains jointes, pendant que nous récitons l'Angélus. (Samedi Saint, 11 avril 2020)

---

[310] « De même que l'esprit net et purifié ne se connaît aucun lieu de repos sinon Dieu même puisqu'il a été créé à cette fin, de même l'âme pécheresse n'a de place nulle part sinon en Enfer puisque Dieu le lui a destiné pour sa fin.

C'est pourquoi au moment même où l'esprit est séparé du corps, l'âme se rend au lieu qui lui est destiné, sans autre guide que la nature même de son péché, au cas où l'âme se détache du corps en état de péché mortel.

Si l'âme ne trouvait pas à ce moment même cette destination qui procède de la justice divine, elle serait dans un enfer pire que l'Enfer même. La raison en est que l'âme se trouverait hors de cette disposition divine qui n'est pas sans une part de miséricorde, puisque la peine infligée n'est pas aussi grande qu'elle le mérite. Aussi l'âme ne trouvant aucun lieu qui lui convienne davantage ni lui soit moins douloureux, Dieu l'ayant disposé ainsi, elle se jette d'elle-même en Enfer puisque c'est sa place. » (*Sainte Catherine de Gênes, Traité du Purgatoire*, chap. VIII)

Annexe 1 : AJOUT À LA « THÈSE DU PURGATOIRE »

151. CETTE FAÇON DE TUER PAR PITIÉ

« Je suis Jésus de Nazareth, votre Sauveur miséricordieux, votre Rédempteur, enfants bien-aimés de Dieu.

Mes enfants bien-aimés, soyez conscients de ce meurtre par pitié[311] comme il en vient à être connu. C'est une offense contre Moi, le Créateur comme Dieu-Homme et Homme-Dieu. J'ai tracé le chemin de la souffrance pour que vous compreniez que c'est l'exigence de la réconciliation avec Dieu le Père, pour payer la dette de la Divine Justice que le péché exige. J'ai payé la plus grande partie de votre dette, mais il vous est demandé de réparer certaines offenses pour une petite part connue sous le nom de Divine Justice[312].

Ceux qui vous proposent à vous Mes fidèles cette manière d'agir comme mise à mort par pitié, vous recevrez comme sentence d'être au Purgatoire, si vous recevez sous Ma Miséricorde le Sacrement de l'Onction des Malades avant de mourir. Vous serez au Purgatoire jusqu'au dernier jour où la Divine Justice viendra rendre le Dernier Jugement.

Et à ceux dont Je parle, qui accomplissent cet acte, à vous, fidèles, qui offensez directement le Créateur en jouant le rôle du Créateur, ce rôle ne vous appartient pas ! Le vôtre est de fournir constamment des soins aimants et de la miséricorde à

---

[311] Euthanasie
[312] Luc 23, 41, l'expérience de Saint Paul après sa conversion, la vie pénitente de Sainte Marie Madeleine selon la Tradition

ceux qui souffrent, dans des moments où ils sont dans le doute et l'agonie comme Je l'étais dans le jardin de Gethsémani.

J'ai dit 'une vie pour une vie', sachez donc que ceux qui commettent un tel acte mourront sans pitié aux mains des cœurs endurcis et impitoyables possédés par Satan. Je le permettrai. Ceux qui tuent par l'épée, mourront par l'épée ![313] *(Cinquième vendredi du Carême, 7 avril 2017)*

152. LES ÂMES VIVANT DANS LE PÉCHÉ SOUILLANT LE TEMPLE DE DIEU

Jésus parle à mon Âme, d'Âme à Âme :

« Petite qui est à Moi et à Ma Sainte Mère, Cléophas, co-rachetant avec moi par l'intermédiaire de Ma Sainte Mère, la *Co-Rédemptrice*. Comprends maintenant la souffrance que tu vas offrir pour les Âmes du Purgatoire qui reposent dans ce qu'on appelle le 'troisième palier' qui t'a été communiqué. Ce sont celles qui ont commis l'acte. Et par l'intermédiaire de Ma Sainte Mère qui est leur Avocate, tu apporteras la conversion à de nombreuses Âmes vivant dans le péché, souillant le temple de Dieu et vivant dans l'abomination et tu rachèteras leurs Âmes pour Moi.

Ton cœur est lourd, mais comprends que tu ne mourras pas. C'est seulement le poids que tu portes avec Moi. Comme Je t'aime, Je te remercie. Je suis ton Jésus qui reçoit consolation de toi, Mon petit vase (de -co-rédemption). Amen. Amen. » *(Jeudi Saint, 13 avril 2017)*

---

[313] Mt 25,52

Annexe 2 : LE CHAPELET DE SAINT MICHEL ARCHANGE

Le chapelet de saint Michel[314] est une merveilleuse façon d'honorer ce grand Archange ainsi que les neuf autres chœurs d'Anges. Qu'entendons-nous par 'Chœurs' ? Il semble que Dieu ait créé différents ordres d'Anges. Les Saintes Écritures en distinguent neuf : Séraphins, Chérubins, Trônes, Dominations, Puissances, Vertus, Principautés, Archanges et Anges (Isaïe 6,2 ; Gn 3,24 ; Col 1,16 ; Ép 1,21 ; Ro 8,38). Il peut y avoir d'autres groupements, mais ce sont les seuls qui nous ont été révélés. Le Chœur des Séraphins est considéré comme le Chœur le plus élevé, le plus intimement uni à Dieu, tandis que le Chœur des Anges est le plus bas.

Saint Michel révéla en 1751, à Antonia d'Astonac, religieuse portugaise, qu'Il voulait que l'on compose en son honneur neuf salutations correspondant aux neuf Chœurs des Anges. Saint Michel promit que quiconque pratiquerait cette dévotion en son honneur aurait, à l'approche de la Sainte Communion, une escorte de neuf Anges choisis dans chacun des neuf Chœurs. En outre, pour ceux qui réciteraient le chapelet quotidiennement, il a promis son assistance continuelle et celle de tous les saints Anges pendant la vie, et, après la mort, la délivrance du Purgatoire pour eux-mêmes et leurs proches. Telle est l'origine du Chapelet de Saint Michel. Ce chapelet se prie sur un chapelet spécial à 39 grains. Les 9 groupes de perles représentent les 9 Chœurs des Anges.

---

[314] See : https://www.abbaye-montsaintmichel.com/actualites/chapelet_saint_michel

Comment prier le chapelet de Saint Michel ?

On commence par faire le signe de la croix.
Dieu, viens à mon aide. Seigneur, à notre secours.
Gloire au Père et au Fils et au Saint Esprit, …

Sur les 4 premiers grains près de la médaille :
Prier quatre « Notre Père » :
- le premier en l'honneur de Saint Michel,
- le second en l'honneur de Saint Gabriel,
- le troisième en l'honneur de Saint Raphaël
- et le quatrième en l'honneur de notre Ange Gardien.

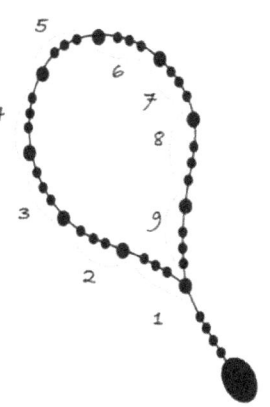

Prier ensuite un '**Notre Père**', trois '**Je vous salue Marie**' et la salutation au premier Chœur des Anges, et ainsi de suite avec les Chœurs suivants.

Salutations aux Chœurs des Anges :

- **Au 1ᵉʳ Chœur des Anges** : Par l'intercession de saint Michel et du Chœur céleste des Séraphins, que le Seigneur nous rende dignes d'être enflammés d'une parfaite charité.

- **Au 2ᵉ Chœur des Anges** : Par l'intercession de Saint Michel et du Chœur céleste des Chérubins, que le Seigneur nous fasse la grâce d'abandonner la voie du péché et de courir dans celle de la perfection chrétienne.

- **Au 3ᵉ Chœur des Anges** : Par l'intercession de Saint Michel et du Chœur céleste des Trônes, que le Seigneur répande dans nos cœurs l'esprit d'une véritable et sincère humilité.

- **Au 4ᵉ Chœur des Anges** : Par l'intercession de Saint Michel et du Chœur céleste des Dominations, que le Seigneur nous fasse la grâce de dominer nos sens et de nous corriger dans nos mauvaises passions.

- Au 5ᵉ Chœur des Anges : Par l'intercession de Saint Michel et du Chœur céleste des Puissances, que le Seigneur daigne protéger nos âmes contre les embûches et les tentations du démon.

- Au 6ᵉ Chœur des Anges : Par l'intercession de Saint Michel et du Chœur céleste des Vertus Célestes, que le Seigneur ne nous laisse pas succomber à la tentation, mais qu'Il nous délivre du mal.

- Au 7ᵉ Chœur des Anges : Par l'intercession de Saint Michel et du Chœur céleste des Principautés, que le Seigneur remplisse nos âmes de l'esprit d'une véritable et sincère obéissance.

- Au 8ᵉ Chœur des Anges : Par l'intercession de Saint Michel et du Chœur céleste des Archanges, que le Seigneur nous accorde le don de la persévérance dans la foi et dans les bonnes œuvres, pour pouvoir arriver à la possession de la gloire du Paradis.

- Au 9ᵉ Chœur des Anges : Par l'intercession de Saint Michel et du Chœur céleste de tous les Anges, que le Seigneur daigne nous accorder d'être gardés par eux pendant cette vie mortelle, pour être conduits ensuite à la gloire éternelle du ciel.

Antienne

Très glorieux saint Michel, Chef et Prince des Armées célestes, gardien fidèle des Âmes, vainqueur des esprits rebelles, favori de la Maison de Dieu, notre admirable guide après Jésus-Christ ; toi, dont l'excellence et la vertu sont suréminentes : daigne nous délivrer de tous les maux, nous tous qui recourons à toi avec confiance ; et fais, par ton incomparable protection, que nous avancions chaque jour dans la fidélité à servir Dieu.

Prie pour nous, ô bienheureux Saint Michel, Prince de l'Église de Jésus-Christ. Afin que nous puissions être dignes de ses promesses.

Oraison

Dieu tout-puissant et éternel, qui par un prodige de bonté et de miséricorde pour le salut commun des hommes, a choisi pour Prince de ton Église le très glorieux Archange saint Michel ; rends-nous dignes, nous t'en prions, d'être délivrés, par sa bienveillante protection, de tous nos ennemis, afin qu'à notre mort aucun d'eux ne puisse nous inquiéter ; mais qu'il nous soit donné d'être introduits par Lui en la présence de ta puissante et auguste Majesté. Par les mérites de Jésus-Christ, notre Seigneur, Amen.

Annexe 3 : LE ROSAIRE POUR LES SAINTES ÂMES QUI SONT AU PURGATOIRE

L'appel permanent de notre Sainte Mère : 'Priez pour les Saintes Âmes du Purgatoire', 'Dieu aime les cœurs généreux, demandez généreusement, ne doutez pas pour la libération des âmes, elle sera accordée, Amen'.

En tenant le crucifix du très Saint Rosaire, récitez sur chacune des cinq saintes plaies de Jésus.

« **Le Symbole des Apôtres** » (x 5).

Sur la grande perle, dites le « **Notre Père** ».

Sur les trois petites perles, dites le « **Je vous salue Marie** ».

Sur la grande perle, dites « **Gloire au Père** ».

Invocation avant chaque dizaine

« Accorde-leur le repos éternel, Seigneur, et que Ta lumière perpétuelle brille sur eux. Que les Âmes des fidèles défunts reposent en paix par la miséricorde de Dieu. Amen.»

« Ô mon Jésus, pardonne nos fautes, préserve-nous du feu de l'Enfer et conduis au Ciel toutes les âmes, surtout celles qui ont le plus besoin de ta miséricorde.»

Méditez sur : **Les Cinq Mystères Douloureux de Notre Seigneur**

Premier Mystère Douloureux : « **Notre Père** », dix « **Je vous salue Marie** », « **Gloire soit au Père** ».

Répétez les quatre dizaines suivantes de la même façon.

Récitez le « **Salve Regina** » (Salut, ô Reine, Mère de Miséricorde).

Conclusion :

« Père éternel et tout-puissant, au nom de Ton Fils bien-aimé Jésus-Christ, en union avec le Cœur Immaculé de la Mère Marie, que les dettes de toutes les Saintes Âmes qui ont servi Ta Divine Justice soient payées et que Tu leur accordes la joie éternelle de voir Ta Face glorieuse pour les siècles des siècles. Amen.»

Annexe 4 : UN REMÈDE SPIRITUEL ET NATUREL POUR LA PANDÉMIE ACTUELLE[315]

Pour la préparation :

« Le sel béni est une, deux ou trois pincées *(pour une petite, moyenne ou grande quantité)* et l'eau bénite est une, deux ou trois cuillères à soupe, *(pour une petite, moyenne ou grande quantité)*. Le miel ou le sirop d'érable est proportionnel à l'oignon. L'oignon : Une petite proportion est de 5 cuillères à soupe ; une moyenne est de 7 cuillères à soupe, et une grande proportion est de 12 cuillères à soupe. Le tout doit être mis ensemble et conservé toute la nuit.

Lors de sa préparation, il faut réciter le « Credo[316] ». Dans sa conclusion, il doit être porté à ébullition – une ébullition – au cours de laquelle doivent être récités le « Credo », le 'Notre Père' et les trois 'Je vous salue Marie', le 'Gloire soit au Père' et le « Salve Regina ».

Cette dose doit être prise trois fois par jour pendant 24 heures. Cependant, dans les cas graves où ils sont attaqués – dans le moment de grand essoufflement – il est bon de leur donner cette dose à ce moment-là et même de les frotter comme un baume sur leur poitrine et leur dos. Sachez et comprenez maintenant que tout cela vient de la Mère de la Nature, dont je suis la Reine. » *(25 mars 2020)*

---

[315] Se référer au no. 110 pour une description plus complète du but de ce remède naturel.
[316] Voir page suivante.

La DOSE :

Adultes et enfants de plus de 14 ans : 1 c. à table (7.5 ml)
Enfants de 8 à 13 ans : 1 c. à thé (5 ml)
Enfants de 2 à 7 ans : 1/2 c. à thé (2.5 ml)
Moins de 2 ans : Une goutte ou 1/4 c. à thé

Ce sirop est à prendre 3 fois par jour, une heure avant les repas et peut être pris quotidiennement. Lorsqu'on prend ce sirop, on peut prononcer une courte invocation du type : « Ô Marie, conçue sans péché, priez pour nous qui avons recours à vous ».

MÉTHODE DE PRÉPARATION SUGGÉRÉE :
(Cuillère à soupe = 'c. à s.')

Dans un récipient pouvant être utilisé pour faire bouillir, ajoutez la portion de :	Petite portion	Moyenne portion	Grande portion
Sel béni	1 pincée	2 pincées	3 pincées
Eau bénite	1 c. à s.	2 c. à s.	3 c. à s.
Rondelles d'oignon (Rouge)	5 c. à s.	7 c. à s.	12 c. à s.
Miel (ou sirop d'érable)	5 c. à s.	7 c. à s.	12 c. à s.

www.ingramcontent.com/pod-product-compliance
Lightning Source LLC
Chambersburg PA
CBHW061251230426
43664CB00024B/2910